INTRODUCTION TO DATA ANALYSIS

10年戦える
データ分析入門

SQLを武器にデータ活用時代を生き抜く

青木峰郎 著

SB Creative

サポートページのお知らせ

著者による本書のサポートページは、次のとおりです。

http://i.loveruby.net/stdsql/

本書中のサンプルデータなどをダウンロードできます。ご利用ください。

本書中のシステム名、製品名などは、一般に各社の商標または登録商標です。本文中では、TM、®マークを明記しておりません。

©2015　Minero Aoki
本書のプログラムを含むすべての内容は著作権法上の保護を受けております。著者・発行者の許諾を得ずに、無断で複製・複写することは禁じられております。

まえがき

　本書ではSQLを使った分析の手法を解説します。またSQLを使った分析を可能にするシステムの構築についても話します。なぜならば、SQLは企業において現実的に実現可能な中で最も制約の少ない分析手法だからです。

　「現実的に実現可能な中で」「最も制約の少ない」……とはなかなか面倒な言いかたですね。ですがこれが本書を最も適切に表現した一言なのです。

　当然ながら、何事も余計な制約はないほうがいいに決まっています。手計算にExcel、R、Python、SPSS、SASと、分析のツールを列挙すればキリがありませんが、「データが小さくないと無理」、「お金がうなるほどないと無理」、「プログラミングに長けたエンジニアでないと無理」、などなど、それぞれのツールには様々な制約が存在します。むろんSQLにも制約があります。

　そういう制約は少ないほうがいいに決まっていますが、さりとて現実的でない選択肢には意味がありません。現実的にギリギリ可能な範囲で、でもできるだけ楽をしたい。本書はそんな現実的で、しかしよくばりな要望に対して、SQLという解で答えたいと思います。どういう理屈でそうなるのか気になるというかたは、さっそく第1章へお進みください。

　ところで、本書はビジネス書でも統計の本でもなく技術書なので、分析の目的や統計的手法そのものについてはあまり話しません。本書の主眼はあくまでも「分析の道具（どのツールをどう使うか）」にあります。

　通常、技術書は技術者が読むものでしょう。しかし、本書はできることならば技術者以外の人、例えば企画や商品開発にたずさわり、システムのことはよく知らない人たち（仮にまとめてプランナーと呼んでおきます）にも読んでほしいと思っています。なぜなら、分析すべきことを一番よく知っているのはプランナーだという場面も数多くあり、その場合はプランナー自身が分析を行うのが最も適切だからです。そのために、本書ではシステムやプログラミングに関して前提知識がなくとも読めるよう配慮しています。

まえがき

　分析に関して話そうと思うと、ややこしい問題が次々に登場します。例えばデータ処理は誰が行うことか、という問題は簡単そうに見えて厄介です。最初に「分析がしたい！」と思うのはたいてい企画や商品開発を行っている人で、エンジニアではありません。しかし分析にはデータが必要であり、そのデータのほとんどは情報システム部のような部署の管轄下にあることが多いのです。したがって、分析のためのデータを準備できるのはたいていエンジニアだけです。

　つまり、分析を行うには、プランナーとエンジニアのどちらかだけががんばっても意味がありません。プランナーとエンジニアがそれぞれ知恵を出し合って、協力して進めなければいけないのです。そしてそのような協力関係がうまく働くためには、お互いのことを知る必要があります。プランナーは既存システムについて知る必要があるし、エンジニアもビジネスのことを知るべきです。

　また、協力するからには自分の主張をただ叫ぶだけでは意味がありません。プランナーは分析のために必要なデータについてエンジニアに伝わる言葉で語る必要があるし、エンジニアはプランナーのビジネス的な意図を理解して動く必要があります。

　本書はそのようなプランナーとエンジニア双方の共通言語として働くことを意図しています。分析システムを作るために必要な共通の知識、語彙を、両者に読める言葉で提供することによって、エンジニアとプランナーが対話するための基盤を作ることが最大の目的です。

　したがって、以下のような使われかたが本書の理想的な活用方法です。

1. 分析をしてビジネスに役立てたいのだが具体的に何をしたらいいかよくわからないというプランナーに、エンジニアが本書をそっと差し出す
2. 本格的な分析システムがほしいプランナーが、情報系をあまり知らないエンジニアの机の上にこっそり本書を置いておく
3. 分析システムの構築プロジェクトを始めるにあたって、プランナーとエンジニアのキーマンで本書を読み合わせておく

本書はプランナーにとっては、実際にビジネスに役に立つ分析を行うための手法の解説書として読めます。また、分析のためのシステムを構築するために注意すべき点も明らかにします。

本書はエンジニアにとっては、自身が分析を行うさいの手引きとして、また分析システムを構築するときの検討材料としてお使いいただけます。また、技術的な前提知識をあまり要求しませんので、初めて分析SQLを学ぶエンジニアの入門書としても利用することができます。

SQLを使ってアプリケーションを書くという本は世の中に数多くありますが、目的を分析に絞ってSQLを解説する本は、実はそれほど多くありません。本書を通じてより多くの人が分析SQLという新世界に足を踏み入れてくれるならば望外の喜びです。

■ 本書における「エンジニア」と「プランナー」の定義

本書では、分析に関わるメンバーを「エンジニア」と「プランナー」に分けて話していきます。「エンジニア」は大雑把に言ってシステムエンジニアやソフトウェアエンジニアなどの「システムとプログラミング言語がわかる人」のことであり、「プランナー」は「企画や商品開発にたずさわり、システムのことはよく知らない人」のことを指しています。エンジニア以外、と言っても構いません。企業によって呼称は異なると思いますので、適宜読み換えてください。

■ 謝辞

　今回の本はSQLに興味のありそうな知人友人に読んでもらい、様々な示唆をいただきました。**岡根谷実里さん**、**伊藤徹郎さん**、原田麻子さん、井上寛之さん、上田智さん、ありがとうございました。第1部を読み切ったら名前を太字にしろと言われたのでそうしておきます。

　編集の杉山さん、武藤さんには今回も大変お世話になりました。例によって例のごとくの崖っぷち進行でしたが、とりあえず最後まで書き切れて本当によかったです。無事に書店に並んでいることを祈ります。

　最後に、すべての名前を列挙することはできませんが、本書の出版に関わったすべてのかたに感謝します。みなさんのおかげで本書は世に出ることができました。ありがとうございました。

青木峰郎

CONTENTS 目次

まえがき iii

第1部 SQLによるデータ分析　　1

第1章 10年戦えるデータ分析の技術　　3

1.1 現実的な分析の方法とは 4
SQLによる分析こそ現実的 5
1. 企業のほとんどのデータはRDBMSかHadoopにある 6
2. サイズの制約がない 7
3. エンジニアとプランナーの共通言語として優れている 8

1.2 分析SQLの世界 10
「SQLで分析なんてできるの？」への回答 10
業務システムの世界と分析の世界 11
基幹系の中心となるOLTPとはどんな処理か 11
分析とはどんな処理か 12
分析向けのRDBMS 13
バッチ処理とは 14
すべてがSQL（を使ったシステム）になる 15

1.3 この本を読み進めるためのガイド 16
本書の構成 16

第2章 さわってみようRDBMS　　19

2.1 PostgreSQLの構成 20
RDBMSの選択 20
PostgreSQLを学ぶ利点 20
RDBMSが違ってもSQLは使いまわせる 21
PostgreSQLサーバーとクライアント 22
PostgreSQLのインストール 23
pgAdmin 24
psqlコマンド 25

2.2 RDBMSの基礎概念 26
テーブル 26
テーブルの定義 26
テーブルのカラムとデータ型 27

vii

　　　　データ型を決める意味 28
2.3 スキーマとデータベースによるテーブルの整理 29
　　　　スキーマによるテーブルの分類 29
　　　　データベースによるデータの分離 30
　　　　データベースとスキーマの違い 31
2.4 データベースに接続する 32
　　　　どのデータベースに接続するか 32
　　　　pgAdmin を起動する 32
　　　　PostgreSQL サーバーの接続情報を入力する 33
　　　　PostgreSQL サーバーへ接続する 35
　　　　pgAdmin で SQL を入力する 36
　　　　pgAdmin で SQL を実行する 38
　　　　SQL のエラーに対応する 39
　　　　よくある SQL のエラー 40
　　　　pgAdmin を終了する 41
2.5 この章のまとめ 42

第3章 簡単！select 文でデータ探索　　　　　　　　　43

3.1 select 文によるデータの抽出 44
　　　　本書のサンプルデータについて 44
　　　　select 文でデータを抽出する 45
　　　　特定のカラムだけを選んで抽出する 46
　　　　SQL での空白の扱い（コーディングスタイルについて） 46
　　　　limit 節で表示行数を絞る 48
　　　　行数を数える 48
　　　　巨大なデータを扱っていることを意識する 49
3.2 where 節による行の絞り込み 51
　　　　where 節でデータを絞り込む 51
　　　　いろいろな比較演算子 52
　　　　条件式を組み合わせる 53
　　　　not 句で条件を反転させる 53
　　　　複数の候補による絞り込み 54
　　　　文字列のパターンによる絞り込み 55
　　　　ランダムサンプリング 57
3.3 order by 節による行の並び換え 59
　　　　order by 節で行を並び換える 59
　　　　並び順を制御する 60
　　　　複数の並び換え条件を指定する 60
　　　　複数の節の組み合わせ 61

| | 3.4 | この章のまとめ .... 63 |

第4章 すべての分析は集計から始まる　65

4.1 集約関数による単純集計 66
集約関数とは 66
よく使う集約関数 66
集約関数の利用例 67
値がない——null 68
count 関数のバリエーション 69
重複を排除する count 関数 70
where 節と集約関数を組み合わせる 71

4.2 group by 節で期間ごとに集計する 72
group by 節の働き 72
例：月ごとのユニークユーザー数を数える 73
having 節で集約結果をさらに絞り込む 74
select 文の実行順序 75

4.3 group by 節でクロス集計をする 78
月ごと・ページごとのユニークユーザー数を集計する 78
クロス集計表にまとめるには？ 79
それでも、SQL でクロス集計表を書く！ 80
union 演算子で「合計」行を追加する 81

4.4 この章のまとめ 84
次章からの展開 84

第5章 関数で自由自在に新しいカラムを作り出す　85

5.1 数値の演算 86
足し算をする 86
数値リテラル 87
数値処理の演算子 87
SQL の除算は整数除算 88
型のキャスト 88
例：ユーザーの年齢層を得る 89

5.2 文字列の演算 91
文字列とは 91
数値と数字 91
文字列処理の関数 92
主要な文字列処理の演算子と関数 93
式を組み合わせる 94

5.3 日付と時刻の演算 96
日付と時刻のリテラル 96
××日前と××日後 97
日付どうしの差を出す 97
××時間前の時刻と××時間後の時刻 98
extract 関数 99
date_trunc 関数 100
関数の文法の差と SQL の歴史 101

5.4 計算した値を使って集計する 103
as 句 103
月ごとのユニークユーザー数を数える（バージョン 2） 103
前に言ってた実行順序と違う？ 104
マニュアルを読もう！ 105
マニュアルの道も一歩から 106

5.5 この章のまとめ 107

第 6 章 ジョインを制するものは RDBMS を制す——基礎編　109

6.1 正規化によって情報の重複を避ける 110
テーブルの正規化 110
行を一意に特定するプライマリーキー 111
いろいろなプライマリーキー 112
テーブル同士のつながりを示すリレーションシップ 112

6.2 ジョインでテーブルを連結する 114
ジョインは 2 つのテーブルをつなぎ合わせる 114
join 句でジョインを記述する 115
join 句の詳細 116
テーブル名の明示と別名 118
ジョインの実行順序 118

6.3 参照テーブルを使って対象の行を絞り込む 120
ジョイン対象のテーブル 120
ジョインするクエリー 121
ステップ 1：ジョイン 121
ステップ 2：行の絞り込み 122
ステップ 3：カラムの絞り込み 122
知識を共有するための参照テーブル 122
テーブルの目的による分類 123

6.4 様々なシチュエーションにおけるジョイン 125
複数のテーブルをジョインする 125

　　　　プライマリーキーが 2 カラム以上のテーブルをジョインする 126
　6.5　テーブルを作成する 128
　　　　create table 文でテーブルを作成する 128
　　　　テーブルを削除する drop table 文 129
　　　　テーブルにデータを入れる insert 文 129
　　　　複数行のデータを一度に入れる 130
　　　　さらに大量のデータを一度に入れる 131
　　　　select 文の結果をテーブルに投入する insert select 文 132
　6.6　この章のまとめ 134

第7章　ジョインを制するものは RDBMS を制す——応用編　135

　7.1　外部ジョインで欠落のあるデータを扱う 136
　　　　対応するデータが存在しないテーブルの例 136
　　　　対応する行がないときの inner join 句の働き 136
　　　　対応する行がなくても行を残す outer join 句 138
　　　　outer join 句の種類 139
　7.2　顧客の居住地域別にアクセス数を集計する 140
　　　　クロス集計の select 文 140
　　　　select 文解説 141
　7.3　一歩進んだジョイン 143
　　　　計算式を用いたジョイン 143
　　　　セルフジョイン 145
　　　　クロスジョイン 147
　7.4　組み合わせを生成するジョインでバスケット分析 149
　　　　「一緒に買われやすい商品」を計算しよう 149
　　　　併売率の計算式 150
　　　　ある商品を買った注文数を数える 151
　　　　「2 つの商品を一緒に買っている注文数」の数えかた 152
　　　　「2 つの商品を一緒に買っている注文数」の SQL 154
　　　　両方を合わせて併売率を計算する 155
　　　　支持度とリフト値 156
　7.5　この章のまとめ 158

第8章　遅れて来た分析 SQL 最強の武器——ウィンドウ関数　159

　8.1　サブクエリーで複雑な select 文を組み立てる 160
　　　　select 文を多段に組み合わせるサブクエリー 160
　　　　サブクエリーの構文 162
　　　　サブクエリーとのジョイン 162

　　　　　例：店ごと月ごとの売上一覧を出す 163
　　　　　サブクエリーの結果による絞り込み 165
　　　　　スカラーサブクエリー 166
　　8.2　ウィンドウ関数でグループ全体を対象にした計算をする 168
　　　　　ウィンドウ関数とは 168
　　　　　様々なウィンドウ関数 169
　　　　　rank ウィンドウ関数で順位を付ける 170
　　　　　ウィンドウ関数の結果で絞り込むには 173
　　8.3　履歴テーブルから最新行を取る 176
　　　　　履歴テーブルとは 176
　　　　　row_number ウィンドウ関数で最新行を抽出する 177
　　8.4　対全体比を出す 179
　　　　　対全体比を計算する 179
　　　　　累積和の対全体比を計算する 180
　　　　　ウィンドウフレームの記述 181
　　8.5　デシル分析をする 184
　　　　　デシル分析とは 184
　　　　　元データを作る 184
　　　　　（1）サブクエリーとして呼ぶ 185
　　　　　（2）ビューとして定義する 185
　　　　　（3）テーブルに書き込む 186
　　　　　ntile ウィンドウ関数でデシル 186
　　8.6　時系列データの処理 188
　　　　　移動平均を計算する 188
　　　　　加重移動平均を計算するには 190
　　8.7　この章のまとめ 191

第9章　縦と横は難しい　193

　　9.1　横持ちテーブルと縦持ちテーブル 194
　　　　　縦持ち・横持ちとは 194
　　　　　縦持ちテーブルと横持ちテーブルの得失 195
　　　　　縦持ち・横持ちの選択 196
　　9.2　横持ちから縦持ちへの変換 198
　　　　　連番テーブルを使った横→縦変換 198
　　　　　横→縦変換の仕組み 199
　　　　　連番を生成する generate_series テーブル関数 201
　　　　　配列と unnest 関数を利用した横→縦変換 203
　　9.3　縦持ちから横持ちへの変換 205

	行に連番を付ける	205
	group by 節と case 式による縦→横変換	206
	縦→横変換の仕組み	207
	配列を使った縦→横変換	208
9.4	可変長の値を行に展開する	209
	JSON を含むアクセスログ	210
	テーブル関数によるカラム展開	211
	不定個数の値を行に展開する	212
9.5	この章のまとめ	215

第10章 アクセスログのセッション分析をする　217

10.1	アクセスログとセッション	218
	この章で行う分析	218
	セッショナイズとは	219
	lag ウィンドウ関数で前の行の値を取る	220
	セッショナイズ (1) 全体	221
	セッショナイズ (2) サブクエリーを読む	222
	セッショナイズ (3) case 式を読む	223
	セッショナイズ (4) 外側のクエリーを読む	223
10.2	セッションに対するパターンマッチ	225
	分析の戦略	225
	セッションとパターンマッチするクエリー	226
	各アクセスを文字列に変換する	227
	セッションを 1 行に集約する	228
	目的のセッションを抜き出し CVR を計算する	229
	理由を深掘りする	231
10.3	第 1 部のまとめ	232
	分析と OLTP それぞれの SQL の違いとは	232
	論理パーティション	233
	より効率的に分析をするには	234

第2部　分析システムの構築　237

第11章　10年戦えるデータ分析システム　239

11.1	分析システムのあるべきかたち	240
	SQL 中心アーキテクチャの 3 つの条件	240
	SQL 中心アーキテクチャの 3 つの層	241
	SQL 中心アーキテクチャは段階的に構築する	242

　　　　DWH 層は共通の知識を表現する 243
　　　　利用者には自由を与え、構築者にはルールを与える 244
　　　　この章の流れ 245
　　11.2　DWH の 4 つの要件 246
　　　　1. サブジェクトごとに編成されていること 246
　　　　2. データが統合されていること 247
　　　　3. データが時系列であること 248
　　　　4. データが永続すること 249
　　　　DWH の特徴まとめ 249
　　　　現実的な DWH 層の構築戦略 250
　　11.3　アプリケーション層とデータマート 252
　　　　柔軟な作業を可能にするサンドボックス 252
　　　　分析アプリケーションとデータマート 252
　　　　データマートとは 253
　　　　仮想データマート 254
　　　　ディメンショナルモデル 255
　　　　データマートと DWH 256
　　　　ビジネス要求に合致するアプリケーション層 257
　　11.4　ソースデータ層とデータの取り込み 259
　　　　既存システムからデータを移動する ETL 259
　　　　バルクロードとバルクエクスポート 260
　　　　全行転送と差分転送 261
　　　　データベース上で処理を行う ELT 262
　　　　ストリーム転送 262
　　　　「リアルタイム」ってどれくらい？ 263
　　　　dblink による分散クエリー 264
　　　　分散クエリーの使いどころ 265
　　11.5　この章のまとめ 266

第12章　ビッグデータに立ち向かう　　　　　　　　　　　　267

　　12.1　ビッグデータが生む技術的な課題 268
　　　　ビッグデータの 3 つの V 268
　　　　ビッグデータの "Volume" 269
　　　　どのくらいからビッグデータなのか 269
　　　　ビッグデータに意味がなくてもビッグデータ技術には意味がある 270
　　　　ビッグデータの "Velocity" 270
　　　　クラウドとオンプレミス 271
　　　　ビッグデータの "Variety" 272
　　　　この章の進めかた 273

12.2 分散並列データベースによる大量データ処理 274
候補となりうる分散並列データベース 274
KVS は分析に向かない 275
並列 RDBMS の特性 275
BigQuery の特性 276
Hadoop とは 277
柔軟性に優れる分散並列処理基盤 MapReduce 278
次世代の処理エンジン SQL on Hadoop 278
Hadoop を乗りこなす戦略 279
分散並列データベースにおける高速化技術 280

12.3 JSON や XML のロードに潜む問題 282
1 つめの課題：自動的なスキーマ進化 282
解決策 1：動的スキーマ 283
動的スキーマと JSON 284
解決策 2：JSON サポート 285
スキーマ進化はどうあるべきか 285
2 つめの課題：複合レコードの処理 286
なぜ複合レコードがビッグデータ特有の課題なのか 287

12.4 非構造化データと機械学習 289
非構造化データはなぜ扱いが難しいか 289
機械学習によるパターン認識 290
SQL 中心アーキテクチャと機械学習を組み合わせる 291

12.5 この章のまとめ 292

第13章　SQL バッチの技法　　293

13.1 SQL バッチをどのように動かすか 294
バッチジョブとジョブフロー 295
どのくらいジョブを分けるべきか 295
ジョブをどう作るか 296
ジョブフローを実行するためのソフトウェア 297
開発・運用しやすいバッチを作るには 297

13.2 SQL バッチの処理パターン 299
基本パターンは insert select 文 299
ジョブフローとデータフロー 300
ワークテーブルとサマリーテーブル 300
データ更新の 2 つの方式 301
差分更新の SQL 302
差分更新を冪等にする 302
SQL にパラメーターを持たせる 303

　　　　全行洗い替えのSQL (drop-create) 303
　　　　全行洗い替えのSQL (create-swap) 304
　　　　データ更新をアトミックにする 305
　　13.3　SQLジョブのテスト 307
　　　　テストの方針 307
　　　　テーブル名は変数にする 307
　　　　except演算子によるデータの突き合わせ 308
　　　　どのようなデータでテストすべきか 309
　　13.4　この章のまとめ 310

第14章　本書を読み終えた後に　　311

　　14.1　データの分析と活用 312
　　　　経営視点からのデータ活用 312
　　　　分析と統計 312
　　　　機械学習 313
　　14.2　SQLとデータベース 314
　　　　SQL 314
　　　　データモデリング 314
　　　　PostgreSQL 315
　　　　並列データベース 315
　　14.3　DWH 316
　　　　書籍紹介 316
　　14.4　リアルタイム分析 318
　　　　ストリームデータ処理 318
　　　　ワークロード管理 319
　　14.5　10年戦えるデータ分析　～あとがきに代えて～ 320

付録　PostgreSQLのインストール　　321

　　　　Windowsへのインストール 322
　　　　　Windowsが32ビット版か64ビット版か調べる 329
　　　　Mac OS Xへのインストール 330

　　索引 339

第1部

SQLによるデータ分析

第1部は分析者の視点から、SQLによってデータを分析する手法をお話しします。

第1章

10年戦える
データ分析の技術

この章では、本書の最初の章として、本書全体を貫くデータ分析の方針……すなわち「SQLで分析せよ」というテーゼについて説明します。

1.1 現実的な分析の方法とは

　昨今、分析あるいはデータ活用という単語は大流行しています。分析を活用して売り上げを50%アップ！ とか、データサイエンティストが21世紀で最もセクシーとか、IoTでO2Oで顧客動線を最適化してなんちゃらという複雑なシステムまで、データを活用して業績を上げましたという話には枚挙にいとまがありません。

　そんな説明をされるといかにもすごそうですし、自分の会社でもやってみよう、そろそろやってみないとまずいかな、と思うのが自然のなりゆきです。よし、じゃあうちでも眠っているデータを活用しよう！ ビッグデータの分析システムを入れよう！ いやさすがにそれはちょっと金かかりすぎだからまずExcelからかな……などと皮算用が始まってしまうのもやむをえないことなのです。

　ところが実際に企業でいざ分析をしようとしてみると、分析を活用するまでの間には実に深く広い谷が広がっていることに気付くでしょう。すなわち……

- データが会社のあちこちに散逸していて、まず集めるのに一苦労
- 集めたはいいが、データの意味がわからない
- データの意味を教えてもらったら、そもそも「ユーザーID」がウェブの店舗と実店舗で違うことがわかってきた
- よくよくデータを調べてみると、あっちとこっちとでつじつまが合わない
- 最初はシステム部の人に個人的にお願いしてデータを出してもらっていたが、頻度が増えてさすがにいい顔をされなくなってきた
- すべての障壁を乗り越えてついに分析を始められたが、データがこまぎれになっていてExcelで分析するのが面倒すぎる
- データが10万行を超えたあたりからExcelが遅くてどうにもならない

　分析の手法だとかデータの種類の話をする以前に、そもそもまともに分析を始

められない、始めても完了できない、そんな現実が待ち受けているわけです。

どうしてこうなってしまうのでしょうか？ すべてはシステム部が無能なせいでしょうか？ それとも分析をしようとしたマーケ部員のやりかたがまずかったせいでしょうか？

たぶんそのどちらでもありません。いま挙げた問題は特定の企業によらず構造的に発生しがちな問題であり、誰がやっても乗り越えなければならない壁なのです。この壁を乗り越えるためには、分析をしたい人（技術者かもしれないがそうでないことも多い）と、システムを作っている人（技術者）が同じ1つの方向を向き、力を合わせて進む必要があります。

■ SQLによる分析こそ現実的

では、その向かうべき方向とはどこでしょうか。本書が全力をもってお勧めする現実的な分析手法とは、ズバリ、SQLの使えるデータベースを使ってデータを分析することです。

SQLの使えるデータベースの代表格と言えば**リレーショナルデータベース管理システム**（RDBMS, relational database management system）がまず挙げられます。RDBMSとは、「表」のような形式で大量のデータを高速に格納・操作できるコンピューターシステムです。代表的なRDBMSとしては、Oracle、SQL Server、MySQL、PostgreSQLなどが挙げられます。

そして**SQL**は、RDBMSに格納されたデータを処理するためのプログラミング言語です。次のような見ためをしています（意味は後ほど説明します）。

```
select
    count(*)
from
    access_log
where
    request_time between date '2014-11-16' and date '2014-11-23'
    and request_path = '/sale201411'
;
```

このSQL文は、ウェブのアクセスログをもとに、2014年11月16日〜22日の期間に/sale201411というページがアクセスされた数を数えています。個々の記述の意味はわからないと思いますが、次の章から詳細に説明するのでいまはわからなくて構いません。とりあえずは、データを貯めるRDBMSというシステムがあり、そこに貯めたデータはSQLという言語で操作できるのだということがわかれば、いまのところは十分です。

　では、あらゆるタイプのデータベースと様々な分析手法が氾濫する中で、なぜSQLをお勧めするのでしょうか。理由は3つあります。

1. 企業のほとんどのデータはRDBMSかHadoopにある
2. サイズの制約がない
3. エンジニアとプランナーの共通言語として優れている

順番に詳しく説明します。

■ 1. 企業のほとんどのデータはRDBMSかHadoopにある

　RDBMSはIT業界標準の、そして現実的にほぼ必須の、データベースシステムです。ほとんどすべての業務システムはRDBMSを使って構築されています。言い換えると、企業において業務から発生するデータはまず間違いなくRDBMS上にあるということです。

　またもう一方のHadoopは、主に巨大なデータを格納するために使われるデータベースシステムです。ウェブのログなどのデータはHadoopに入っていることが多いでしょう。

　RDBMSとHadoopの共通点は、SQLを使えるということです。つまりSQLが使えれば、どんな現場のどんなシステムからも情報を引き出すことができるということになります。しかもこの状況は当分変わりそうにありません。この使い勝手のよさは圧倒的です。

　また、どのような分析をするにも、まずはデータがなければ始まりません。そして現場においては「そもそもデータがあるかどうかわからない」という状態か

ら始まることも日常茶飯事です。つまり、データベースを自分で調査できる能力がなければ、データがあるのに使えないという可能性もあるわけです。

そのような場合も、SQLの知識があれば心配はありません。ある程度の制約や、守らなければならない約束事はありますが、それさえ守れば自分でデータベースに接続して、実データを見てデータを探索することができます。

■ 2. サイズの制約がない

SQLによる分析は、他の分析手法と比べて非常にデータサイズに制約が少ない手法です。小さいサイズから手軽に使うことができる一方で、100万件、1千万件、1億件になっても同じ手法で分析でき、最終的に対象がビッグデータになろうと変わらず分析することができます。

例えばお手軽分析と言えばまずExcelですが、Excelが直接扱えるデータサイズは100万行が上限です。手元のパソコンで動かす前提だと、現実的な上限はもっと少ないでしょう。100万行程度のデータはそれほど大きな企業でなくても越えてしまいますから、「わたしプログラマーじゃないし、Excelでいいよね」などと言っているとその瞬間に分析の道が断たれます。

ではRDBMSならばどうでしょうか。MySQLやPostgreSQLのようなオープンソースのRDBMSでも、現代の強力なハードウェアをもってすれば1千万行くらいはまあふつうに扱えます。ちょっと速度を我慢すれば1億行もなんとかいけます。

さらにRedshiftやTeradataのような**並列リレーショナルデータベース管理システム**（parallel relational database management system）やHadoopを使えば、上限はほぼなくなります。コンピューターの台数を増やすことで、データサイズの増加に対応できるからです。ExcelやR、Pythonのような別の手法ではこう簡単にはいきません。

うちの会社でそんな巨大なデータを扱うことなんてないよ、と思われるかもしれませんが、データは年々増加します。単純に、年数が経過して蓄積されることでも増えますし、会社が成長すれば年ごとのデータ量もどんどん増えます。分析が深まるに従って、扱いたいデータの種類も増えていくでしょう。そうなれば、

相対的にデータ分析はどんどん重い処理になるわけで、上限なく性能を向上できる仕組み、ソフトウェアがより重要になってくるわけです。

SQLは、分析する対象サイズに制限がないことによって、これからますます投資する価値の高い仕組みになるでしょう。

■ 3. エンジニアとプランナーの共通言語として優れている

SQLを使うべき3つめの理由は、「エンジニアとプランナーの共通言語として優秀だから」です。ここでは「プランナー」を「エンジニア以外の人」というくらいの意図で使っています。例えば企画や商品開発をする人や、分析を専門に行うデータアナリストなどを想定しています。

この章の最初に話したように、エンジニアが分析をすることもありますが、分析をしたい人はエンジニアだけではありません。むしろプランナーのほうが分析をしたいことも多いでしょう。つまり、分析をすべき目的と欲求はプランナーにしかない、分析をする技術はエンジニアにしかない……という状況に陥りがちなのです。そうなるとプランナーとエンジニアがチームを組んで分析を進めていかなければなりません。

しかし、およそITのプロジェクトに関わった人ならば、エンジニアとプランナーの間の意思疎通がどれだけたいへんかは経験があるでしょう。すり合わせによって最終的にうまくイメージを一致させられればまだいいですが、離齬のあるままプロジェクトが進行してしまい、完成してから「ちょっと違うんだけど……」なんてことも往々にしてあると思います。

この「みんなで共通のイメージを持てない」問題の原因と対策は多岐にわたります。しかし根本的に解決するには、お互いに相手の領域を勉強し、理解するしかありません。つまり、エンジニアもビジネスの構造やKPIやマーティングを理解すべきだし、プランナーもITシステムの仕組みをある程度知っているべきだということです。

ではITシステムを知ってもらううえで最も学習効果が高い分野は何でしょうか。それは断然SQLです。なぜならRDBMSはほとんどあらゆる業務ITシステムの中核であり、すべてのデータがそこにあるからです。プランナーに

RDBMSとSQLを学んでもらうことはすなわち、企業のデータを理解することとイコールです。その学習効果ははかりしれません。

また、より現実的でベタベタな理由として、「SQLがわかればプランナーが自分でデータを取ってくることができる」という理由もあります。

さて、こういうことを言うと確実に「プランナーにはSQLなんてとても書けない」……という反論（愚痴？）が想定されます。しかしそれはプランナーをバカにしすぎた意見だと思います。

ITに関しては、プランナーをよく言えば「弱者」、悪く言えば「バカ扱い」する風潮があるように感じています。「これはIT専門知識が必要で難しいからプランナーに直接扱わせるのは無理だからこちらでやろう、せめて××のインターフェイスをかぶせよう」という方向になりがちです。例えば「SQLはプログラミング言語だからプランナーに書かせるなんてとんでもない、いたれりつくせりの分析アプリを用意してあげないと無理だ」という具合です。

この意見が正しいときも確かにあります。わたしもすべてのプランナーがSQLを書けるとは思いません。しかし、理解できるプランナーも必ず一定数存在します。そして、そういう数少ない人々は確実に「デキる」ので、ビジネス上のキーマンです。「デキる」人間にITシステムを理解してもらうことは、必ず大きな意味を持つはずです。

1.2 分析SQLの世界

ここまでは、SQLが最も現実的に最適な分析ツールだという話をしてきました。ですが、具体的な分析方法の話に行く前に、いくつか、たいへんありがちな誤解を解いておくことにしましょう。

プランナーのかたには聞き慣れない話もあるかもしれませんが、この節はどちらかというとすでにSQLを使っているエンジニア向けの内容なので、雰囲気だけわかってくれれば十分です。

■「SQLで分析なんてできるの？」への回答

「SQLで分析をするのだ」――と言うと、業務システムやウェブアプリを作っているエンジニアの皆さんは真っ先にOracleやMySQLを思い出すのではないでしょうか。そしてもしかするとその次には、O/Rマッパーやアプリケーションフレームワークや EJB や分散トランザクションがどうとか……と考えてしまうかもしれません。

しかし、このさいそういった「データベースの外の道具」はいったん忘れてください。本書で言う「SQLを使う」とは、文字通り自分でSQLを書くことによって利用する話であって、O/Rマッパーやフレームワークを経由して間接的にSQLを使う話ではありません。純粋にSQLのみで分析をしようというのが本書の方針です。

そしてそんなことを言うと必ず「え、SQLだけでそんなことできるの？」と言い出す人が出るので最初に断言します。可能です。実際にそれだけで分析をしている人たちが存在するので、それはもう事実です。信じられなければ本書の続きを読んでください。

1.2 分析SQLの世界

■ 業務システムの世界と分析の世界

なぜこんなことをわざわざ言うのでしょうか。実はSQLと一口に言ってもSQLのまわりには2つの世界が広がっており、業務システムやウェブシステムを作っているエンジニアがよく見知っているのも、話題になりやすいのも、その片方だけだからです。

2つの世界とは何でしょうか。それはズバリ、「基幹系の世界」と「情報系の世界」です。これから本書で話そうとしているのは後者における分析の話であり、前者の話はあまり関連がありません。

ちなみに、特にウェブ界隈で育ってきたエンジニアを見ていると、「RDBMSはデータを格納するただのストレージ」と考える傾向が強いと感じています。言い換えると、「RDBMSからアプリにデータを取ってきて、計算して、書き戻す」というスタイルが唯一のRDBMSの使いかただと考えている、ということです。

これはウェブの世界においては確かに正しく、適切な考えかたです。しかし分析の世界はそもそも文脈が異なるので、もはや正しくありません。

■ 基幹系の中心となるOLTPとはどんな処理か

ではいわゆる基幹系の、業務システムやウェブアプリケーションはどのような特徴を持つシステムなのでしょうか。これらは、単純化して一言で言うと**OLTP**（online transaction processing）システムと言ってよいでしょう。OLTPという処理の特徴は、「オンライン」で「トランザクション」を大量に処理する必要があることです。

オンラインで、というのは、システムを使うユーザーはリアルタイムに回線の向こうにいる、という意味です。例えばウェブアプリケーションを考えましょう。ユーザーがスマホやパソコンを使ってウェブブラウザーを操作すると、リクエストが「即座に」ウェブアプリケーションに送られて、ウェブアプリケーションは「できるだけすぐに」応答を返します。これが「オンラインである」ということです。

「トランザクション」のほうはもう少し抽象的で、何らかの取引のことです。

普段多くの人が接しているトランザクションとしては、商品の注文、チケットの予約、現金の引き落としや送金、などが挙げられます。これらのトランザクションはユーザーごと・取引ごとに独立していて、たいていは細かいトランザクションが大量に発生します。

まとめると、OLTPシステムとは、小さな取引（トランザクション）を、リアルタイムにその場で大量に処理するシステムということになります。この用語は古い時代にできた用語なので「トランザクション」と言われてもピンとこないでしょうが、ウェブアプリケーションは特徴が完全にOLTPなので、ウェブはようするにOLTPだと思っておいてよいでしょう。

■ 分析とはどんな処理か

では、その一方で、分析処理にはどんな特徴があるのでしょうか。トランザクションと比較したときの分析処理の特徴は3つです。

まず、分析処理では一般に、何らかの集計が発生します。例えばチケットの予約を例にして考えてみると、「1日ごとの予約件数を数える」「ユーザーの年齢層ごとの割合を計算する」「1日のうち予約件数が多い順に時間帯を並べる」などが分析処理です。これらの処理はいずれも、大量の予約データを集計する必要があります。

次に、分析処理はほとんどデータを書き込みません。さきほどの例を見てもわかるように、分析処理の主眼はOLTPシステムによって発生したデータを集計することにあります。つまりどこからもデータが発生しないので、新たにデータを記憶しておく必要がないのです。

最後に、分析処理では非常に大量のデータ集計が発生する場合があるので、処理時間も長くかかる可能性があります。そのため同じオンラインシステムではあっても、応答時間のリミットがOLTPシステムより長く設定されている場合がほとんどです。

以上の特性を**表1.1**にまとめました。

表 1.1　OLTP と分析処理の特徴比較

項目	OLTP	分析処理
アクセスパターン	読み書き	読み込みのみ
1 回のアクセス量	少ない	多い
アクセス数	多い	少ない

■ 分析向けの RDBMS

ここで RDBMS に話を戻します。

さきほど典型的な RDBMS として Oracle や MySQL などを挙げましたが、実はこれらはいずれも元は OLTP を想定して設計された RDBMS です。分析に使えないわけではないのですが、特に向いているわけでもありません。特に名指しするなら MySQL は絶望的です。ウェブエンジニアが分析 SQL に疎いのは MySQL のせいではないかと疑いたくなるほどです。

いま話してきたように、OLTP と分析処理では処理の特性がまったく異なります。当然ながら、データベースへのアクセスもそのような特性を反映しています。OLTP システムではそれぞれ独立した少量データの読み書きが大量に発生しますし、分析処理システムではデータ全体にわたる大規模な読み込みが少量発生します。これだけ特性が違えば同じ 1 つのデータベースで処理できるわけがないのが当然でしょう。

では、Oracle や MySQL 以外の、分析処理に特に向いた RDBMS というものもあるのでしょうか？　もちろんあります。そのような RDBMS の例としては、Teradata 社の Teradata Database（テラデータ）、IBM 社の IBM Netteza（ネティーザ）、Pivotal 社の Pivotal Greenplum Database（グリーンプラム）、Amazon 社の Amazon Redshift（レッドシフト）などが挙げられます。

これらの RDBMS はいずれも複数のコンピュータ（ノード）を使った **shared nothing** と呼ばれる並列処理に対応しており、大量のデータを分析することに特化した RDBMS です。基本的に高価で、膨大な量のデータを持っている企業しか導入していないので知名度もイマイチでした。以前は Teradata くらいしかない市場だったのですが、2009 年ごろから競争が激化し、現在は以前に比べるとだいぶ多くの人が知るようになりました。

■ バッチ処理とは

この節の最後に、オンライン処理と対応する用語として**バッチ処理**（batch processing）について説明しておきましょう。

オンライン処理はユーザーが実際に回線の向こうにいて、その場で応答を返さなければいけない処理のことでした。それに対してバッチ処理とは、対応するユーザーがおらず、たくさんのトランザクションや分析処理を（たいていは定期的に）一括処理する方式のことです。

例えば、チケット予約システムの例で再び考えてみましょう。チケットを予約するとき、ウェブや電話で問い合わせてすぐ予約が確定する場合もありますが、一度抽選して後日結果が知らされるという予約方法があると思います。このような場合、予約の受け付け処理はOLTPですが、抽選処理は別です。期日が来たら、受け付けておいたすべての予約について、一気に抽選を行うことになるでしょう。この、抽選を一気に処理するという処理方式がバッチです。

他の例としては、メールマガジンの送付が挙げられます。メールマガジンはユーザーのリクエストを受けたその場で送るわけではないでしょう。「毎週水曜」とか「毎月1日」とか「毎日」のような特定のタイミングで、すべての読者にメールが配信されるわけです。このメール配信の処理もバッチです。

なお、注意してほしいのですが、バッチ処理はオンライン処理と対応するのであって、OLTPと対応するわけではありません。つまりどういうことかと言うと、「大量のトランザクションをバッチ処理する」場合もあれば、「大量データの分析をバッチ処理する」場合もあるということです。

また、分析処理もオンラインで処理される場合とバッチで処理される場合があります。オンラインの分析処理は特に**OLAP**（online analytical processing）と呼ばれます。表にまとめるなら**表1.2**のような区分になるでしょう。

表1.2　オンライン処理とバッチ処理

	トランザクション処理	分析処理
オンライン処理	OLTP	OLAP
バッチ処理	トランザクションバッチ	分析バッチ

■ すべてがSQL（を使ったシステム）になる

　さて、この分類を踏まえて本書のテーマを言い直します。本書のテーマ、目的は、「すべての分析処理をSQLで行う」ことです。

　「すべての分析処理」であって、「すべてのOLAP」ではないことに全力で注意してください。OLAPは人がシステムをリアルタイムにさわってSQLを投げて分析する処理ですが、「すべての分析処理」となると、人が介在しない処理……つまりバッチも含むことになるのです。これは、分析システムのほぼすべてをSQLでまかなおうと言っているのと同じです。

　ですがそうなると、人が分析をするためのSQLと、バッチ処理のためのSQL、両方が必要ということでしょうか。

　それが、そうではないのです。バッチ処理でしか使わないSQLの機能というものもありますが、処理の9割はOLAPとバッチで共通しています。つまり、これから説明していくSQLの話は自分の手で分析をする場合に限らず、次の3つのシチュエーションすべてに通用するのです。

- 人がその場でSQLを書いて分析する場合
- 人がアプリケーションを使って間接的にSQLを実行する場合
- システムがバッチ処理でSQLを実行する場合

　たぶんエンジニアのかたからは「バッチでSQLを使って大丈夫か、問題ないか、必要な処理をこなせるのか……」などなど様々な疑問・不安が浮かんでいることと思いますが、この点については第2部で改めて細かく議論するので心配ありません。

　いかがでしょうか。SQLは、分析のありとあらゆる場面に応用が可能な万能ツールです。もはやSQLを使わない理由は見当たらないと言ってよいでしょう。

1.3 この本を読み進めるためのガイド

この章では、分析に対する本書のスタンスをお話ししました。

根幹となる方針は、「SQLですべての分析処理を行うこと」です。なぜならSQLは標準であるがゆえに最も多くのデータにアクセスでき、サイズの制約もなく、さらに分析を本当に行うべき人（現場のプランナー）とエンジニアの双方が理解可能であり、橋渡しをすることができるからです。しかも特典として分析バッチを書くこともできます。

■ 本書の構成

本書の章構成は**表1.3**と**表1.4**のとおりです。

表1.3 第1部の構成

章	内容
第1章「10年戦えるデータ分析の技術」	SQLで分析すべき理由と、本書の概要
第2章「さわってみようRDBMS」	テーブルやカラムなどRDBMSの基礎概念と接続方法
第3章「簡単！ select文でデータ探索」	select文の基礎
第4章「すべての分析は集計から始まる」	集約関数とgroup by節を使った集計について
第5章「関数で自由自在に新しいカラムを作り出す」	関数と演算子を使って、他のカラムから関連する値を計算する方法
第6章「ジョインを制するものはRDBMSを制す——基礎編」	複数のテーブルを連結するジョインの基本とテーブル設計
第7章「ジョインを制するものはRDBMSを制す——応用編」	様々なジョインのバリエーションとアソシエーション分析
第8章「遅れて来た分析SQL最強の武器——ウィンドウ関数」	サブクエリーとウィンドウ関数
第9章「縦と横は難しい」	縦持ちテーブルと横持ちテーブルの変換
第10章「アクセスログのセッション分析をする」	章を通じて大きな分析に取り組む

1章から10章までの第1部では、SQLの書きかたを具体的に解説し、SQLに

よる分析の進めかたを話していくことになります。つまり、分析システムを使う側の視点で話を進めていきます。

表 1.4　第 2 部の構成

章	内容
第 11 章「10 年戦えるデータ分析システム」	SQL を用いた分析システムのアーキテクチャ
第 12 章「ビッグデータに立ち向かう」	ビッグデータ技術を活用した分析システムの構成
第 13 章「SQL バッチの技法」	分析データベースにおいてデータを加工する手法
第 14 章「本書を読み終えた後に」	発展的なトピックについて

　そして 11 章から 14 章までの第 2 部では視点を変えて、分析システムを作る側から話をしていきます。どのようなシステムを作るべきで、そのシステムをどう設計するか、アーキテクチャをどうすべきか、ということを話していきます。SQL でバッチ処理をこなすための技術についても説明します。

　あなたがプランナーや初心者エンジニアなら、すべての章をこの順序で読むほうがよいでしょう。

　ふだん RDBMS は使っているが分析で使ったことのないというエンジニアのかたは、4 章以降の自分の知らない内容が出てきたところから読み始めるのがお勧めです。

　もし SQL に慣れているベテランエンジニアであれば……読むべきところは自分でわかると思うので、興味のあるところを好きな順でお読みください。

第2章

さわってみようRDBMS

この章ではリレーショナルデータベースの基礎概念と使いかたについて説明します。

2.1 PostgreSQLの構成

　ここからは、具体的にPostgreSQLというリレーショナルデータベースを使い、SQLの書きかたを説明していきます。まずPostgreSQLがどういうものか説明しましょう。

■ RDBMSの選択

　前章では単にRDBMSを使う、とだけ言ってきましたが、「RDBMS」という名前の製品があるわけではありません。

　RDBMSにはたくさんの種類があります。前章でもふれたOracleやMySQL、それからWindowsを作っているMicrosoftが販売しているSQL Server、コンピューター界の巨人IBMが提供しているDB2などです。

■ PostgreSQLを学ぶ利点

　本書では分析SQLを解説するためのRDBMSとして、たくさんあるRDBMSの中からPostgreSQLというRDBMSを選びました。PostgreSQLを選択した理由は次の3つがあります。

1. 誰でも無料で入手できる
2. シェアの高いOracleやSQL ServerとSQLが比較的似ている
3. 多機能で、データ活用のために必要な高度な機能が揃っている

　まず、PostgreSQLは無料なので、誰でもすぐに試すことができます。また、会社で分析用に導入してみようと思ったときも初期コストが低いので「とりあえず」導入することができます。機能制限もありません。

　無料で入手できるRDBMSというだけならMySQLが代表格ですが、MySQL

はOracleやSQL Serverに比べると用語や関数が異なり、本書で身に付けた技術を応用しづらい可能性があります。

またOracleもSQL ServerもExpress Editionという無料版がありますが、提供されるOS（Windows、Linux、Mac OS Xなど）が限定されます。

そして最後に、本書ではSQLで可能な限りあらゆる分析処理を行うことを狙っているため、後半ではウィンドウ関数やテーブル関数のような高度な機能を多用することになります。そのような機能を備えており、かつ巨大なデータベースにも応用が効くRDBMS……となると、PostgreSQLが第一候補となります。分析用データベースはPostgreSQLと親和性の高いものが多いからです。

例えばGreenplumはPostgreSQLをたくさん並べた構造ですし、RedshiftもPostgreSQLと同じように使えることをうたっています。

■ RDBMSが違ってもSQLは使いまわせる

本書がPostgreSQLを使って解説するとなると、「自分が会社で使っているのはSQL Serverだからまったく話が通じないのではないか、学んでも無駄ではないか」と不安になるかもしれません。

ですが、心配はありません。RDBMSが違ってもSQLはSQLです。残念ながら完全に同じとはいかず、微妙に機能の名前が違っていたりすることはあります。しかし、少なくとも本書の第7章までの話はメジャーなRDBMSではほぼ修正なく通用しますし、仮に修正が必要な場合でも対応する機能があります。

第8章以降の話はMySQLではウィンドウ関数がない、という大きな差が出てきますが、逆に言うとその程度で済みます。

なにより、経験的に言って、1つのRDBMSを十分に使いこなせるようになると自然と他のRDBMSでも勘が働くようになります。例えば最初のRDBMSに慣れるのに3ヶ月かかったから、別のRDBMSに移ったらプラス3ヶ月……というわけではなく、次はせいぜいプラス1週間くらいで済むのです。

そのためには、次々と別のRDBMSをつまみぐいするのではなく、最初はどれか1つに絞って十分に習熟するべきでしょう。PostgreSQLはそのような最初に学ぶRDBMSとしては間違いなくよいRDBMSです。

■ PostgreSQL サーバーとクライアント

では PostgreSQL について説明していきましょう。まずは全体的な構造から話していきます。

PostgreSQL は**サーバー・クライアント方式**（server client model）のソフトウェアです。サーバー・クライアント方式とは、（データベース管理のような）何らかの作業を行うソフトウェアと、そこに処理を依頼するソフトウェアを分離して、ネットワーク越しに処理を行わせる方式です（**図 2.1**）。一般に、何らかの処理を実際に行う側のソフトウェアを**サーバー**（server）、処理を依頼する側のソフトウェアを**クライアント**（client）と言います。

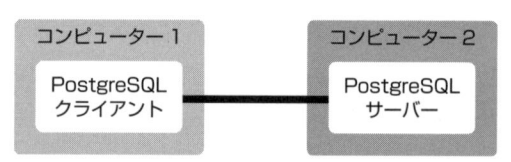

図 2.1　サーバー・クライアント方式のソフトウェア

ですから PostgreSQL も、PostgreSQL サーバーと PostgreSQL クライアントにソフトウェアが分かれています。実際にデータを保持し、SQL を処理するソフトウェアが PostgreSQL サーバーで、SQL を発行してその結果を受け取るソフトウェアが PostgreSQL クライアントです。この仕組みはサーバーもクライアントもない Excel や Word のようなソフトウェアとはだいぶ異なります。ちなみに、Excel のように単体で動作するソフトウェアのことは「スタンドアロン方式」などと言います。

サーバー・クライアント方式のよいところは、どのコンピューターからでもネットワークごしにサーバーに接続して処理を依頼できることです。PostgreSQL の場合、PostgreSQL サーバーがすべてのデータを集中管理してくれるので、どこから接続しても一貫性をもって同じデータにアクセスできます。

また、PostgreSQL の場合、サーバーソフトウェアは 1 種類ですが、クライアントソフトウェアは何種類もあります。後で説明する pgAdmin のようにグラフィカルなソフトウェアから psql のような「コマンドライン（いわゆる黒い画

面）」ベースのソフトウェアまで、様々なクライアントを選択できます。

　さらに、CやJava、Ruby、PHPのような汎用のプログラミング言語からもPostgreSQL接続用の**ドライバー**（driver）ソフトウェアを使うことでPostgreSQLクライアントになれるので、ウェブアプリケーションを始めとした様々な手製のソフトウェアからPostgreSQLデータベースを利用できるのです。

■ PostgreSQLのインストール

　したがって、PostgreSQLを使うためには、PostgreSQLサーバーとPostgreSQLクライアントの両方が必要です。

　もし、すでに会社や自宅でPostgreSQLサーバーが稼働しているなら、PostgreSQLクライアントだけを手元のコンピューターにインストールすれば接続することができます。しかし、まだPostgreSQLを使っていないのであれば、サーバーとクライアントの両方を自分のコンピューターにインストールする必要があります。

　また、すでにPostgreSQLサーバーが動作しているコンピューターがあるとしても、もしそれが**本番環境**（production environment）のデータベースだったら、さすがに接続させてはくれないでしょう。調査用や開発用のデータベースがあればよいのですが、それもない場合は、練習用に自分でPostgreSQLサーバーを用意する必要があります。

　ところで、さきほどの**図2.1**ではサーバーとクライアントをあえて別のコンピューターで動いているように描いたので、PostgreSQLを使うにはコンピューターが2台以上必要に思えるかもしれません。しかしそんなことはなく、**図2.2**のように1台のコンピューターでサーバーとクライアントを両方同時に動かすことができます。

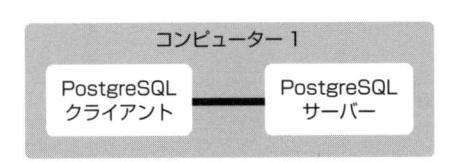

図2.2　クライアントとサーバーを1台のコンピューターで動かす

PostgreSQLサーバーのインストール方法については環境ごとに付録に書きましたので、そちらを参照してインストールしておいてください。

■ pgAdmin

さて、PostgreSQLサーバーをインストーラーでインストールすると、pgAdminというPostgreSQLクライアントも一緒にインストールされます。現在pgAdminはバージョン3なので、Windowsのスタート画面などでは「pgAdmin 3」や「pgAdmin III」と書いてあることもありますが、本書では「pgAdmin」で統一します。

pgAdminを使うと、**図2.3**のようなグラフィカルな画面でSQLを入力・実行することができます。RDBMSに慣れていないのであれば、まずはこのpgAdminを使ってみるのがよいでしょう。

ちなみに、pgAdminだけを単独でインストールして使うことも、もちろん可能です。

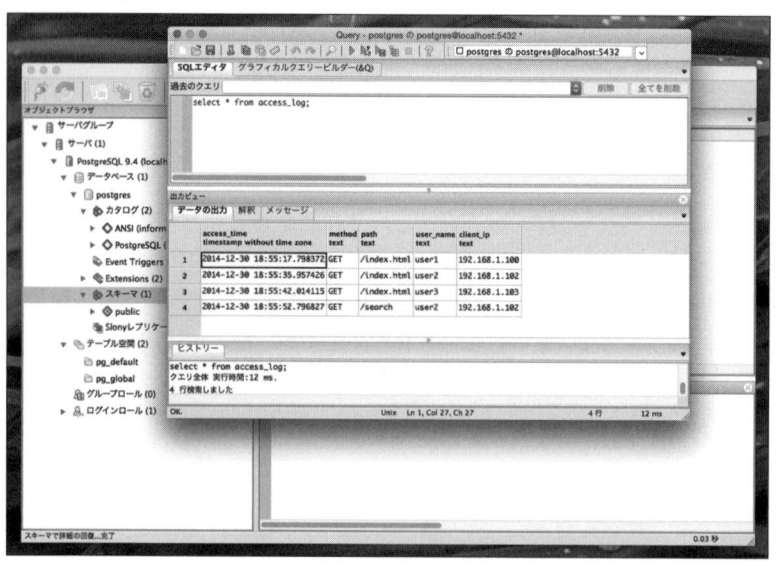

図2.3　pgAdminの画面 (Mac OS X版)

■ psql コマンド

PostgreSQL をインストールすると使えるようになるもう 1 つの PostgreSQL クライアントとして、psql というコマンドがあります。こちらは、pgAdmin とは違い、**コマンドライン**（command line）ベースのクライアントソフトウェアです。

コマンドラインとは、俗に「黒い画面」や「コンソール」と言われる、入出力のすべてを文字だけで行うシステムのことです。Windows だと「コマンドプロンプト」（図 2.4）、Mac OS X だと「ターミナル」というのがコマンドラインソフトウェアの正式名称で、より一般には**端末エミュレーター**（terminal emulator）と言います。なぜエミュレーターと言われるか……という話をし始めると先が長いので、興味のあるかたは筆者の前著『ふつうの Linux プログラミング』をご覧ください。

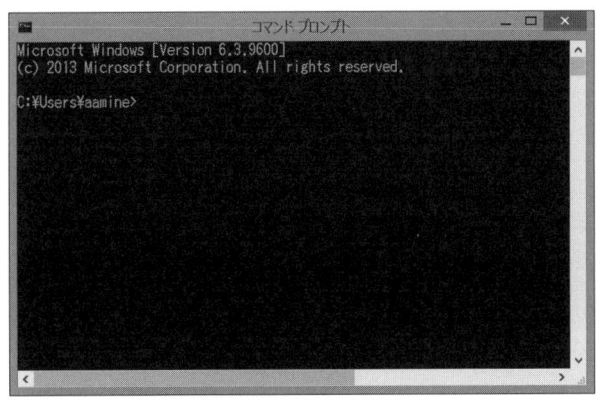

図 2.4　Windows のコマンドプロンプト

基本的にコマンドラインは初心者にはウケが悪いので、すでに慣れているエンジニア以外にはお勧めしません。

2.2 RDBMSの基礎概念

PostgreSQLをインストールしたのでさっそく接続……といきたいのですが、もうちょっとだけ待ってください。さすがにまったく知識ゼロでは何もわからず迷ってしまいます。まずはデータベース探索に最低限必要なRDBMSの基礎知識を説明しておきましょう。

■ テーブル

RDBMSはデータを**テーブル**（table）という形式で格納しています。

テーブルというのはようするに表のことで、**行**（row）と**列**（column）のある、Excelのワークシートのようなデータ形式です。「アクセスログ1件」や「ユーザー情報1件」のように、関連のあるひとまとまりの情報を1行に格納できます（図2.5）。

アクセスログテーブル

アクセス時刻	リクエスト	パス	IPアドレス
2014-12-29 03:34:01	GET	/	192.168.10.55
2014-12-29 03:34:05	GET	/search	192.168.10.55
2014-12-29 03:34:34	GET	/	192.168.10.102

図2.5　RDBMSのテーブル

なお、行のことを**レコード**（record）や**ロー**（row）、列のことを**カラム**（column）と言うこともあります。

ふつうは「行と列」「ローとカラム」のどちらかに呼称を統一するのですが、本書では区別しやすさを優先して、行は「行」、列は「カラム」で統一します。

■ テーブルの定義

Excelのワークシートでは何かの値を入力するだけで行もカラムもどんどん増

やすことができますが、RDBMSはそうではありません。テーブルでも行のほうは手軽にどんどん増やすことができるのですが、カラムのほうはテーブルを作るときにあらかじめ決めておく必要があります。

さきほどの図2.5の例では「アクセス時刻」「リクエスト」など4つのカラムがあります。テーブル名に加えてこのようなカラム数と名前、それにカラムのデータ型（後述）を決める作業のことを、「テーブルを**定義**（define）する」と言います。

ちなみに、たいていのRDBMSではテーブル名やカラム名に日本語が使えますが、コンピューターの都合で何かと厄介なことが起こりがちです。自分でテーブルを作る場合、基本的にはカラム名には半角のアルファベットと数字、下線（「_」）だけを使うことをお勧めします。

なお、念のために言うと、これはあくまでもテーブル名やカラム名だけの話です。テーブルのデータとして日本語を保存することはまったく問題ありません。

いったんテーブルを定義した後にカラム数やカラム名を変更することもできますが、テーブルに大量の本番データを入れ始めた後は、カラムを頻繁に変更することはあまりありません。変えるとしてもせいぜい月に1回以下でしょう。

■ テーブルのカラムとデータ型

RDBMSのテーブルを定義するときは、カラムに格納できる値の**データ型**（data type）を決める必要があります。データ型とは、ようするに値の種類のことです。PostgreSQLにおける代表的なデータ型を**表2.1**に示します。

表2.1 PostgreSQLの代表的なデータ型

データ型名	意味
text	文字列（文字の並びのこと。サイズ上限は1GB）
varchar	長さに制約がある文字列（文字の並びのこと）
integer	32ビット整数（およそ-20億から+20億の範囲の整数）
bigint	64ビット整数（32ビット整数より広範囲を表せる整数）
real	32ビット浮動小数点数（いわゆる小数のこと）
date	日付（時刻なし）
timestamp	日付と時刻

PostgreSQLには多種多様なデータ型がありますが、分析ですぐに使うデータ型はとりあえずこのくらいです。

　コンピューターでのデータの扱いかたは日常生活とは趣きが違うので、プログラミングをやったことのないかたには違和感があると思います。例えば整数にいちいち範囲制限があるとか、「文章」などとは言わずに「文字列」と言うあたりはわかりにくいでしょう。ですがそのあたりの細かいことは第5章で説明するので、ひとまずはこういうものだと考えて先に進んでください。

　データ型の適用例として、さきほど図2.5で見せたアクセスログテーブルの各カラムの型を表2.2に示します。同時にカラム名も決めました。

表2.2　アクセスログテーブルのデータ型（一部のカラム）

カラム	カラム名	データ型
アクセス時刻	request_time	timestamp
メソッド	request_method	text
URLパス	request_path	text
顧客ID	customer_id	integer

■ データ型を決める意味

　カラムのデータ型を1つに決めてしまわなければならないというのは、入力する内容に応じてよきにはからってくれるExcelなどと比べると面倒に思えるかもしれません。しかし、データ型を設定しておくと、間違ったデータが入ることを防いだり、データの格納領域をより小さくできるなどの利点があるのです。

　例えばtimestamp型のカラムには時刻以外の値は絶対に入らないので、「時刻の列になぜか普通の数値が入っている」というような問題を防ぐことができます。結果として、SQLでテーブルの値を処理するときにも、時刻の列には時刻だけが入っているという前提で処理を書くことができるわけです。

　テーブルを作ってデータを入れていく側にとってみるとデータ型があることはやや面倒でもありますが、データを使う側にとってみると、様々な保証が得られるデータ型はたいへん便利です。最初のうちは不便で不要なものに思えるかもしれませんが、まずは使って慣れてみてください。

2.3 スキーマとデータベースによるテーブルの整理

　RDBMSがデータをテーブルという形式で格納していることはここまで話したとおりです。しかし、たとえ1つのアプリケーションであってもテーブルは非常にたくさん（100以上）必要になることが多いので、テーブル自体を分類し、整理する方法も用意されています。それがスキーマとデータベースです。この節ではスキーマとデータベースという、似て非なる2つの概念について説明します。

■ スキーマによるテーブルの分類

　スキーマ（schema）は、テーブルを分類してまとめるための箱です（図2.6）。1つのスキーマには複数のテーブルを所属させることができます。また、1つのテーブルは必ずどこかのスキーマに所属しており、1つのテーブルは同時に1つのスキーマにしか所属することができません。言い換えると、任意のテーブルは常にただ1つのスキーマだけに所属します。

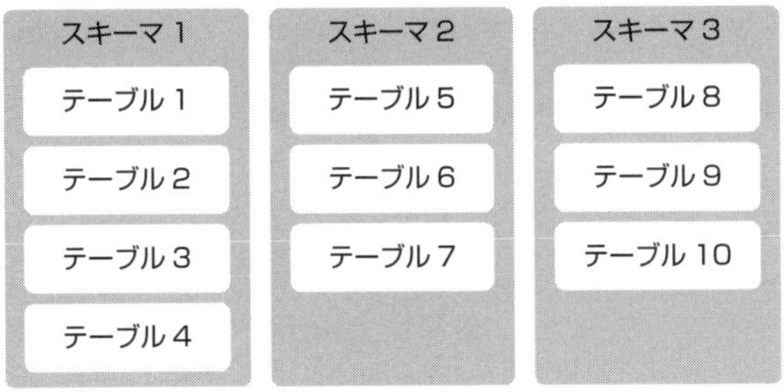

図2.6　スキーマ

　テーブル名はスキーマごとに独立に管理されているので、スキーマが違えば同じテーブル名のテーブルが2つ以上あっても構いません。
　PostgreSQLでテーブルを指定するときは、スキーマ名を省略してテーブル名

だけで指定することもできますし、「スキーマ名.テーブル名」のようにドット文字(「.」のこと。ピリオド)でスキーマ名とテーブル名をつなぐことで、明示的にどのスキーマのテーブルかを指定することもできます。

■ データベースによるデータの分離

PostgreSQLにはさらにスキーマの上位概念として**データベース**(database)が用意されています。このデータベースは一般用語としてのデータベースではなく、スキーマを入れる箱と考えるとよいでしょう。つまり、PostgreSQLサーバーが1つ動いていると、その中にはまずデータベースが複数あり、それぞれのデータベースの中には複数のスキーマがあり、さらにそれぞれのスキーマの中にはテーブルが複数あるわけです(**図2.7**)。

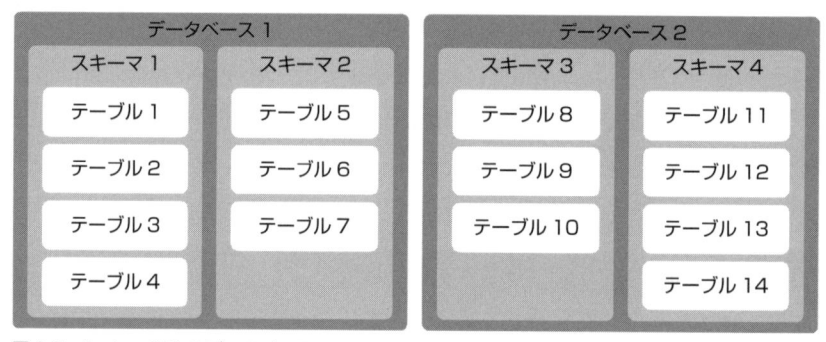

図2.7 PostgreSQLのデータベース

PostgreSQLサーバーに接続するときは必ずいずれかのデータベースを指定して接続する必要があります。データベース名を省略して接続した場合は、最初から作られているpostgresというデータベースが自動的に使われるはずです。このpostgresという名前はもちろん、PostgreSQLという名前の先頭部分から来ています。

■ データベースとスキーマの違い

　データベースとスキーマはデータを分類・整理するという目的は同じですが、性質がだいぶ違います。

　まず、スキーマはあくまでも複数のテーブルを分類するだけで、複数のスキーマにまたがってテーブルを組み合わせて使うことができます。言い換えると、1つのSQL文から複数のスキーマのテーブルにアクセスできます。

　しかし、データベースは完全に空間を分離するので、複数のデータベースのテーブルを両方使うSQL文は書くことができません。つまり、サーバー接続時に指定したデータベース内のテーブルにしかアクセスできません。

　具体的な利用目的としては、データベースは、本番とテストのデータを分けたり、アプリケーションごとにデータを分離したりするために使います。一方のスキーマは、アプリケーションやデータの扱う分野（ウェブ、仕入れ、顧客など）を分離するために使います。

2.4 データベースに接続する

お待たせしました。予習は終わりです。ここからは実際にデータベースに接続してSQLを試していきましょう。

■ どのデータベースに接続するか

まず何よりも注意すべきことは、うっかり本番システムに接続してしまわないことです。ここで本番システムと言っているのは、自分の会社が提供しているサービスでアプリケーションが使っているデータベースのことを指します。

通常、本番システムは非常にシビアな性能が要求されますし、うかつなSQLを実行してしまうとサービスに即影響が出ます。本番システムではなく、それを複製した調査用・開発用のデータベースを使うべきです。もしくは分析専用のデータベースがあれば、それでも問題ありません。どれが適切なのかわからなければ、システムを担当するエンジニアに聞きましょう。

ちょっと気の効いた企業ならば、仮に接続したくとも本番システムには接続できないようにしておくものですが、あなたの企業もそうとは限りません。念には念を入れて、信頼できる相手に確認してください。

■ pgAdminを起動する

まずpgAdminでPostgreSQLサーバーへ接続し、SQLを実行する方法を説明します。

Windowsのスタート画面から「pgAdmin」を選び起動すると、図2.8のような画面が表示されます。

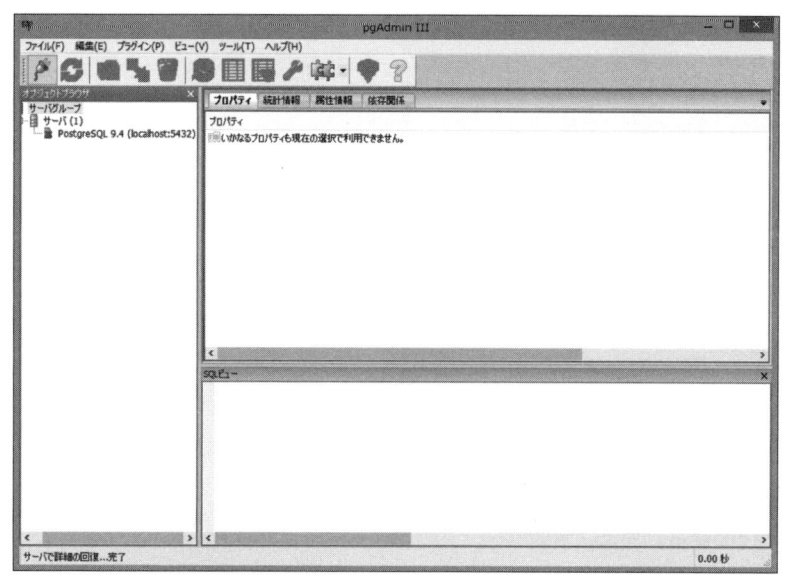

図 2.8　pgAdmin 起動直後の画面

　画面左側の［オブジェクトブラウザ］には登録されている PostgreSQL サーバーの情報が表示されます。また［オブジェクトブラウザ］で項目を選択すると、その項目の詳細な情報が右上側の［オブジェクトブラウザ］タブに表示されます。

■ PostgreSQL サーバーの接続情報を入力する

　本書の付録にある方法で手元のコンピューターに PostgreSQL をインストールした場合は、「PostgreSQL 9.4」という名前で接続情報が自動的に設定されています。したがって自分で設定する必要はありません。次の項目へ進んでください。
　一方、既存のデータベースを利用する場合は自分で PostgreSQL サーバーへの接続設定を入力する必要があります。［ファイル］メニューの［サーバーの追加］を開いてください。**図 2.9** のような画面が表示されます。

図 2.9 PostgreSQL サーバーの接続情報の入力画面

この画面では PostgreSQL サーバーに接続するためのパラメーターを入力します。各パラメーターの意味は**表 2.3** のとおりです。よくわからない人は情報システム部の人など適切な人に情報を教えてもらってください。

表 2.3 PostgreSQL サーバー接続のためのパラメーター

パラメーター	意味	手元のコンピューターで動かすときの設定例
名前	接続情報に付ける名前。わかりやすい名前がよい	「ローカル」など
ホスト	PostgreSQL サーバーが動いているコンピューター名	localhost
Port	PostgreSQL サーバーが待ち受けているポート番号	5432
サービス	SSL という暗号化回線を使うかどうか	（なし）
DB メンテナンス	接続するデータベース名	postgres
ユーザー名	PostgreSQL サーバー上での自分のユーザー名	postgres
パスワード	上記のユーザーのパスワード	（インストール時に設定したパスワード）

いずれの場合も、「ホスト」や「Port」を入力するときは全角文字を入力しないように気を付けてください。全角文字を入力してよいのは「名前」だけです。

■ PostgreSQL サーバーへ接続する

　さて、接続のためのパラメーターを登録完了すると、図 2.10 のように画面の左側に PostgreSQL サーバーの接続情報が表示されます。さきほど「名前」のところに入力した名前で表示されているはずです。赤い「×」印が付いている場合は、まだ接続していないことを表しています。壊れているという意味ではありません。

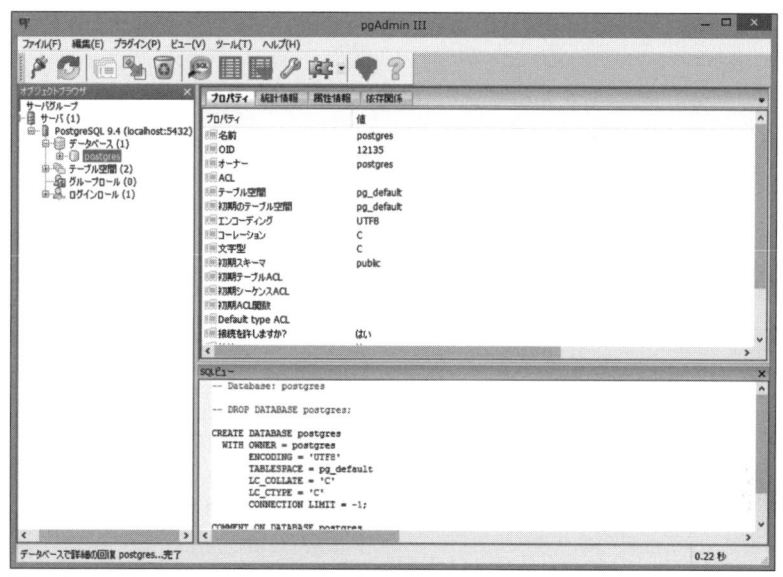

図 2.10　pgAdmin で PostgreSQL サーバーに接続

　赤い「×」印が付いている場合は、ウィンドウ左側に表示されている接続情報名（「PostgreSQL 9.4」など）をダブルクリックしてください。パラメーターが正しければ接続が完了して、赤い「×」が消えます。

　入力したパラメーター、特にユーザー名かパスワードのどちらかが間違っている場合は図 2.11 のようなエラーメッセージが表示されます。このようなときは、さきほど入力した接続情報が間違っていると思われます。最初の画面の接続情報名を右クリックして［プロパティ］を選び、パラメーターを修正してください。

左右の両端に空白など余計な文字が入っていないか、全角文字になっていないか、などの点を確認してください。

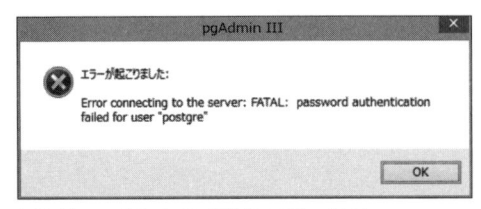

図 2.11　pgAdmin のログインエラー画面

データベースへの接続が完了すると、**図 2.12** のように画面左側の接続情報をツリー状に開いていくことができます。

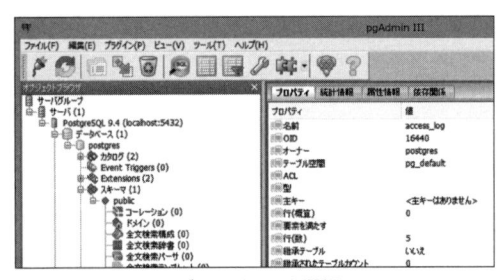

図 2.12　postgres データベースを選択

このツリーには、接続先サーバーに存在するデータベース、スキーマ、その中のテーブルなどが表示されます。このツリーを見ることでどんなテーブルがあるか見たり、テーブルのカラムを確認したりすることができます。

■ pgAdmin で SQL を入力する

では SQL を実行してみましょう。pgAdmin 画面の左側のツリーから、接続している接続情報下にある［データベース］を選択し、さらにその中の「postgres」を選びます（**図 2.13**）。postgres データベースを選択するとツールバーにある「SQL」のボタンをクリックできるようになります。

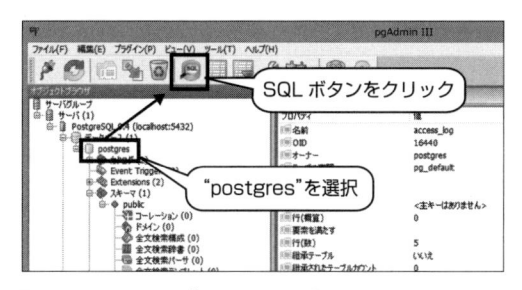

図 2.13　postgres データベースを選択

このボタンをクリックすると、**図 2.14** のような SQL 入力画面が起動します。

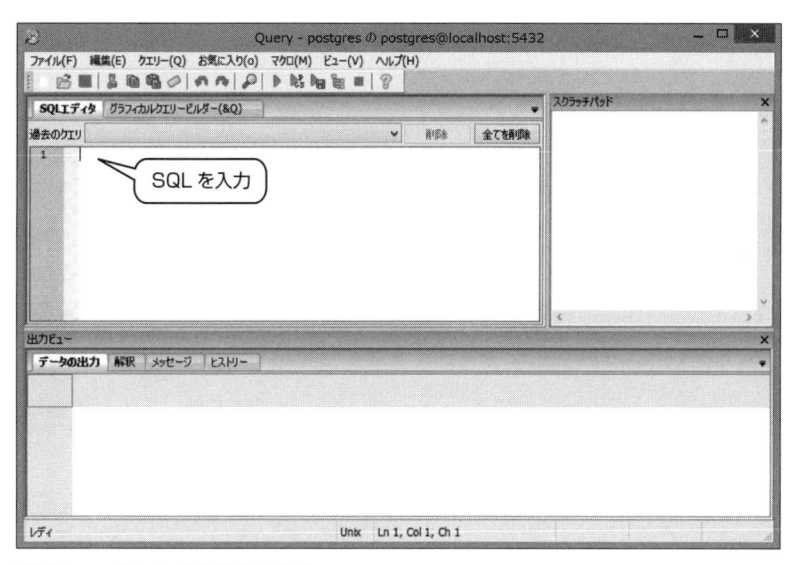

図 2.14　pgAdmin の SQL 入力画面

この SQL 入力画面の上側に、好きな SQL を入力して実行できます。いまは何も SQL を教えていないので、とりあえず次の SQL 文を入力してください。

```
select * from pg_database ;
```

この SQL を入力している間は、必ず IME を切って半角文字のみで入力してください。今後も SQL を入力するときは原則として半角文字で入力する必要があります。

また、末尾のセミコロン（「;」）も忘れずに入力してください。コロン（「:」）でもピリオド（「.」）でもありません。

■ pgAdmin で SQL を実行する

入力が終わったら、SQL 入力画面のツールバーにある緑色の三角ボタン（再生ボタンのような形状）をクリックします。

図 2.15 のように下側に結果が表示されたでしょうか。このように表示されれば成功です！

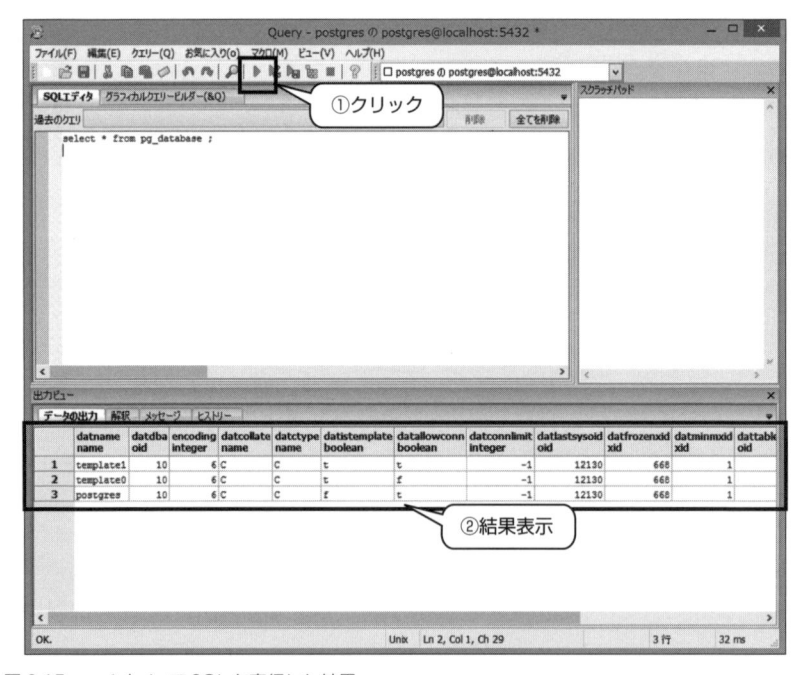

図 2.15　pgAdmin で SQL を実行した結果

ちなみに、この SQL は PostgreSQL サーバーに最初から用意されている pg_database というテーブルを全行出力させる SQL 文で、データベース自体の情報が入っています。

■ SQL のエラーに対応する

もしうまくいかない場合は、SQL 文が間違っていると思われます。例えば図 2.16 は意図的に間違いを入れてみたときのエラーです。

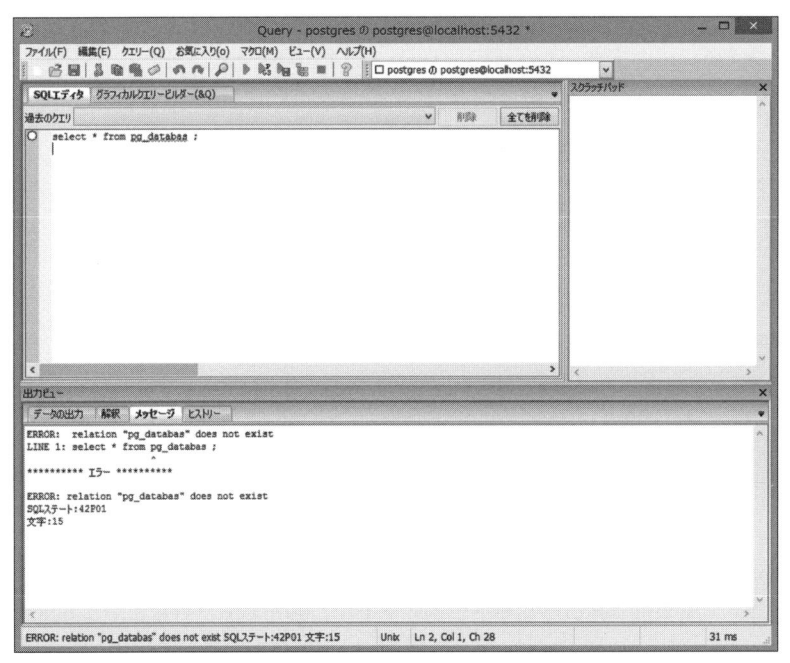

図 2.16　SQL エラーが発生したとき

エラーが出ると最初のうちは PostgreSQL サーバーを壊したかと焦ってしまいがちですが、そんなに簡単に壊れたりはしません。どんなに習熟したエンジニアでも間違うことはあるわけですから、SQL を少し間違えたくらいで壊せたらむしろ困ります。落ち着いて対処しましょう。

こういうときは「エラー」と表示されているので、書かれていることを冷静に

読みましょう。英語ですが、それほど難しいことは書いていません。

この場合は「LINE 1」つまり SQL の 1 行めの、印が付けてあるところ（pg_databas）に間違いがあると言っています。メッセージも読むと、「relation "pg_databas" does not exist」つまり何かわからないけど pg_databas という relation ? がないよ、ということですね。

「ない」と言われている場合はたいてい、それが「ない」のが原因ではなく、名前を間違えているのが原因です。そこで間違えていると言われているところをよくよく見ると、「pg_database」と書くべきところを誤って「pg_databas」にしてしまっていることに気付きます。このようなエラーメッセージの「翻訳」は、慣れると身に付いてきます。

■ よくある SQL のエラー

SQL に慣れていないとき特にやりがちな間違いは、次のようなものです。

1. 全角と半角を間違えている（特に全角空白は見えないので注意！）
2. 単語の綴りを間違えている（select が selcet になっているなど）
3. 記号を間違えている（下線 "_" とマイナス "-"、コロン ":" とセミコロン ";" など）
4. 空白を入れ忘れている

SQL は人間ではなく機械が解釈するので、人間ならなんとなく通じてしまうところであっても通じないことがよくあります。しかしその代わり、よく遭遇するエラーのパターンはだいたい似通っていますから、一通り経験してしまえばたいていのエラーは即座に修正できるようになります。

どんな百戦錬磨のエンジニアであっても、数万のエラーを乗り越えてきているものです。エンジニアの経験値は潰したエラーの数で決まると言っても過言ではありません。初心者がエラーを出すのはあたりまえですから、恐れずにいきましょう。むしろ、SQL をどう壊したらどういうエラーになるのか確かめるくらいの大胆さで構いません。

■ pgAdmin を終了する

最後に、pgAdmin を終了しておきましょう。

pgAdmin を終了するときは、単にウィンドウの「×」ボタンをクリックしてください。SQL の入力画面を開いていると「変更内容を保存しますか」と聞かれますが、「いいえ」を押して閉じてしまって構いません。

2.5 この章のまとめ

この章では、RDBMSの基礎について説明しました。

RDBMSではデータをテーブルという構造にまとめて格納します。テーブルは表のことで、行とカラムによって構造化されています。各カラムにはそれぞれデータの「型」が決められており、それ以外の値を入れることはできません。

テーブルはさらにスキーマとデータベースという枠組みによって整理することができます。スキーマは単にテーブルを区分するための「箱」です。さらにそのスキーマを複数まとめる単位がデータベースで、データベースが分かれているとデータを一緒に使うことができません。

また、本章ではPostgreSQLの構造についても説明しました。PostgreSQLはサーバー・クライアントモデルというモデルで作られたソフトウェアです。使うためにはサーバーとクライアントが必要です。実際にデータを保持し、SQLの処理をするソフトウェアをPostgreSQLサーバー、サーバーにSQLを送信して結果を受け取るソフトウェアをPostgreSQLクライアントと呼びます。本書ではpgAdminというPostgreSQLクライアントの使いかたについて説明しました。ぜひ手元のコンピューターなどにインストールして、実際に動かしてみてください。

次の章ではテーブルのデータを見る方法について話します。

第**3**章

簡単！
select文でデータ探索

この章では、SQLの基本にしてほとんどすべての機能を担うselect文について説明します。

3.1 select文によるデータの抽出

本章からはSQLについて本格的に説明していきましょう。最初はテーブルからデータを抽出するselect文について話します。

■ 本書のサンプルデータについて

本書では、全体を通じて架空のECサイトのデータを扱います。Amazonや楽天のように内部に複数の「店舗」を持ち、注文を受けて商品を販売するサイトだと考えてください。

テーブルの構造はだいぶ簡略化してありますし、データはすべてわたしが適当に作ったものですが、意図的に偏りを持たせてあるので分析している雰囲気は味わえます。

表3.1がテーブル一覧です。

表3.1　架空ECサイトのテーブル一覧

テーブル名	内容
customers	顧客マスター
shops	店舗マスター
items	商品マスター
orders	商品の注文
order_details	商品の注文詳細（各注文で購入した商品と個数）
access_log	ECサイトのアクセスログ
access_log_wide	ECサイトのアクセスログ（カラムを増やしたバージョン）

それぞれのテーブルの内容は登場したときに説明します。

また、テーブル定義とサンプルデータは本書のサポートサイト[注1]から入手できます。お手元のPostgreSQLサーバーに入れて使えるようになっているので、試

注1　本書のサポートサイト：http://i.loveruby.net/stdsql/

してみてください。データの投入方法もサイトに書いてあります。

本章と次の章ではこの中からaccess_log_wideテーブルを例として使います。**表3.2**がそのデータ例です。

表3.2 access_log_wideテーブルのサンプルデータ

request_time	log_month	request_method	request_path	customer_id	customer_name	customer_age	search_hits
2014-12-29 03:34:01	2014-12	GET	/	54115	森一郎	26	
2014-12-29 03:34:05	2014-12	GET	/search	104097	丸山冴子	19	154
2014-12-29 03:34:34	2014-12	GET	/	324	陣内太郎	37	
2014-12-29 03:34:40	2014-12	GET	/	104097	丸山冴子	19	
2014-12-29 03:35:05	2014-12	GET	/items/531415	93292	綾小路涼	41	
⋮							

テーブル名の「wide」は「本来よりもカラムが多い」という意味で付けました。なぜ多いかというと……それは次の章の終わりで説明しましょう。とりあえず次の章まではこのテーブルだけをひたすら使っていきます。

■ select文でデータを抽出する

まず、何はともあれテーブルの中身をすべて抽出してみましょう。テーブルのデータを全行・全カラム抽出するには、次のようなSQLの文を使います。

```
select * from access_log_wide;
```

このselect文を実行すると、さきほどのデータが全行・全カラム表示されます。

このようなselectから始まる、データ抽出のためのSQLの文を**select文**（select statement）と言います。select文のことを**クエリー**（query）と呼ぶこともあります。queryは「問い合わせ」という意味です。

select文の中身をもう少し詳しく説明しましょう。この文は、「select *」と「from access_log_wide」の2つに分けて理解します。

まず後半の「from access_log_wide」は、「access_log_wideテーブルのデータを検索対象にする」という意味です。select文は、書くときも読むときも、まず

from節から読むとわかりやすくなります。

「from」は言語の規則で必ずここに書くと決まっている語で、SQLにとって特別な意味を持ちます。そのような言語にとって特別な意味を持つ語を**予約語**（reserved word）と言います。

そして前半の「select *」は、「すべてのカラムを表示する」という意味です。今度は「select」が予約語で、「*」が「すべてのカラム」を意味しています。

■ 特定のカラムだけを選んで抽出する

「*」の代わりにカラム名を並べれば、特定のカラムだけを表示することもできます。次に例を示しましょう。

```
select request_time, customer_id from access_log_wide;
```

このように書くと、テーブルのデータから全行のrequest_timeカラムとcustomer_idカラムだけを表示することができます。結果は**表3.3**のようになります。

表3.3 access_log_wideテーブルから2つのカラムだけを抽出した結果

request_time	customer_id
2014-12-29 03:34:01	54115
2014-12-29 03:34:05	104097
2014-12-29 03:34:34	324
2014-12-29 03:34:40	104097
2014-12-29 03:35:05	93292
⋮	

■ SQLでの空白の扱い（コーディングスタイルについて）

SQLでは、日本語や英語のような自然言語とは空白の扱いが少々異なります。特に注意すべき点は次の3つです。

1. 空白はいくつあってもよいし、改行しても構いません。
2. 文の最後にはセミコロン（「;」）が必要です。
3. テーブル名やカラム名、それに「select」などのキーワードでは、大文字小文字の違いは無視されます。

これらはプログラミング言語では一般的なルールではあるのですが、慣れていない人には違和感があると思います。

例えば、さきほどの select 文は仮に次のように書いてもまったく同じ意味に解釈されます。

```
selECT
    request_TIME
,CUSTOMER_ID         FRom
Access_Log_Wide
;
```

しかしもちろん、このように書く人はさすがにいません。後から別の人が読んでも読みやすいよう、特定のルールに従って大文字小文字を使い分け、一貫性をもって空白を配置するのが一般的です。このような、言語の文法とはまた別の記述上のルールのことを**コーディングスタイル**（coding style）と言います。

本書では次のいずれかのスタイルで SQL を記述します。

```
select request_time, customer_id from access_log_wide;
```

```
select
    request_time
    , customer_id
from
    access_log_wide
;
```

1 行で書ける短い文のときは前者で、1 行に収まらないときは後者を使用します。カンマ（「,」）やセミコロン（「;」）が行の先頭にあるところなどは一般的な文

章のルールとだいぶ違いますが、このあたりはプログラミング言語の流儀なので「郷に入れば郷に従え」で慣れてください。

■ limit 節で表示行数を絞る

テーブルは大きいものでは数億行になることもありますし、普通の企業でも100万行くらいのテーブルはふつうにできてしまいます。そういうテーブルを単純に全行表示してしまうと、100万行をPostgreSQLサーバーからとってくることになってしまい、いつまでたっても結果が返ってこない……なんてことになりかねません。「とりあえずデータを見たい」ときは、結果行数の上限を指定する **limit 節**（limit clause）を使うと便利です。

limit 節で結果の行数を指定するには、次のように書きます。

```
select * from access_log_wide limit 10;
```

これで、最大でも10行までしか結果が返ってこなくなります。最初にテーブルのデータを見るときは何行あるかわかりませんから、とりあえず limit 節を付けて実行しましょう。

■ 行数を数える

ではそもそも、テーブルに何行あるかはどうすればわかるでしょうか。テーブルの行数を知りたい場合は、次のように select 節に「count(*)」を記述します。

```
select count(*) from access_log_wide;
```

この select 文は、access_log_wide テーブルのデータを返すのではなく、access_log_wide テーブルに何行あるかを数えて返します。count は集約関数と言う機能で、テーブルの複数行に対する処理を行います。集約関数については次の章でより詳しく説明しますので、とりあえずは決まり文句として覚えてください。

なお、「select * from ～」と「select count(*) from ～」はどちらも「*」の文字が使われていますが、意味が異なります。「select *」の「*」は「すべてのカラム」という意味で、「count(*)」の「*」は「行自体」のような意味です。SQLでは同じ記号でも文脈によって意味が異なることがあるので注意してください。

■ 巨大なデータを扱っていることを意識する

　実際のシステムでselect文を使うときは、巨大なデータを発生させないようにくれぐれも注意しましょう。Excelのワークシートをいじるのと同じような感覚で無造作にそのへんのテーブルを「select *」してはいけません。もしそのテーブルが100万行あったらたいへんなことになります。まずは何よりも先に、「select count(*)」で行数を調べてください。

　そして、データを見るときは安全のため常にlimit節を付けておきましょう。例えば「limit 10000」を付けておけば、うっかり巨大なテーブルを「select *」しても最大1万行で止まるので安心です。

　特に、第7章で説明する「組み合わせを生成するジョイン」の機能を使うときは注意が必要です。うかつなジョインをすると行数が爆発的に増える可能性があり、最悪PostgreSQLサーバーや手元のパソコンを停止させかねません。そのような場合も、注意深くlimit節を付けておけば、未然に防ぐことが可能です。SQLに自信がつくまでは、すべての文にlimit 10000を付けるくらいの気持ちでいるのがよいでしょう。

　ちょっとうるさいことを書きましたが、それだけSQLは自由度の高い、強力な道具だということなのです。Excelのような手作業を基本とするツールとは根本的に能力が違います。

　SQLを使いこなせれば、数十億行を超える巨大なデータですら高速に、柔軟に処理することができます。最初は窮屈で面倒に感じるかもしれませんが、SQLマスターを目指して着実に進みましょう。

> **Column** スキーマの検索パス
>
> この節でアクセスしている access_log_wide テーブルがどのスキーマにあるか、みなさんは気付いているでしょうか。結論から言えば、public スキーマに置いてあります。
>
> select 文では from 節に「スキーマ名.テーブル名」のように書くことで、スキーマを明示的に指定することもできます。しかしスキーマ名を省略してテーブル名だけを指定することもでき、そのようなときはユーザーごとに設定される**検索パス** (search path) という項目に登録した順番でスキーマが検索されます。
>
> PostgreSQL ではデータベースを作成した時点で public というスキーマが用意されており、検索パスにも設定されています。ですから、public スキーマにある access_log_wide テーブルは単にテーブル名を書くだけでアクセスできるわけです。
>
> 現在の検索パスは、次の SQL 文を実行すると表示できます。
>
> ```
> show search_path;
> ```
>
> そして検索パスを変更するには、次のような文を実行します。
>
> ```
> alter user ユーザー名 set search_path = 'dwh', 'public';
> ```
>
> これで 2 つのスキーマ「dwh」「public」が検索パスとして設定されます。「ユーザー名」は適宜自分が使っている PostgreSQL のユーザー名に置き換えてください。
>
> なお、この検索パス変更は PostgreSQL サーバーへの接続をいったん切ってつなぎなおすまでは有効になりませんので注意してください。

3.2 where 節による行の絞り込み

limit 節を使えば表示行数を制限することはできますが、常に先頭から n 行を出すだけですから、特定の行を狙って表示させることはできません。続いては明示的に条件を指定して行を絞り込む方法を説明します。

■ where 節でデータを絞り込む

条件によって行を絞り込むには、次のように where 節を使います。

```
select
    *
from
    access_log_wide
where
    request_time >= timestamp '2014-12-01 00:00:00'
;
```

この select 文は、access_log_wide テーブルのうち request_time の値が 2014 年 12 月 1 日 0 時以降である行だけを抜き出します。

「where」から始まる部分が絞り込みの条件を表しています。まず、この式は「request_time」「>=」「timestamp '2014-12-01 00:00:00'」の 3 つに切ります。timestamp のあたりがたいへんまぎらわしいのですが、「timestamp '2014-12-01 00:00:00'」がひとかたまりで、「2014 年 12 月 1 日 0 時 0 分 0 秒」という時刻（timestamp 型の値）を表しています。

「>=」は「左の値が右の値以上（以降）」という意味の**演算子**（operator）です。演算子とは、数学の「＋」や「÷」のような、演算をするための記号のことを指します。

なお、「>=」はプログラミング言語特有の書きかたです。本当は「≧」と書きたいところなのですが、多くのプログラミング言語ではキーボードで直接入力で

きる単語だけを使うことが一般的なので、しかたなく「>=」と書いているわけです。

そして演算子の左側にある「request_time」はrequest_timeカラムのことで、「timestamp '2014-12-01 00:00:00'」は「2014年12月1日0時0分0秒」という時刻を表すtimestamp型の値を指しています。つまり、「request_timeカラムの値が2014年12月1日0時0分0秒以上だったら……」という意味になるわけです。さきほどのselect文を実行すると、この条件を満たす行だけが抽出されます。

■ いろいろな比較演算子

「以上」を示す「>=」以外にも、SQLには比較のための演算子がいくつかあります。これはどんなものがあるか見るだけでよいと思うので、**表3.4**に一覧しておきます。「<=」のイコールの順番にだけ気を付けてください。「=<」ではありません。

表3.4 SQLの比較演算子

演算子	意味
left = *right*	*left* と *right* が等しい
left <> *right*	*left* と *right* が異なる
left < *right*	*left* よりも *right* が大きい
left <= *right*	*left* は *right* 以下
left > *right*	*left* のほうが *right* より大きい
left >= *right*	*left* は *right* 以上
val between *left* and *right*	*val* は *left* 以上 *right* 以下

特に他のプログラミング言語に慣れたかたのために注記すると、SQLでは等価の演算子が「==」ではありません。また実は「<>」の代わりに「!=」を使えるRDBMSも多いのですが、「<>」のほうが標準です。

■ 条件式を組み合わせる

では今度は例えば、数年分のログが入ったaccess_log_wideテーブルから、2014年12月1日の行だけを抜き出したいとしましょう。

このような場合は、「2014年12月1日0時以降」かつ「2014年12月2日0時より前」の行を抜き出す、と考えます。それぞれの条件はさきほどの比較演算子を使って書けるので、後はその2つを組み合わせればよいわけですね。そのようなselect文は次のように書きます。

```
select
    *
from
    access_log_wide
where
    request_time >= timestamp '2014-12-01 00:00:00'
    and request_time < timestamp '2014-12-02 00:00:00'
;
```

「and」が「かつ」を意味する句です。and句を使うと、左の式と右の式の条件が両方とも成立する、という条件を書くことができます。

and句のような、条件を組み立てるための句は「and」「or」「not」の3つあります（**表3.5**）。and句はすでに説明したように「かつ」を示し、or句は「または」を示します。

表3.5 条件式を組み立てる3つの句

式	意味
X and Y	X かつ Y
X or Y	X または Y
not X	X ではない

■ not句で条件を反転させる

そしてnot句は条件を反転させます。つまり「その条件が成立しない」という条件を示します。例えば「request_methodカラムの値が文字列HEADではな

い」という条件は次のように書けます。

```
select
    *
from
    access_log_wide
where
    not request_method = 'HEAD'
;
```

「'HEAD'」のようにシングルクオート文字（「'」）で囲むと、それは「『HEAD』という内容を持つ文字列」を表します。

「request_method = 'HEAD'」は「request_methodカラムの値が文字列'HEAD'と等しい」ですから、それにnotを付けた上記のselect文は「request_methodカラムの値が文字列'HEAD'と等しくない」を表します。つまり「request_method <> 'HEAD'」と同じですね。

■ 複数の候補による絞り込み

行を絞り込むとき、ある1つのカラムがXかYかZだったら抜き出す、という条件を書きたいことは頻繁に発生します。例えば次のような場合です。

```
select
    *
from
    access_log_wide
where
    request_method = 'HEAD'
    or request_method = 'POST'
    or request_method = 'PUT'
;
```

このselect文は、access_log_wideテーブルのうち、request_methodカラムの値が「HEAD」または「POST」または「PUT」である行だけを返します。where節の条件式がちょっとややこしいですが、次のように3つの式がor句でつなが

れていると解釈してください。

```
(request_method = 'HEAD')
or    (request_method = 'POST')
or    (request_method = 'PUT')
```

任意のSQLの式はカッコでくくって書くことができるので、わかりやすければ本当に上記のようにカッコ付きで書いても構いません。

さて、このようにor句を使って書く方法は候補の数が増えてくると煩雑です。こんなときは**in演算子**（in operator）を使いましょう。さきほどと同じ条件をin演算子を使って書き直した文を次に示します。

```
select
    *
from
    access_log_wide
where
    request_method in ('HEAD', 'POST', 'PUT')
;
```

どうでしょう、このほうがずっとすっきりしたのではないでしょうか。比較したい値の候補が5個、10個になるとさらに差がはっきりします。in演算子が使えるときはぜひ積極的に使っていきましょう。

■ 文字列のパターンによる絞り込み

ある文字列と同じ文字列を探すことは「=」演算子で簡単にできますが、ときには「〜で始まる文字列」や「〜で終わる文字列」、「〜という文字列を含む文字列」のように幅をもったパターンで文字列を探したいときもあります。例えばaccess_log_wideテーブルのようなログテーブルに記録しているrequest_pathなどは値の種類が非常に多いですし構造も複雑です。このような場合は**like演算子**（like operator）を使った文字列パターンマッチが便利です。

例えば、request_pathカラムの文字列が「/search/」で始まること、という絞

り込み条件は次のように書けます。

```
where request_path like '/search/%'
```

「%」は、「ここはなんでもいい」という意味を表します。この「%」を使う場所によって、**表 3.6** のように様々な使いかたが可能です。

表 3.6 like 演算子と % の組み合わせによる代表的な絞り込みパターン

パターン	意味
str%	*str* で始まる
%*str*	*str* で終わる
%*str*%	*str* をどこかに含む
str%*str2*	*str* で始まり *str2* で終わる

もちろん、「%」は何回でも書けますし、どこに書いてもいいので、**表 3.6** 以外にも「/items/%/detail/%」など様々なパターンを表現することができます。

また、like 演算子ではもう 1 つ特殊な文字が使えます。「_」（下線）を使うと、そこは「なんでもいいから 1 文字」という意味です。空白文字や記号もすべて含みます。例えば「like '/items/___'」だったら、「/items/」の後に何か 3 文字続く文字列がすべてマッチします。

最後に 1 点注意ですが、「%」の場所に現れる文字列は本当になんでもよいため、「文字がない」場合もマッチします。例えば「request_path like '/search/%'」という式で絞り込む場合、request_path が「/search/」でもマッチします。つまりこのときの「%」は「長さゼロの文字列（空文字列）」にマッチしているわけです。

このようなマッチが発生すると、意図しない行が含まれてしまうこともよくあります。like 演算子を使うときは「空文字列にマッチしても問題ないか」を必ず考えてください。

■ ランダムサンプリング

　最後の絞り込み方法はちょっと毛色が違います。条件を詳細に決めるのではなく、「どの行でもいいからランダムに 0.1% くらいの量がほしい」という場合はどうすればよいでしょうか。つまりランダムサンプリングです。

　ランダムサンプリングをしたい場合は、次のように where 節で「random()」という記述を使います。「random」ではなくて、最後に空の丸カッコを付けて「random()」と書く必要があることに注意してください。

```
select
    *
from
    access_log_wide
where
    random() < 0.001
;
```

　この「random()」は関数という機能です。関数については次の章で詳しく話すので、いまは決まり文句として覚えておいてください。

　「random()」と書くと、行ごとに 0.0 以上 1.0 未満の値がランダムに返されます。上記のクエリーで比較している 0.001 は 1.0 の 1000 分の 1 なので、1000 分の 1 の確率で where 節の条件が成立することになります。つまり結果として、全体の 1000 分の 1（0.1%）くらいの行が取り出せるというわけです。

　この手法はトリッキーでなかなか思い付かないのですが、使うだけなら難しくありませんし、データを探索したりサンプルを抽出したりするときにはたいへん役立ちます。ぜひとも覚えておいてください。

Column: OLTPのwhere節と分析のwhere節

　ここまで読んだみなさんは、どのあたりが分析SQL特有の話なのか気になっているかもしれませんね。また、OLTPシステムでSQLを使っているエンジニアのかたであれば、もしかすると「これはいつもと同じ話では……？」と思っているかもしれません。

　確かにそのとおりです。実際のところ、OLTPであろうと分析であろうと、「使用するSQLの機能チェックリスト」を作ればほとんど同じになるのです。大きく違うのはその使いかた、あるいは「常識」のほうです。

　例えばこの節で紹介したwhere節の場合だと、OLTPシステムでは9割がたのSQLで1行から数行だけを抜き出すような条件を記述するでしょう。しかもその数行を高速に抜き出すために**インデックス**（index）のような高速化の機能を使うことがほぼ必須です。インデックスが機能しないselect文はそれだけでRDBMS全体の性能を低下させかねないからです。

　一方、分析の場合はほとんどの場合に集計が前提となるため、where節では数百万行、数千万行までしか絞り込まないことも頻繁にあります。これだけ大量に行が発生する場合はインデックスではさほど効果がありませんし、毎回違うselect文を実行することになるのでインデックスはまず作りません。

　それでは分析SQLの速度を改善するにはどうしたらいいのでしょうか。そのあたりは第10章でふれたいと思います。

3.3 order by 節による行の並び換え

前章でテーブルは表だと説明しましたが、実は Excel のワークシートなどとは違い、テーブルの行には順序が決まっていません。

select 文で抜き出してきた行についてもそれは同じで、下手をすると select 文を実行するたびに順序が違うことすらあります。これではデータを見ていくうえで不便なので、順序を固定する方法を教えましょう。

■ order by 節で行を並び換える

例えばログを見る場合ならば、ログの時刻順に並べたいことがほとんどでしょう。そのためには **order by 節** (order by clause) を使って、次のような select 文を書きます。

```
select
    *
from
    access_log_wide
order by
    request_time
;
```

これで access_log_wide テーブルの全行を request_time の小さい順 (つまり古い順) に並べて表示することができます。

ところで、プログラミングの分野では何かを順序に従って並び換え、整列させることを英単語を使い**ソートする** (sort) と言うことがあります。エンジニアがソート、ソートと言っていたら、それは並び換えのことだなと理解してください。

■ 並び順を制御する

order by 節は特に何も指定しなければ、指定したカラムの値が小さいほうから大きいほうへ行を並べます。しかし逆順に並び換えたいときはどうすればよいでしょうか。

そのようなときは、次のようにカラム名の後に予約語 desc を追加します。

```
select
    *
from
    access_log_wide
order by
    request_time desc
;
```

これで request_time の大きい順（つまり新しい順）に行が並び換えられます。desc は**降順**（descending）の略です。

また、何も指定しないのと同じ順序、小さい順に並べることを明確にしたいときは予約語「asc」を指定しても構いません。asc は**昇順**（ascending）の略です。

■ 複数の並び換え条件を指定する

order by 節では、「customer_id の順に並び換えて、同じ customer_id の中ではさらに request_time の古い順に並び換える」というように、複数の並び換え条件を設定することもできます。

複数の並び換え条件を設定するには、次のように order by 節にカンマで区切って複数のカラム名を指定します。

```
select
    *
from
    access_log_wide
order by
    customer_id, request_time
;
```

これで、まず行が customer_id の小さい順に並び換えられ、同じ customer_id の行の中では request_time が小さい順（古い順）に並び換えられます。

さらにこのときも並び換え条件ごとに昇順（asc）か降順（desc）かを指定することができます。例えば customer_id の大きい順に並べて、その中で request_time の小さい順（古い順）に並べるには、order by 節を次のように変えます。

```
order by
    customer_id desc, request_time asc
```

なかなか柔軟ですね。

■ 複数の節の組み合わせ

以上で select 文の基本的な機能はすべて説明しました。select、from、where、order by、limit の各節はすべて組み合わせて、同時に使うことができます。例えば「access_log_wide テーブルから 2014 年 12 月 1 日のログだけを抜き出し、古い順に 1000 行見たい、カラムは request_time と customer_id だけでいい」という条件ならば次のように書けます。

```
select
    request_time
    , customer_id
from
    access_log_wide
where
    request_time >= timestamp '2014-12-01 00:00:00'
    and request_time < timestamp '2014-12-02 00:00:00'
order by
    request_time
limit
    1000
;
```

各節は必ずこの順序で書く必要があることに注意してください。order by 節を where 節の前に書いたり、where 節を最初に書いたりすることはできません。

Column　空白を書くのが面倒くさいあなたに

　本書では次のようなコーディングスタイルを採用していますが、これを見て初心者が思うことはだいたいわかります。

```
select
    *
from
    access_log_wide
where
    request_time >= timestamp '2014-12-01 00:00:00'
;
```

「なるほど見やすいけど、自分で空白を書くのは面倒くさい！！」

　演算子の両側の空白もさることながら、特に行頭の空白が面倒ですよね。大丈夫です。わたしもこんなものを手で書いたりはしません。これは、**テキストエディター**（text editor）で勝手に入力させているのです。

　テキストエディターというのは、テキストの入力に特化したツールです。Windowsの「メモ帳」も最も貧弱な部類ではありますがテキストエディターの一種です。フォントを変えたり太字にしたりといった見ためをよくする機能がない代わりに、HTMLやプログラミング言語のように文法が決まっているテキストの入力を強力にサポートする機能が付いています。その中には、行頭の空白……**インデント**（indent）と言いますが、インデントが必要なところで自動的に入力してくれる機能もあるのです。さらにSQLなどの文法を認識して、予約語や文字列に色を付けてくれたりします。

　有名なテキストエディターとしては、WindowsならTeraPadやサクラエディタ、秀丸エディタ、Sublime Textなどが挙げられます。また年季の入ったプログラマーが好むテキストエディターとして有名なのが、viとEmacsです。ちなみにこの原稿はSublime Textで、SQLのサンプルコードはviで書いています。

　また、RDBMSクライアントの中にも強力なSQL編集機能を持ったツールがあります。残念ながらpgAdminは編集機能がいまいちなのですが、例えば0xDBE[注2]は有償ではありますが凄まじく強力です。

　ぜひいろいろ試して、自分好みのツールを見付けてください。

[注2] https://www.jetbrains.com/dbe/

3.4 この章のまとめ

　本章では、SQLで最も重要な文であるselect文についてひととおり説明しました。「select ～ from」の形の文を使うことで、テーブルに入ったデータを表示できます。この章では次の5つの節を紹介しました。

1. カラムを選択するselect節
2. データ取得元テーブルを指定するfrom節
3. 行の絞り込み条件を指定するwhere節
4. 行の並び換え条件を指定するorder by節
5. 取得する行数の上限を指定するlimit節

　プログラミングは自分で実行するのとしないのとでは成長に雲泥の差が出ます。ぜひ自分で手を動かして実行してみてください。
　次の章からは、より「分析」らしく、データを集計する方法について説明します。

第4章

すべての分析は集計から始まる

この章では、SQLで単純集計とクロス集計を行う方法を説明します。

4.1 集約関数による単純集計

「分析」と言うといかにも統計やパターン認識のように複雑な計算を行うようなイメージがありますが、現実には合計や平均のように単純な集計で9割はカタが付くと言ってよいでしょう。また、複雑な分析をする場合でも、事前に様々な集計をしてデータの性質をつかむことは必須です。全処理に占める集計の割合は分析SQLとOLTPのSQLとを分ける分水嶺と言ってもよいでしょう。

続いてはSQLでそのような「集計」をする方法について説明します。

■ 集約関数とは

SQLでテーブルの値を集計するためには、**集約関数**（aggregation function）を使います。**関数**（function）とは、様々な計算をパッケージ化したものです。「関数名(……)」のように書くと関数を**呼び出す**（call）ことができ、パッケージ化された計算を行うことができます。そして集約関数は関数の一種で、テーブルの複数の行にまたがって「合計」や「平均」などの計算を「縦に」行うことができます。前章で触れたcountも集約関数の一種です。

テーブル全体に対して集約関数を使用すると、select文の結果は常に集約結果の1行だけになります。例えばcount関数を使うと、テーブルが何行だろうと結果は「テーブルの行数」の1行だけになりましたね。それと同じことです。

■ よく使う集約関数

よく使われる集約関数の一覧を**表4.1**に示します。

表4.1 よく使われる汎用の集約関数

関数	効果
count(*col*)	対象行の行数を数える
sum(*col*)	*col* の合計（和）
avg(*col*)	*col* の平均
min(*col*)	*col* の最小値
max(*col*)	*col* の最大値

「count(*col*)」の「*col*」の部分は関数の**引数**(parameter)と言って、呼び出しごとに異なる値を関数へ渡すために使われます。

例えば「avg(search_hit)」と書いたら search_hit カラムの値の平均を計算できるのですが、「avg(access_count)」と書いたら今度は access_count カラムの値の平均が計算できます。つまり、「平均を計算する」という関数の機能は同じなのですが、「どのカラムの値の平均を計算するか」は呼び出しごとに変更できるわけです。これが引数の働きです。

また、統計の基本的な値である分散や標準偏差を計算する集約関数もあります(**表 4.2**)。

表 4.2 統計量を計算する集約関数

関数	効果
var_pop(*col*)	*col* の母分散
var_samp(*col*)	*col* の標本分散
stddev_pop(*col*)	*col* の母標準偏差
stddev_samp(*col*)	*col* の標本標準偏差

■ 集約関数の利用例

次に簡単な利用例を示します。

```
select avg(search_hit) from access_log_wide;
```

この select 文は全行の search_hit カラムの値の平均値を計算します。結果としては平均値の 1 行だけが返ってきます(**表 4.3**)。本書のサンプルテーブルの search_hit カラムは検索のときにヒットした件数を示しているので、avg(search_hit) は検索で平均何件ヒットしているかを示しているわけです。

表 4.3 avg 集約関数を使った計算結果

avg
154.000

例えば、1ヶ月ごとにsearch_hitの平均値を出したときに値が上向いていれば、よりたくさんの記事が検索でヒットするようになっている、ということがわかるわけですね。

なお、集約関数を使うときは、select節には集約関数を使った式しか書くことができません。例えば「select search_hit, avg(search_hit)」とは書けません。なぜなら、集約関数は複数行を1行にまとめる働きがあるからです。集約関数が1行だけの結果を出力するのに、select節の他の式が複数行の値を出力してしまったら、どちらに合わせたらいいかわからなくなりますよね。ですから、そのような文はSQLでは禁止されているのです。

■ 値がない——null

ところで、このsearch_hitカラムは検索のヒット数を格納するカラムなのですが、検索以外を表すログ行ではいったいどういう値が入っているのでしょうか。

もちろん、何が入っているか、入っているべきか——は現場によって異なります。しかし、本書のサンプルテーブルにおいては、検索以外のログ行のsearch_hitカラムは実は**null**という値になっています。

nullは、「値がない」ことを示す特別な表現です。nullは数値の0でも長さゼロの文字列でもありません。そもそも「値」ではありません。「値がない」という印なのです。

あるカラムがnullであるかどうか調べるには、「is null」という特別な演算子を使って調べる必要があります。つまり、「カラム名 is null」と書く必要があります。「カラム名 = null」や「カラム名 <> null」では調べられません。こう書けてしまう場合もあるのですが、たぶん意図とは結果が異なります。

nullの特徴として、nullと何らかの計算をするとnullになる、という点が挙げられます。例えば3 + nullはnullです。null - 7もnullです。したがって「カラム名 = null」もカラムに関係なくnullということになります。where節などの条件式に「カラム名 = null」が書いてあった場合は、その条件は常に不成立扱いとなります。

一方、集約関数ではnullは基本的に無視されます。例えばさきほどのように

「avg(search_hit)」を計算する場合、search_hit が null の場合は完全に無視され、残りの (null でない) 行だけの平均が計算されます。

このように、null は SQL の様々な場面において特殊な扱いを受けます。あまりに特殊なので、「null はどうなるかわかりにくく有害だから一切使うな」という人もいるほどです。

しかし、こと分析システムについて言うと、null はほぼ避けられません。分析システムにはそこらじゅうからデータが集められてくるので、そのどれかに null が入っていれば必然的に取り扱わざるをえないからです。扱いが厄介なときもありますが、実例を通して少しずつ慣れていくしかありません。

> **Column** 中央値と最頻値は？
>
> 平均を計算する関数があるなら**中央値** (median) と**最頻値** (mode) を計算する関数もあってよさそうなものですが、残念ながら標準の集約関数としては用意されていません。
>
> 方法だけ簡単に説明すると、中央値は第 8 章で説明する「ウィンドウ関数」の 1 つである **percent_rank 関数** (percent_rank function) を使います。最頻値は PostgreSQL 特有の **mode 関数** (mode function) か **count ウィンドウ関数** (count window function) を使って計算する必要があります。
>
> それほど難しくはないので、第 8 章まで読み終えてから計算してみてください。

■ count 関数のバリエーション

count 関数は前章でも使いかたのみ紹介しましたが、実はもう少し細かい挙動があるので詳しく説明しましょう。

まず、count 関数は次の 3 つの呼び出しかた (使いかた) があります。

1. count(*)
2. count(*col*)
3. count(distinct *col*)

前章で説明した1.の呼び出しかたは、常にテーブルの全行を数えます。一方、2.のようにカラム名 *col* を指定すると、そのカラムが null ではない行の数を数えます。

例えば**表 4.4** のようなテーブルがあるとしましょう。

表 4.4　count 関数サンプルデータ

search_hit
15
null
98
4
null

このテーブルに対して「count(*)」は 5 を返しますが、「count(search_hit)」は 3 を返します。

これは、カラムに null でない値がいくつ存在するか数えるのに使えます。例えば null でない search_hit の数を数えれば、検索が何回行われているかわかるでしょう。

■ 重複を排除する count 関数

そして最後に、3.の「count(distinct *col*)」は、*col* が null ではないものについて、値の重複を除いた行数を数えます。「distinct」は「別個の」という意味です。

今度は**表 4.5** のテーブルで説明しましょう。

表 4.5　access_log_wide テーブルから request_path だけ抜き出したもの

request_path
/search
/
/search
null
/items/5134

テーブルには5行入っており、null が1つあります。このテーブルに対して「count(distinct request_path)」で集計すると3が返ります。null と、重複している「/search」1行を除くと3行だからです。

■ where 節と集約関数を組み合わせる

count(distinct *col*) の形の count 関数は、ログからユニークユーザー数を計算するときに使うことができます。

ユニークユーザー（UU, unique user）というのはウェブの用語で、現実に存在する1人のユーザーを1人と数えたときのユーザー数のことです。1人のユーザーはウェブサイトの様々なページにアクセスしますから、通常、ユニークユーザー数はアクセス数よりも大幅に少なくなります。

サンプルテーブルの場合、count(distinct customer_id) でユニークユーザー数を数えることができます。ただ、この場合はテーブル全体が計算対象ですから、期間はテーブルにある全期間ということになります。

では、特定の1ヶ月のユニークユーザー数を数えたい場合はどうすればよいでしょうか。このようなときは、次のように where 節と集計関数を組み合わせればよいのです。

```
select
    count(distinct customer_id)
from
    access_log_wide
where
    request_time >= timestamp '2014-01-01 00:00:00'
    and request_time < timestamp '2014-02-01 00:00:00'
;
```

この select 文は、request_time カラムの値が2014年1月1日から1月31日までの行を抜き出し、それらの行の customer_id の数を重複抜きで数えます。つまり、2014年1月のユニークユーザー数が出せるわけです。

4.2 group by 節で期間ごとに集計する

集約関数はそのまま使っても便利ではありますが、しかしまだ不十分な点もあります。例えば、さきほど1ヶ月あたりのユニークユーザー数を数えるselect文を示しましたが、2014年の12ヶ月すべての月間ユニークユーザー数がほしいということはいかにもありそうです。

そういう場合は、月だけを変えて12回select文を実行しなければいけないのでしょうか？ 12回ならまだなんとかなるでしょうが、もし10年分の結果がほしいとしたら（120回！）どうでしょう。

そんなときに役に立つgroup by節を、この節では紹介します。

■ group by 節の働き

group by 節（group by clause）は、行を条件によっていくつかのグループに分割し、それぞれのグループ内で集約計算を行うことができる節です。例えばアクセスログの行をユーザーIDごとにグループへ分割し、それぞれの数を数えれば、ユーザーごとのアクセス数がわかるでしょう。

ユーザーごとのアクセス数を数えるSQLを次に示します。

```
select
    customer_id
    , count(*)
from
    access_log_wide
group by
    customer_id
;
```

このSQLは**図4.1**のようなイメージで処理されます。まず「group by customer_id」でcustomer_id（ユーザーID）カラムの値ごとにグループを作りま

す。言い換えると、customer_id カラムの値が同じ行を1つのグループにします。

そして各グループの中で select 節の式を集約計算します。count(*) は各グループに対して働き、グループ内の行数を計算します。

処理対象テーブル

customer_id
18
53
18
18
32
53

グループ化

customer_id
18
18
18
32
53
53

集約

customer_id	count(*)
18	3
32	1
53	2

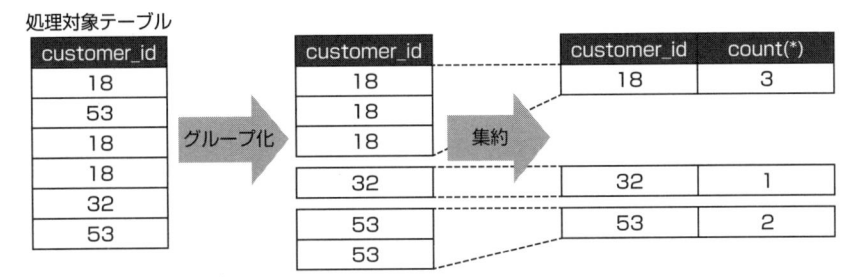

図 4.1 group by 節の処理イメージ

以上が group by 節の働きです。

group by 節を使うときの注意点として、select 節には group by 節に書いたカラムか、もしくは集約関数のどちらかしか書くことができません。このルールは、集約関数を使うときの制約(「select 節には集約関数しか書けない」)を少し変形したものです。group by 節に書いたカラムの値はグループごとに1行だけにまとめられますから、集約関数と同じようなものだと考えるとよいでしょう。

■ 例:月ごとのユニークユーザー数を数える

group by 節を利用して、さきほどの月別ユニークユーザー数を計算する select 文を次に示します。

```
select
    request_month
    , count(distinct customer_id)
from
    access_log_wide
group by
    request_month
;
```

request_monthカラムにはそのアクセスがあった月が入っています。group by節は当のrequest_monthカラムの値でグループ化することを示しているので、全行が月ごとにグループ化されます。

最後に、集約関数のcountが働いて、グループごとの行数……つまり月ごとのアクセス数を数えます。図4.2のイメージを見ながら動作を確認してみてください。

request_month		request_month		request_month	count(*)
2014-01-01 00:00:00		2014-01-01 00:00:00		2014-01-01 00:00:00	3
2014-01-01 00:00:00	グループ化	2014-01-01 00:00:00	集約		
2014-01-01 00:00:00		2014-01-01 00:00:00			
2014-02-01 00:00:00		2014-02-01 00:00:00		2014-02-01 00:00:00	2
2014-02-01 00:00:00		2014-02-01 00:00:00			
2014-03-01 00:00:00		2014-03-01 00:00:00		2014-03-01 00:00:00	1

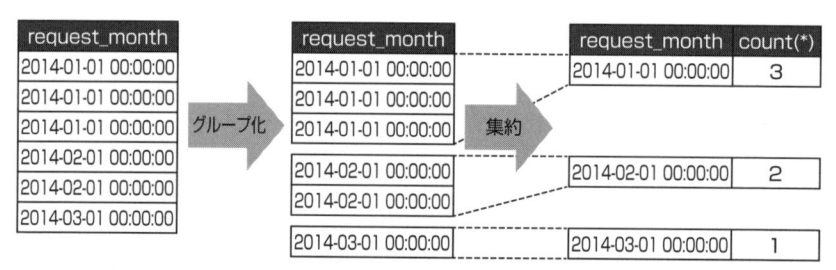

図4.2　月ごとのグループ化

■ having節で集約結果をさらに絞り込む

前掲の例では、group by節を使って月ごとのアクセス数を出すことができました。今度は、月ごとのアクセス数が10万を切っている月だけを調べたくなったとしましょう。

条件にマッチした行を抜き出すと言えばwhere節なのですが、しかし、where節はgroup by節よりも前に実行されるという点が問題です。今回は月間アクセス数を集計してから行を絞り込みたいので、group by節が終わった後に絞り込む必要があります。

そのような場合に役立つのがhaving節です。having節を使うと、where節と同じく、行を条件にマッチする行だけに絞り込むことができます。ただし、group by節と集約関数を処理した後に行われる点だけがwhere節と異なります。

having節を使って、月間アクセス数が10万未満の月だけを抜き出すには次のように書きます。

```
select
    request_month
    , count(*)
from
    access_log_wide
group by
    request_month
having
    count(*) < 100000
;
```

having 節は対象テーブルの行に対する絞り込みではなく、そのテーブルの行を集約した結果を絞り込むことに注意してください。

■ select 文の実行順序

さて、select 文の記法もだいぶ充実してきました。これまでに紹介した節は次の 7 つです。

1. 取得カラムを指定する「select 節」
2. 対象テーブルを指定する「from 節」
3. 絞り込みの条件を指定する「where 節」
4. グループ化の条件を指定する「group by 節」
5. グループ化した後の絞り込み条件を指定する「having 節」
6. 並び換えの条件を指定する「order by 節」
7. 取得する行数を制限する「limit 節」

select 文を書くときは、必ずこのとおりの順序で記述しなければなりません。しかし実際の処理は次の順序で行われます。

1. from 節
2. where 節
3. group by 節
4. select 節
5. having 節
6. order by 節
7. limit 節

どんな select 文も最初は from 節から実行され、検索対象のテーブルが決まります。

続いて where 節で行が絞り込まれ、group by 節の条件によってグループ化されます。

その後 select 節の計算（集約関数以外）が行われ、各行に対して計算が実行されます。また集約関数があればテーブル全体またはグループごとに対して集計が実行され、having 節の条件でさらに結果の行が絞り込まれます。

最後に、これまでの計算結果の行が order by 節の条件で並び換えられ、limit 節があればその数だけの行が先頭から取られます。

もちろん、select 節以外は省略可能です。例えば where 節は省略すれば行がいっさい絞り込まれませんし、order by 節を省略すれば行は並び換えられずに、そのときどきの順番で返してきます。この実行順序を図にするなら**図 4.3** のようになります。

4.2 group by 節で期間ごとに集計する

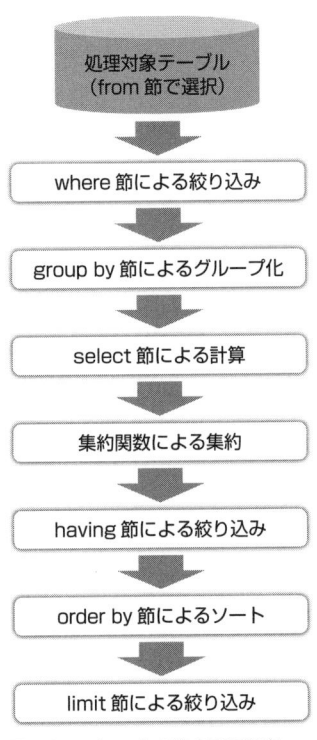

```
処理対象テーブル
（from 節で選択）
   ↓
where 節による絞り込み
   ↓
group by 節によるグループ化
   ↓
select 節による計算
   ↓
集約関数による集約
   ↓
having 節による絞り込み
   ↓
order by 節によるソート
   ↓
limit 節による絞り込み
```

図 4.3 select 文の節の実行順序

select 文は見ためどおりに上から実行されるわけではないので、最初は混乱しがちです。ですが、節が実行される順番は決まっていますし、よくよく見るとselect 節以外は書いてある順番と同じですから、しばらく書いていれば苦もなく読み書きできるようになるでしょう。

4.3 group by 節でクロス集計をする

　この節では、group by 節によって得た結果を複数の軸で集計する方法を説明します。いわゆる**クロス集計**（cross tabulation）です。また、その結果をクロス集計表にまとめる方法についても検討します。

■ 月ごと・ページごとのユニークユーザー数を集計する

　今回クロス集計の例として考えるのは「月ごと・ページごとのユニークユーザー数」です。月ごとのユニークユーザー数はさきほどやりましたから、もう1つ軸を追加すればいいわけですね。「ページごと」はとりあえず「request_pathカラムの値ごと」と定義します。

　これまでの group by 節はどれもカラム1つだけを指定して使っていました。しかし実は2つ、3つと並べることで、複数のカラムの組み合わせごとに集計することもできるのです。つまり「月ごと・ページごと」ならば「request_monthごと request_path ごと」ですから、次のように書けばよいのです。

```
select
    request_month
    , request_path
    , count(distinct customer_id)
from
    access_log_wide
group by
    request_month
    , request_path
;
```

　これで、request_month と request_path の組み合わせごとに customer_id の重複しない数を数えることができます。結果は**表 4.6** のようになります。

表 4.6　月ごと・ページごとのユニークユーザー数

request_month	request_path	ユニークユーザー
2015-01	/	298726
2015-01	/search	152984
2015-01	/cart	90876
⋮		
2015-02	/	310298
2015-02	/search	158296
2015-02	/cart	91895
⋮		
2015-03	/	339287
2015-03	/search	160398
2015-03	/cart	93987
⋮		
2015-04	/	359878
2015-04	/search	165987
2015-04	/cart	96976
⋮		

■ クロス集計表にまとめるには？

　ところで、クロス集計を知っているかたにしてみると、この結果で「クロス集計です！」と言われるのは違和感があるのではないでしょうか。なぜなら、クロス集計というのはふつう、行見出し（表頭）と列見出し（表側）に項目を並べるからです（**表 4.7**）。また、縦横に合計を出したい場合も多いでしょう。

表 4.7　いわゆる普通のクロス集計表

	/	/search	/cart
2015-01	298726	152984	90876
2015-02	310298	158296	91895
2015-03	339287	160398	93987
2015-04	359878	165987	96976

　これは確かにそのとおりなのですが……残念なことに、SQLでクロス集計表の形に整えることもできるものの、だいぶ面倒なのです。データの内容としてはど

ちらの表現でもまったく同じで、並び順が違うだけなので、**表4.6**のような形式を読めるように自分を慣らすという手もあります。

それでもやっぱりクロス集計表の形になっていないと見にくい、ということであれば、SQLで集計した結果をExcelなどにコピー&ペーストして形式を整える方法がお勧めです。**ピボットテーブル**（pivot table）を使えば、select文の結果を簡単にクロス集計表に直せます。group by節に指定した2つのカラムを表頭・表側に置けばいいだけです。もちろんExcelでなくともピボットテーブルさえ使えればいいので、Google SpreadsheetやOpen Officeでも問題ありません。

ちょっと面倒ではありますが、グラフを書こうと思ったら結局は他のツールを併用することになりますし、使い分けと割り切ってよいのではないでしょうか。SQLは大量の分析計算をするための計算機であると割り切れば、最後の見ための部分は他のツールに任せるというのは悪くない手段です。

また学習効率的に言っても、最初はSQLでやることを最小限とし、慣れてきたらSQLでやることを増やしていく方法ならば、より少ない恐怖で乗り切っていけるのではないでしょうか。

■ それでも、SQLでクロス集計表を書く！

……という情熱のあるかた向けに、select文の結果をクロス集計表形式に直す文だけ記しておきます。仕組みについては第9章で詳しく解説しているので、そちらを参照してください。なお、countの結果にuuという名前を付けてcrosstab_resultテーブルに保存したものを処理しています。

```
select
    max(case request_path = '/' then uu else null end)
    , max(case request_path = '/search' then uu else null end)
    , max(case request_path = '/cart' then uu else null end)
from
    crosstab_result
group by
    request_month
;
```

このように、select 節がたいへん面倒なことになっています。しかも、ふつうは横に並べたい値がもっとたくさんあるはずなので、その数だけ select 節の式を書かないといけません。わたしはこれが面倒で、いつも BI ツールを使うか Excel にコピー＆ペーストしてしまいます。

■ union 演算子で「合計」行を追加する

そういうわけでクロス集計の並び換えについては Excel の併用をお勧めしたいのですが、合計についてはちょっと事情が違います。というのも、クロス集計した結果の数値をまた合計すればいいだけなら Excel で簡単に導けるのですが、ユニークユーザー数の場合は「合計」に 2 つの場合があるのです。つまり、単純に「月ごとのユニークユーザー」の合計の場合と、「全期間を通したユニークユーザー数」の場合です。前者は結果を合計すれば得られますが、後者は別途計算する必要があります。

そこで、全体合計を別途計算して結果を合成する方法について説明します。

まず、全期間を通じたユニークユーザー数の計算はもう簡単ですね。group by 節に書く値を 1 つ減らして、request_path だけを軸とした集計にすれば済みます。次の select 文で計算できます。

```
select
    request_path
    , count(distinct customer_id)
from
    access_log_wide
group by
    request_path
;
```

union all 演算子（union all operator）を使うと、この select 文の結果をさきほどの結果の行と合体させることができます。つまり、2 つの select 文の結果を縦につなげることができるのです。

ただし、それには 1 つ条件があります。2 つの結果のカラム数と、各カラムの

型が完全に一致していなければなりません。さきほどのユニークユーザーの計算結果（**表 4.6**）には request_month、request_path、ユニークユーザー数の 3 カラムがありますから、今度の結果にも request_month カラムを適当に追加して合わせてやる必要があります。こういう場合は、null を使ってしまうのが定番です。

union all 演算子を使って前後 2 つの select 文の結果を連結するには、次のように記述します。

```
select request_month, request_path, count(distinct customer_id)
from access_log_wide group by request_month, request_path
union all
select null, request_path, count(distinct customer_id)
from access_log_wide group by request_path
;
```

select 文を整形していると union all 演算子がどこに入っているかわかりにくくなるので、あえて各 select 文を 2 行にまとめました。union all 演算子が select 文と select 文の間に入っていることがわかりますね。これによって、2 つの結果をつなぐことができるのです。

この文の結果は**表 4.8** のとおりです。

表4.8　月ごと・ページごとのユニークユーザー数（合計付き）

request_month	request_path	ユニークユーザー
2015-01	/	298726
2015-01	/search	152984
2015-01	/cart	90876
⋮		
2015-02	/	310298
2015-02	/search	158296
2015-02	/cart	91895
⋮		

request_month	request_path	ユニークユーザー
2015-03	/	339287
2015-03	/search	160398
2015-03	/cart	93987
⋮	⋮	
2015-04	/	359878
2015-04	/search	165987
2015-04	/cart	96976
⋮	⋮	
null	/	1308189
null	/search	637665
null	/cart	373734

Column

装飾と計算は分離する

　SQLを使って集計することに少し慣れてくると、いろいろ装飾を付けたくなってくると思います。例えば数値は3桁ずつでカンマを入れたいとか、「0.13」ではなく「13%」と表示したいとか、単位を付けておきたいとか、そういうことです。

　しかし、そこはぐっとこらえて、SQLレベルではできる限り生の数値や文字列に留めておくことをお勧めします。なぜなら、そのほうが再利用しやすいからです。

　例えばさきほどの「月ごと・ページごとのユニークユーザー数」の結果を見て、やっぱり全体に対する比率も出そう、と思ったとします。そのとき、数値や文字列を変に加工していると、まずその式を外して、計算して、また装飾を付けるという二度手間・三度手間が発生します。

　最終的に人が見るときにいろいろと装飾が必要なのは確かなのですが、それをSQLレベルでやってしまうと再利用を阻害してしまいます。装飾を付けるのはアウトプットを作るときと決めて、SQLでは生のデータを出すことに集中しましょう。

　もっとも、何が「生」で何が「装飾」かというのも、それはそれで意外と難しい問題です。そのような感覚は逆に、SQLに習熟することで身に付いてくるものかもしれません。

4.4 この章のまとめ

　この章では、テーブルのデータを集計する方法について説明しました。

　単純な集計は、集約関数とwhere節を組み合わせるだけで可能です。月ごとの集計やクロス集計のように複数のグループを同時に集計したい場合は、group by節と集約関数を組み合わせることで実現できます。

■ 次章からの展開

　データを分析するうえでは、ほとんどの場合、何らかの形で集計が絡みます。その集計を行う方法をみなさんは学んだわけですから、もう分析SQLはマスター、これでパーフェクトという気もしますよね？

　それが残念ながら、そうではないのです。group by節を使って集計ができるだけでは、少なくとも足りない能力がまだ2つあります。「新しい値を計算して作る」能力と「複数のテーブルを連結する」能力です。

　この章の例では、月間のアクセス数を計算するとき、group byで使うために都合のいい「アクセスした月のカラム」がありましたね。ですが、実際のテーブルにはふつうそんなカラムは付いていません。

　ではどうしたらよいでしょうか。他のカラムの値から計算すればよいのです。「アクセス時刻のカラム」があれば、そこからアクセス月を計算することができます。それが「新しい値を計算して作る」能力です。

　また、ユーザーの名前や年齢がアクセスログに埋め込まれていることもまずありません。これらの情報は普通は別のテーブルに分離されており、情報が必要になったときにその場で連結して使うのです。そのためには、「複数のテーブルを連結する」能力が必要です。

　まず次の章ではSQLで「新しい値を計算して作る」方法を説明し、続く第6章と第7章で「複数のテーブルを連結する」機能を話すことにしましょう。

第5章

関数で自由自在に新しいカラムを作り出す

この章では、既存のカラムから必要なカラムを計算で作り出す方法について説明します。

5.1 数値の演算

まずはいかにも「計算」らしい、数値の四則演算から説明しましょう。

■ 足し算をする

SQLでももちろんふつうに数値の計算をすることができます。例えばすべての行のsearch_hitに1を足した値がほしければ、次のようなselect文を書きます（今回、1を足すこと自体には特に意味はありません）。

```
select search_hit + 1 from access_log_wide;
```

このように、ごく普通の自然な記法で足し算ができます。ただし1つ注意しなければいけないのが、SQLではselect節に書いた処理はすべての行に適用されるという点です。

例えばaccess_log_wideテーブルのsearch_hitカラムに**表5.1**のような3行が入っていたとすると、結果では**表5.2**のように全行のsearch_hitが1増えます。

表5.1　計算対象のテーブル

search_hit
17
5
109

表5.2　計算結果

search_hit
18
6
110

行ごとに別の処理をするとか、特定の行だけ処理を行う……ということもやろうとすればできます（case 式を使います）が、SQL ではそれほど一般的な処理ではありません。最初は摩訶不思議で不便な制限に思えるかもしれませんが、実はここが SQL の肝心なところなのです。まずは、基本的に、データの加工はすべての行で同じように行われると考えてください。

■ 数値リテラル

ところでいまさらですが、SQL で数値を書くときはごくふつうに「1」とか「99」と書けばその数値を表すことができます。

このように、そのまま値を表す式のことを**リテラル**（literal）と言います。literally は「文字どおり」と言う意味ですから、まさに「書いたままのそのままの意味」ということですね。

■ 数値処理の演算子

表 5.3 に SQL で使える数値計算の演算子を示します。

表 5.3　SQL の数値計算演算子

演算子	例	意味
+	1 + 5	加算
-	3 - 2	減算
*	4 * 5	乗算
/	16 / 4	除算（整数同士の除算のときは整数除算。後述）
%	15 % 4	除算の余り

繰り返しますが、これらの式はすべて 1 回 select 節に書くだけで全行に適用されます。「>=」の説明をしたときにも話しましたが、たいていのプログラミング言語では使える文字がいわゆる半角アルファベットに制限されます。したがって、乗算の「×」や除算の「÷」は使えません。代わりに「*（アスタリスク）」と「/（スラッシュ）」を使います。また、「+（プラス）」や「-（マイナス）」も半角限定です。全角の「＋」や「－」にしてはいけません。

■ SQLの除算は整数除算

なお、整数どうしの除算（割り算）は大方の人が想像しているのと違う動作をするため、注意が必要です。PostgreSQLの「/」は、整数どうしの割り算をするときには割った余りを切り捨てて整数部分だけを返します。これを**整数除算**（integer division）または略して整除と言います。例えば「17 / 5」の結果は、3.4ではなく「3」です。「6 / 4」は1です。「3 / 5」は0です。

SQLにも小数はあるのですが、コンピューターは整除のほうがかなり高速に処理できるため、プログラミング言語では伝統的に整除がよく採用されています。

それでは、小数の演算がしたいときはどうすればいいでしょうか。そのような場合は、左と右のどちらかの数値を小数（小数型の値）にしてやれば小数演算になります。例えば「17 / 5」ではなく「17.0 / 5」とすれば、結果は3.4になります。もちろん「17 / 5.0」としてもいいですし、「17.0 / 5.0」でも構いません。

■ 型のキャスト

ただ、左右の数値のどちらかが「17」のように決まった値ならそれでよいのですが、カラムに入っている整数に対して演算をして小数を得たい場合もあるでしょう。そのような場合は、**型のキャスト**（type cast）をする必要があります。

キャストは、値を別の型に変換する操作です。例えばinteger型（整数）をreal型（浮動小数点数）に変換することができます。

算数や数学で整数と小数を区別して考えるということはあまりなかったと思いますが、SQLの世界では整数と小数は完全に別物です。ですから、整数を小数として扱ったり、小数を整数として見たいときには、必ず型キャストをはさむ必要があります。

値の型を別の型にキャストするには、次のようにcast式を使います。

```
cast(col as real)
```

この式は、式 *col* の値を real 型にキャスト（変換）しています。例えば *col* の

値が整数の「5」なら、cast(*col* as real) は「5.0」です。

また、PostgreSQLでは次のようなキャスト式も用意されています。

```
col :: real
```

この式は、cast(*col* as real) と完全に同じ意味です。cast式は書式がちょっと面倒なので、簡単に書けるように追加で用意されているのです。ただし、PostgreSQL以外のデータベースでは使えない場合があるので、この書きかたをしてダメだったときはcast式を使ってください。

最後に、キャスト式を他の式の中で使うには次のように書きます。

```
cast(col as real) / 5
または
(col :: real) / 5
```

この式はいずれも、「式 *col* の値を real 型に変換してから5で割る」という意味です。「::」は式のどの部分にかかるかの規則が少々ややこしいので、原則としてカッコでくくって使うことをお勧めします。

■ 例：ユーザーの年齢層を得る

ここで1つ、実際に使えそうな例として、ウェブサイトのユーザーの年齢層を計算してみましょう。せっかくなのでプログラマー以外にはあまり馴染みがなさそうな整数除算を使います。ユーザーの情報は**表5.4**のようなテーブルで表現されているとします。

表5.4　ユーザー情報テーブル customers

customer_id	customer_name	customer_age
1	山田花子	25
2	田中一郎	42
3	佐藤さやか	17
4	John Smith	50

このとき、各ユーザーが10歳区切りのどの層に属するのかを調べましょう。年齢層の定義は、20歳から29歳のユーザーが20代、40歳から49歳のユーザーは40代、のようにします。この処理は次のように書けます。

```
select customer_name, customer_age / 10 * 10 from customers;
```

結果は**表5.5**のとおりです。

表5.5　年齢層の計算結果

customer_name	customer_age / 10 * 10
山田花子	20
田中一郎	40
佐藤さやか	10
John Smith	50

なぜこうなるのでしょうか。田中一郎さんの「42」を例にして説明しましょう。

まず「42 / 10 * 10」は「(42 / 10) * 10」、つまり、10で割って10をかける、という意味です。SQLでも数学と同じく式は左側から順番に計算するので、割り算が先です。

そして42 / 10はさきほど述べたように整数除算、つまり余りは切り捨てるので、4です。それに10をかけると40になります。他の行でも同じように計算されて、それぞれ年齢層が得られます。

ちなみに、このサンプルテーブルには現実的に考えるとちょっとまずいところがあります。ユーザーの年齢をそのままテーブルに入れていると、1年たつだけでデータがおかしくなってしまうのです。ですからふつうは、テーブルには誕生日や誕生年を記録するか、もしくは記録した日も一緒に格納してそのつど補正します。いずれの場合も日付の計算をする必要がありますが、この方法については後ほど説明しましょう。

5.2 文字列の演算

続いては、文字列を加工する方法を説明します。

■ 文字列とは

文字列（string）というのはコンピューター特有の言い方で、その名のとおり文字を並べたデータのことを指します。ユーザー名や部署名、URL（http://www…のような、いわゆるサイトのアドレスのこと）、ブログやSNSの記事、それに対するコメントなど、およそ文字の並びであればすべてコンピューター内部では文字列として扱われます。

PostgreSQLでは、文字列はvarchar型またはtext型として扱われます。本書では基本的にtext型を使っています。text型には文字数の制限がないわりに速度のペナルティもとくになく、扱いやすいからです。

特定の内容の文字列をSQL上に直接記述するには、その文字列をシングルクオートでくくって次のように書きます。

```
'http://www.example.com/items/252398'
```

このシングルクオートでくくった部分が文字列リテラルです。書いたままの文字列を表現します。

■ 数値と数字

プログラミングに慣れていない人は「数値」と「数字」の違いで非常にハマりやすいので注意してください。SQLの式で言うと「45」は数値を表し、「'45'」は文字列を表しています。両者はとても似ているのですが、扱いがまったく異なります。

「45（数値）」は integer 型の値であり、「+」や「*」など数値として計算ができますが、文字列としては処理できません。「'45'（文字列）」は text 型の値であり、数値計算はできません。

数値の 45 を文字列として連結したり、文字列の '45' を数値として計算するには、型キャストをはさむ必要があります。例えば文字列の '45' に 2 をかけたい場合は次のように書きます。

```
cast('45' as integer) * 2
```

cast 式によって文字列の「'45'」が integer 型の値（数値）に変換されます。変換した後は数値として好きな計算をすればいいわけです。

■ 文字列処理の関数

文字列処理の最初の関数として、文字列の長さ（文字数）を計算する関数を紹介します。例えばさきほどの customers テーブルからそれぞれのユーザー名の文字数を数えるには、次のような select 文を使います。

```
select customer_name, char_length(customer_name) from customers;
```

select 節に現れた「char_length」は関数の呼び出しです。前章でお話しした集約関数とは異なり、1 行の中の値 1 つだけで計算を行います。しかしすべての行に同じように作用するという点では「+」や「*」のような演算子と同じです。このような関数を集約関数と区別して**スカラー関数**（scalar function）と呼びます。

関数呼び出しのカッコ内に書く式は「引数」と言うのでしたね。引数は関数に渡すパラメーターです。カンマで区切って複数の引数を渡すこともできます。

char_length 関数は文字列の長さを計算する関数なので、「char_length(文字列)」と書けば、カッコ内の文字列（引数）の文字数を得ることができます。カッコの中身には「' 山田花子 '」のように直接 SQL で文字列を書いても構いませんし、カラム名を書いても構いません。

この select 文の結果は**表 5.6** のとおりです。

表 5.6　計算結果

customer_name	char_length(customer_name)
山田花子	4
田中一郎	4
佐藤さやか	5
John Smith	10

「John Smith」の文字列長が 10 である点に注目してください。「John」は 4 文字、「Smith」は 5 文字なので、合計 9 文字となり、10 には 1 足りません。残りの 1 は、間にあるスペース（空白文字）です。通常、コンピューターではスペースも文字として扱われるので、char_length 関数はスペースも数えます。

なお、char_length のようなスカラー関数と、前章でお話しした集約関数とは見ためでは区別できません。ある関数が集約関数であるかそうでないかは、あらかじめ知っておく必要があります。さいわい、集約関数はそれほど数が多くないので、よく目にするものはすぐに覚えられるでしょう。

■ 主要な文字列処理の演算子と関数

ここで、文字列を加工するのための主要な演算子、関数をまとめて紹介しましょう。**表 5.7** に一覧を示します。

表 5.7　文字列処理の主要な演算子と関数

演算子・関数	例	意味
$a \parallel b$	'hit=' || (search_hit::integer)	文字列 a と文字列 b を連結する
char_length(*str*)	char_length('山田花子')	文字列 *str* の長さを返す
substring(*str, begin, end*)	substring('山田花子', 2, 3)	文字列 *str* の *begin* 文字めから *end* 文字までを返す
trim(*str*)	trim('I like this pen.　　')	文字列 *str* の両端の空白文字をすべて除去する
split_part(*str, delim, nth*)	split_part('aa,bb,cc', ',', 2)	文字列 *str* を区切り文字 *delim* で分割し、*nth* 番目の文字列を返す

おそらく、この中で特によく使うものは空白を取り除く trim 関数でしょう。分析用途では多種多様なデータを扱うことになるので、なぜか知らないけれども名前の末尾に空白が付いていたり、理由はわからないけども先頭に空白が紛れている……などということがよくあります。また、PostgreSQL が最初から提供している「システムテーブル」にも空白が付いている文字列があります。そのような場合には、とりあえず trim 関数を使っておくと解決できるわけです。

■ 式を組み合わせる

任意の式は組み合わせて使うことができます。例えばさきほど紹介した「cast('45' as integer) * 2」もキャスト式と数値演算式（「*」式）の組み合わせでできています。具体的には、演算子を使った式、関数呼び出し、キャスト式、各種のリテラルなどはどれも組み合わせの一部として使える式です。

例えば関数呼び出しと数値演算子を組み合わせて「char_length('str') * 5」と書くと、char_length 関数を呼び出した結果に 5 をかけるという意味になります。

また、関数呼び出しの結果をすぐ別の関数呼び出しの引数として使うこともできます。例えば trim 関数呼び出しと char_length 関数呼び出しを組み合わせて「char_length(trim(s))」と書くと、s カラムを引数として trim 関数を呼び出し、その結果の文字列を引数として char_length 関数を呼び出すという働きをします。つまり、関数の処理を連続して適用できるわけですね。

そして最後に、任意の式は丸カッコ（「(……)」）で囲むことによりグループ化できます。例えば「(1 + 2) * (3 + 4)」は 1 と 2 を足したものと、3 と 4 を足したものをかけるという意味です。特に意味はないですが「(((char_length(s))))」のように無駄にカッコを付けても問題ありません。分析 SQL では場合によっては異常に複雑な式を書かなければいけないときがあるのですが、そういう複雑な式は適宜カッコでグループ化してやると理解しやすくなります。

> **Column** group by と order by を短く書く
>
> PostgreSQL の group by 節と order by 節は、カラムの名前の代わりに順序を表す番号を指定できます。
>
> 例えば次の 2 つの select 文は同じ意味です。
>
> ```
> select request_month, count(*)
> from access_log_wide
> group by request_month
> order by request_month
> ;
> ```
>
> ```
> select request_month, count(*)
> from access_log_wide
> group by 1
> order by 1
> ;
> ```
>
> このとき、2 つめの select 文の group by 節にある「1」は、1 番めのカラムである request_month のことを指しています。この書きかただと記述量がだいぶ減らせるので本当に便利です。特に関数で処理した結果のカラムも番号で指せるところが優れています。
>
> バッチ用の SQL などでこの書きかたをしてしまうと他の人に意味が通じにくくなる可能性があるのでお勧めしませんが、その場で書き捨てるクエリーならば使っても問題ありません。また、Redshift など他の RDBMS でもサポートされていることが多いので、試してみるとよいでしょう。
>
> ちなみに、この手の特定の RDBMS でしか使えない略記法を嫌うエンジニアもいますが、わたしはこと SQL に関しては RDBMS 固有機能を使うことに躊躇はありません。なぜなら、SQL は標準 SQL の範囲だけだと記述力がまるっきり足りないからです。特に分析のために長大な select 文を書いていると、もっとこういう機能があれば……と感じさせられることがよくあります。標準 SQL も往時に比べればだいぶいろいろな機能を取り込み強化されてはいますが、もっともっと便利になってほしいところです。
>
> そんな思いを込めて、「この機能は PostgreSQL 特有だからおおっぴらにはお勧めできないけれどもすごく便利だ」と考えている機能については、今回のようにコラムを使って随時紹介していきたいと思います。

5.3 日付と時刻の演算

続いては、日付と時刻の計算についてお話しします。この節では次のような関数と演算子について説明します。

表5.8 日付と時刻の関数・演算子

関数・演算子	例	効果
current_date	current_date	現在の日付
current_timestamp	current_timestamp	現在の時刻
$d + n$	date '2015-05-15' + 1	d より n 日後の日付
$d - n$	date '2015-05-15' - 1	d より n 日前の日付
$d - d$	date '2015-05-15' - date '2015-05-12'	日付どうしの差（日数）を計算する
extract	extract(year from date '2015-05-15')	日付や時刻の特定の部分（年や月）を取り出す
date_trunc	date_trunc('month', date '2015-05-15')	日付や時刻を特定の部分（年や月）まで切り詰める

■ 日付と時刻のリテラル

最初に、SQLで日付や時刻を表現する方法を紹介しましょう。これまで何度か出てきていますが、改めて確認します。日付や時刻は次のような形式で表現します。

```
date '2015-05-15'
timestamp '2015-05-15 12:34:56'
```

空白で分かれているのでそこで分割したくなってしまうのですが、「date '2015-05-15'」や「timestamp '2015-05-15 12:34:56'」でひとかたまりです。シングルクオート（「'」）で囲っている部分は文字列にも見えますが、文字列ではありません。これ全体でそれぞれdate型の値とtimestamp型の値を表します。

また、日付と時刻に関しては特定の日付や時刻を指定する以外にも、「今日」や「いま」の値がほしい場合も多々あるでしょう。そんなときは、current_date 式と current_timestamp 式を使います。言うまでもないかもしれませんが、current_date が「今日」の日付で、current_timestamp が「いま」の時刻です。

■ ××日前と××日後

カラムの値から××日前を計算したいとか、××日後を計算したいということは頻繁にあります。例えば1ヶ月前の売り上げと比較したいとか、去年のデータから変わっているか確かめたいといった場合です。

そのようなときは、date 型の値に整数値を引いたり足したりすることで××日前や××日後を計算できます。例えば次の select 文では customer_birthday（顧客の誕生日）の7日前を計算しています。

```
select
    customer_birthday - 7
from
    access_log_wide
;
```

つまり、この場合なら1週間前の日を出しているわけですね。

■ 日付どうしの差を出す

また、date 型の値から date 型の値を引くと、その差となる日数（整数値）を得ることができます。

例えば customer_birthday カラムに顧客の誕生日が入っているとしましょう。「今日」の日付は current_date 式で得られますから、そこから customer_birthday を引けば、生まれてからの日数が導けます。それをさらに 365 で割ればだいたいの年齢がわかりますね。こんな感じです。

```
select
    (current_date - customer_birthday) / 365
from
    customers
;
```

うるう年があるので微妙にずれるのですが、この程度でも分析上困ることはそれほどありません。どちらかと言うと、誕生年と今年の年の差を出したほうが適切かもしれません。そのような計算をするには、後述するextract関数を使ってください。

■ ××時間前の時刻と××時間後の時刻

日付の操作があるなら、当然、時刻の操作もあります。例えばアクセス数のような実績の前月比や前年比を出したいときには1ヶ月前の時刻を計算したいでしょう。また、ログが世界中から集められている場合は時刻のタイムゾーンが**協定世界時**（UTC, coordinated universal time）（タイムゾーン +0、昔の GMT）に揃えられている場合があります。その場合は日本との時差が9時間あるので、日本時間に合わせるために数時間先を得たいというケースもありえます。

そのような場合は、**interval型**（interval type）という特殊な値を使って計算します。interval型は時刻と時刻の差を表すデータ型で、「9時間」とか「365日」、「3日と2時間23分」のような任意の時間差を表現できます。また、timestamp型の値に足したり引いたりすることで、ある時刻の「9時間先」「1ヶ月前」などを計算することができます。

例えば時刻 request_time の9時間先を計算するには、次のように書きます。

```
select request_time + interval '09:00' from access_log;
```

この式を見るといかにも「request_time + interval」と「'09:00'」のように切りたくなりますが、そうではありません。「interval '09:00'」がひとかたまりで、「9時間」という interval 型の値を表しています。つまりこの式は「request_time +

9 時間」のことで、request_time の時刻の 9 時間先の時刻が得られるわけです。

表 5.9　interval 型の表現

式	意味
interval '1 year'	1 年
interval '12 month'	12ヶ月
interval '53 week'	53 週間
interval '7 day'	7 日
interval '24:00'	24 時間
interval '00:30'	30 分
interval '00:00:15'	15 秒

また、「interval '1 month 3 day 07:12'」のように複数の単位を組み合わせて使うこともできます。

■ extract 関数

続いては extract 関数を紹介しましょう。extract 関数を使うと、date 型や timestamp 型の値から年や月、日だけを取り出すことができます。例えば「extract(year from request_time)」のように使うと、request_time カラムの値から年だけを取り出すことができます。取り出した年や月は普通の数値として扱うことができるので、計算に使ったり、条件の一部として使うことも可能です。

例えば、access_log テーブルから 2014 年の行だけを取り出したいときは次のような select 文を書きます。

```
select *
from access_log
where extract(year from request_time) = 2014
;
```

extract 関数は「extract(取り出し対象 from 式)」のように書くことで、年や月など任意の部分だけを取り出すことができます。年や月など取り出したい部分ごとの書きかたを**表 5.10** に一覧しておきます。

表5.10 extract関数の書式

呼び出し	効果
extract(year from *dt*)	日付または時刻 *dt* の年を取り出す
extract(month from *dt*)	日付または時刻 *dt* の月を取り出す（1 〜 12）
extract(day from *dt*)	日付または時刻 *dt* の日を取り出す（1 〜 31）
extract(hour from *dt*)	日付または時刻 *dt* の時を取り出す（0 〜 23）
extract(minute from *dt*)	日付または時刻 *dt* の分を取り出す（0 〜 59）
extract(second from *dt*)	日付または時刻 *dt* の秒を取り出す（0 〜 60。うるう秒があると60 の可能性あり）
extract(dow from *dt*)	日付または時刻 *dt* の曜日を数値で取り出す（0が日曜日、6が土曜日）

　extract関数は、年ごとや曜日ごとにデータをまとめて処理したい場合に便利です。特にこの後説明するgroup by節との組み合わせが強力なので、group by節の説明が終わった後で利用例を紹介します。

■ date_trunc関数

　extract関数を使うとdate型やtimestamp型の値から月を取り出すことはできますが、特定の月や日のデータだけ抜き出したい場合にはやや面倒なことになります。というのも、extract関数で月を抜き出すと「3」や「11」のように月番号だけになってしまうからです。しかし実際には「2014年の3月」のように、年と月はセットで取り出したい場合がほとんどでしょう。

　そのような場合に便利なのが、date_trunc関数です。次にdate_trunc関数の利用例を示します。

```
select date_trunc('month', request_time) from access_log;
```

　「date_trunc('month', tm)」と書くと、任意のtimestamp型の値tmから月より小さい単位（日時分秒）をすべて切り捨て、1日の0時0分0秒とした時刻を返してくれます。例えば「timestamp '2014-09-28 12:34:56'」を「date_trunc('month', ……)」で処理した結果は「timestamp '2014-09-01 00:00:00'」です。

　つまり、このdate_trunc関数を使うと、特定の年や月、日の時刻をすべて同

じ値にすることができるので、ある月の行だけ抜き出したいような場合に効果を発揮するのです。

date_trunc関数の第1引数には、extract関数と同じくyearやmonthなどを指定できます。ただし、extract関数の場合はyearやmonthをそのまま書きましたが、date_trunc関数の場合は文字列として「'year'」や「'month'」のように書く必要があります。

例えばaccess_logテーブルからrequest_timeカラムが2014年9月の行だけ抜き出したい場合は、次のように書きます。

```
select
    *
from
    access_log
where
    date_trunc('month', request_time) = timestamp '2014-09-01 00:00:00'
;
```

■ 関数の文法の差とSQLの歴史

extract関数とdate_trunc関数の文法の違いは、関数が導入された時期から来ています。extract関数は古くからあるので、文法自体がその関数に特化した文法になっています。一方、date_trunc関数は新しい関数なので、「関数名(引数1, 引数2)」という統一的な文法に則っています。

関数が作られた時期で文法が違ってしまったのには、歴史的な理由があります。もともとSQLは「コンピューターを使う人が自分でプログラミングする」というコンセプトのもとに作られました。このコンセプトを**エンドユーザーコンピューティング**（EUC, end customer computing）と言います。

エンドユーザーコンピューティングのコンセプトが最初に出てきたときはユーザーと言えば「英語を使えるがコンピューターを使えない人」でした。そのため「見ためが英語に似ていれば同じ感覚で使えるのでは！」という、特に根拠はないけれどもなんとなくそれっぽい、ふんわりとした前提のもとにSQLは設計されることになりました。結果として「extract(year from 時刻)」のように、確か

に英語としてそのまま読めなくもない文法が採用されたわけです。

　しかしプログラミング言語の研究と活用が進んだ現代の視点で見ると、「関数ごとに文法が違う」など百害あって一利なしのダメ仕様としか言いようがありません。新しい関数を追加するのも難しいですし、SQLを扱うツールも作りにくくなります。

　使う側としても関数ごとに文法が違うのは面倒でしかありません。まして英語がさほど得意でもない一般の日本語ユーザーからすると、英語に似ているなどというのは完全に修得の障害でしかなく、利点ゼロです。「関数名(引数1, 引数2)」という形式で統一してくれたほうがはるかにマシでしょう。

　そのような点を考慮して、本書ではできるだけ新しい関数を使うようにしています。しかし新しい関数はそれだけ普及度が落ちるという弱点もありますし、古い関数と同じ機能を持つ関数が存在しないこともあります。残念ながらextract関数はその1つで、広く普及している代替の新しい関数がありません。それでしかたなく紹介しているわけですが、たいへんに厄介です。

5.4 計算した値を使って集計する

この章の最後に、関数を使って計算した値を元に集計する例を考えましょう。以前に考えた「月ごとのユニークユーザー数」を再考します。

■ as 句

その前にもう1つだけ、計算結果に名前を付ける **as 句**（AS clause）が便利なので紹介しましょう。as 句は通常、関数呼び出しなどと組み合わせて次のように記述します。

```
select
    date_trunc('month', request_time) as request_month
from
    access_log
;
```

この「…… as request_month」が as 句です。この句は、「date_trunc('month', request_time)」の結果を request_month という名前で呼ぶことを示しています。ツールの出力での表記も変わりますし、この名前を同じ select 文の中で使うこともできます。具体的にどのように使うのかは、group by 節と一緒に紹介しましょう。

■ 月ごとのユニークユーザー数を数える（バージョン2）

さてお待たせしました。次に示すのが、月ごとのユニークユーザー数を一気に数える select 文です。これまでの access_log_wide テーブルではなく、計算で作れるカラムを除いた access_log テーブルを使います。

```
select
    date_trunc('month', request_time) as request_month
    , count(distinct customer_id)
from
    access_log
group by
    request_month
;
```

date_trunc 関数を使って全行の request_time の値を月ごとに揃え、その結果に as 句で request_month という名前を付けます。そして group by 節は当の request_month でグループ化することを示しているので、全行が月ごとにグループ化されます。

最後に、集約関数の count が働いて、グループごとの行数……つまり月ごとのアクセス数を数えます。図 5.1 のイメージを見ながら動作を確認してみてください。

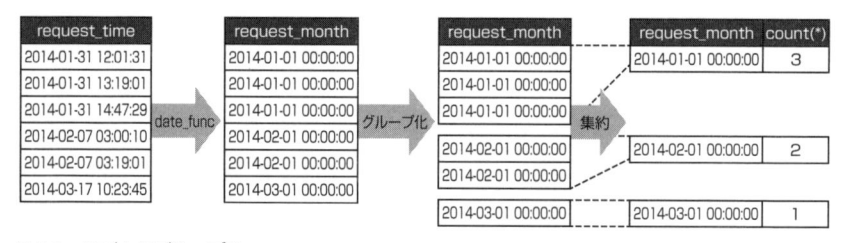

図 5.1 月ごとのグループ化

■ 前に言ってた実行順序と違う？

記憶力のいいかたならば、図 5.1 を見て「あれっ」と思うかもしれませんね。そう、第 4 章で話した select 文の節の実行順序と違って、select 節が最初に実行されているように見えるのです。

これは表現の問題で、group by 節から参照している select 節の式（request_month つまり date_trunc 関数呼び出し）が、group by 節にももう 1 回書いてあ

ると考えればよいのです。つまり次のように。

```
select
    date_trunc('month', request_time) as request_month
    , count(distinct customer_id)
from
    access_log
group by
    date_trunc('month', request_time)
;
```

さきほどの書きかたはこの略記だと考えてください。この略記法は標準SQLでは認められていませんが、PostgreSQLも含めて比較的多くのRDBMSで採用されていること、もともと長くなりがちな分析SQLではこの略記法を使わないと繁雑すぎることの2点から、本書では積極的に使っていきます。

■ マニュアルを読もう！

この章では様々な演算子と関数を説明しましたが、実はこれだけではPostgreSQLが提供している演算子・関数の1割にも達しません。なにしろPostgreSQLはありとあらゆる領域で使えるように数百にも及ぶ関数を提供していますから、すべての関数をこの薄い本で取り上げるのは不可能です。

ですが心配する必要はありません。数百の関数のすべてが自分に関係あるわけではないので、最初に全部の関数を覚える必要などないのです。わたしも全部は知りません。必要になったときにマニュアルを見て探すからです。

そのときのために、自分が使うRDBMSのマニュアルは必ず入手しておきましょう。最近はほとんどのRDBMSベンダーがウェブサイト上にマニュアルを公開していますから、検索エンジンで「PostgreSQL マニュアル」のように検索すればたいていすぐに見付かります[1]。自分の使っているRDBMSのマニュアルはすべて探してブックマークに入れておくことをお勧めします。

特に最初のころ見てほしいマニュアルは関数のリファレンスマニュアルです。

注1　PostgreSQL 9.4のマニュアル：https://www.postgresql.jp/document/9.4/html/

リファレンスマニュアルというのは、関数のようにそれぞれ独立している機能について、網羅的に列挙して説明してあるマニュアルのことです。これのいいところはチュートリアルや普通の文書と違い各機能の記述が独立している点です。つまり、自分の知りたい関数のところだけ読むことができます。

PostgreSQLバージョン9.4のマニュアルであれば、「II. SQL言語」の9章「関数と演算子」が関数のリファレンスマニュアルです。ここから、自分の求める機能がありそうな関数をカテゴリーや名前をざっと見て探して、そこだけ読みましょう。普段から「こんな機能ないかな～」とリファレンスマニュアルを眺めておくと、土地勘が付いていきます。

■ マニュアルの道も一歩から

ところで、何年もいろいろなエンジニアを見ていてつくづく思うのですが、だいたい初心者ほどマニュアルを見ていません。熟練したエンジニアはマニュアルをよく見ます。わたしもSQLを書くときは毎日のように確認しています。

たぶん、「ちゃんと確認する」というのはエンジニアとしてのスキルの一種なのです。確認せずにコードを書いて酷いめにあった経験のある人は、自分を守るために自然とマニュアルを確認するようになるものです。

とはいえ、初心者がマニュアルを避ける気持ちもわからないではありません。特にデータベースは海外製が多いのでマニュアルはたいてい英語であり、翻訳があっても直訳バリバリの日本語です。それに加えて専門用語をふんだんに散りばめられたら、できるだけ近寄りたくないと感じるのが人情というものです。

ですが、できることなら酷いめに合う前にマニュアルを見る癖をつけましょう。その慎重さが未来のあなたをきっと守ります。

5.5 この章のまとめ

　select 節では様々な関数を使って行の値を加工・計算することができます。この章では整数・文字列・日付と時刻に関する次のような関数と演算子を紹介しました。

表 5.11　本章で紹介した関数と演算子

演算子	例	意味
$n + m$	1 + 5	加算
$n - m$	3 - 2	減算
$n * m$	4 * 5	乗算
n / m	16 / 4	除算（整数どうしの除算のときは整数除算）
$n \% m$	15 % 4	除算の余り
$a \parallel b$	'hit=' || (search_hit::integer)	文字列 a と文字列 b を連結する
char_length(*str*)	char_length(' 山田花子 ')	文字列 *str* の長さを返す
substring(*str, begin, end*)	substring(' 山田花子 ', 2, 3)	文字列 *str* の *begin* 文字めから *end* 文字めまでを返す
trim(*str*)	trim('I like this pen. ')	文字列 *str* の両端の空白文字をすべて除去する
split_part(*str, delim, nth*)	split_part('aa,bb,cc', ',', 2)	文字列 *str* を区切り文字 *delim* で分割し、*nth* 番目の文字列を返す
$d + n$	current_date + 1	日付 d の n 日後
$d - n$	current_date - 1	日付 d の n 日前
$d1 - d2$	current_date - date '2000-01-01'	日付 $d1$ と日付 $d2$ の差の日数
extract(*part* from *tm*)	extract(year from current_date)	時刻または日付 *tm* から年など一部を取り出す
date_trunc(*part, tm*)	date_trunc('year', current_timestamp)	時刻や日付 *tm* を *part* まで切り詰める

　この章までで、テーブル 1 つを処理する機能についてはほぼ説明しました。次の章では、RDBMS の核心とも言える、複数のテーブルを合成する機能について説明します。

第6章

ジョインを制するものは
RDBMSを制す
——基礎編

この章では、情報の重複を避けるための「正規化」という概念と、正規化されたテーブルの情報を組み合わせる「ジョイン」について説明します。

6.1 正規化によって情報の重複を避ける

これまで分析の例として使ってきたaccess_log_wideテーブルはウェブのアクセスログと、それに伴うすべての情報を格納するテーブルです。例えば**表6.1**のようなデータです。

表6.1 あらゆる情報を含むアクセスログ

request_time	request_method	request_path	customer_id	customer_name	customer_age
2014-12-29 03:34:01	GET	/index.html	54115	山田三郎	24
2014-12-29 03:34:05	GET	/search	104097	丸山冴子	19
2014-12-29 03:34:34	GET	/index.html	324	葛飾道夫	45
2014-12-29 03:34:40	GET	/index.html	104097	丸山冴子	19

ですが、このデータをよく見てください。丸山冴子さんの情報が2回記録されていることがわかりますね。これでは記憶容量も無駄ですし、変更に弱くなってしまいます。

例えば、もし後から顧客が自分の登録名を変更したとしましょう。そのような場合、アクセスログのすべての行に記録されている名前を変えてまわらないと、顧客の名前が食い違ってしまうわけです。これはあまりにも面倒です。

何かいい方法はないのでしょうか？

■ テーブルの正規化

いい方法は、あります。アクセスログを管理するテーブルと顧客を管理するテーブルを分ければよいのです。テーブルを分けて情報の重複をなくしていくこの作業を、テーブルの**正規化**（normalization）と言います。

実際にさきほどの情報を正規化してみましょう。正規化後のアクセスログを**表6.2**に、顧客情報だけを分離したテーブルを**表6.3**に示します。

表6.2 正規化されたアクセスログ (access_log テーブル)

request_time	request_method	request_path	customer_id
2014-12-29 03:34:01	GET	/index.html	54115
2014-12-29 03:34:05	GET	/search	104097
2014-12-29 03:34:34	GET	/index.html	324
2014-12-29 03:34:40	GET	/index.html	104097

表6.3 分離された顧客情報 (customers テーブル)

customer_id	customer_name	customer_age
324	葛飾道夫	45
54115	山田三郎	24
104097	丸山冴子	19

どうでしょうか。顧客情報がアクセスログから分離されたことで、丸山さんの情報の重複がなくなりました。

■ 行を一意に特定するプライマリーキー

さてここで、customer_idというカラムだけがアクセスログに残り、両方のテーブルで重複していることに注目してください。

このcustomer_idは顧客を一意に特定する番号、IDです。顧客の情報を管理するcustomersテーブルには特定のcustomer_idを持つ行は1つしかないとしましょう。このcustomer_idのように、テーブルからある1つの行を特定できる代表カラムのことをRDBMSでは**プライマリーキー**(primary key)と呼びます。customer_idはcustomersテーブルのプライマリーキーです。

customersテーブルのプライマリーキーであるcustomer_idさえaccess_logテーブル側にあれば、いつでもcustomer_idを使ってcustomersテーブルから情報を引き出し、元の情報を復元できます。このような、他のテーブルから情報を得るために元のテーブルに記録するカラムのことを**外部キー**(foreign key)と呼びます。access_logテーブルにおけるcustomer_idは外部キーです。

プライマリーキーとか外部キーというのは特定のテーブルにおける役割の名前だということに注意してください。同じcustomer_idであってもcustomersテー

ブルの customer_id はプライマリーキー、access_log テーブルの customer_id は外部キーです。

■ いろいろなプライマリーキー

基幹システムのほとんどのテーブルにはプライマリーキーが設定されているはずです。「商品 ID」や「請求番号」のように人間も使う識別子がプライマリーキーとして使われる場合もありますし、RDBMS 内で適当に割り振った連番が使われる場合もあります。

最近の傾向としては、「商品 ID」などは特に変化しやすいため、RDBMS で自動的に振った連番を使うことが増えています。本書のサンプルテーブルの customer_id や shop_id、order_id も自動的に振られた連番を想定しています。

なお、プライマリーキーは必ずしも 1 つのカラムとは限りません。2 つ以上のカラムを合わせてプライマリーキーにする場合もあります。

例えば「商品 ID」を考えてみましょう。本書で例としている複数店舗の EC サイトだと、商品 ID は店舗ごとに決められてしまう可能性があります。そうすると、商品 ID だけでは違う店舗の商品 ID と重複する可能性がありますから、店舗 ID と商品 ID の 2 つを合わせないと商品を一意に特定できませんね。そういうときは店舗 ID と商品 ID の両方でプライマリーキーになるわけです。

ですが本書のサンプルデータでは、話を単純にするために、商品 ID（item_id）は全店舗を通じて一意という設計にしました。

■ テーブル同士のつながりを示すリレーションシップ

正規化後の access_log テーブルと customers テーブルを見てみると、customers テーブルの 1 行に対して access_log テーブルの行は複数が対応することがわかりますね。つまり言い換えると、access_log テーブルと customers テーブルは行が多対一の関係にある、と言えます。

プライマリーキーと外部キーによって情報が連結されているテーブルの行は、図 6.1 に示す 3 つのいずれかの関係にあります。

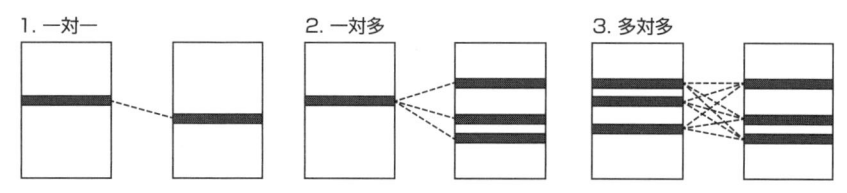

図6.1 ジョインで連結される行の3つの関係

また、どの関係においても、対応する行が常に1行は存在する場合と必ずしも対応しない可能性がある場合があります。このようなテーブルどうしの関係を、テーブルの**リレーションシップ**（relationship）と言います。テーブルのリレーションシップは **ER図**（entity relationship diagram）という図で表すのが一般的です。

> **Column** リレーショナルモデル理論
>
> リレーショナルデータベースという名前はこのリレーションシップから来ている……わけではありません。これは非常に多い誤解なのですが、リレーショナルデータベースのリレーションとは、実はテーブル自体のことを指しています。
>
> もともとRDBMSは**リレーショナルモデル**（relational model）という理論に基づいて構築されており、そのリレーショナルモデルにおいて基本的なデータが「リレーション」なのです。そしてリレーショナルモデルの実装とも言うべきRDBMSではテーブルがリレーションに相当するというわけです。
>
> 本書は実践重視なのでリレーショナルモデルには踏み込みませんが、興味があれば第14章に挙げる参考書籍を読んでみてください。

6.2 ジョインでテーブルを連結する

データを管理するうえではテーブルが正規化されていたほうが重複がなくなり便利ですが、それはそれとして、情報を見たり分析したりする場合は、まとめて一緒に見られないと不便です。つまり、複数のテーブルに分かれている情報を「連結して」、正規化前のように1つにして見たくなります。

その処理がテーブルの**ジョイン**（join）です。ジョインとは、2つのテーブルの行を条件によって連結して、1つのテーブルに結合することを言います。リレーショナルデータベースはジョインなしでは成り立ちません。ジョインはリレーショナルデータベースのまさに核心と言ってよいでしょう。

■ ジョインは2つのテーブルをつなぎ合わせる

例をもとにジョインがどういう処理なのか説明しましょう。さきほどの例に使ったのと同じaccess_logテーブルとcustomersテーブルを使います。

表6.4 access_log テーブル

request_time	request_method	request_path	customer_id
2014-12-29 03:34:01	GET	/index.html	54115
2014-12-29 03:34:05	GET	/search	104097
2014-12-29 03:34:34	GET	/index.html	324
2014-12-29 03:34:40	GET	/index.html	104097

表6.5 customers テーブル

customer_id	customer_name	customer_age
324	葛飾道夫	45
54115	山田三郎	24
104097	丸山冴子	19

このaccess_logテーブルとcustomersテーブルをプライマリーキーの

customer_idを使ってジョインします。たぶん図のほうがわかりやすいので図6.2を見てください。

access_logテーブル

request_time	request_method	request_path	customer_id
2014-12-29 03:34:01	GET	/	54115
2014-12-29 03:34:05	GET	/search	104097
2014-12-29 03:34:34	GET	/	324
2014-12-29 03:34:40	GET	/	104097

customersテーブル

customer_id	customer_name
324	葛飾道夫
54115	山田三郎
104097	丸山冴子

図6.2　ジョインのイメージ

なんとなくイメージできたでしょうか。つまり、access_logテーブルのcustomer_idが54115ならばcustomersテーブルからcustomer_idが54115の行を取ってきて横に連結する、104097ならcustomersテーブルからcustomer_idが104097の行を取ってきて横に連結する……という処理を全行に対して実施するという意味です。

その結果として、丸山冴子さんの情報は2行に連結されるので、まったく同じ情報が2回登場することになります。これもジョインの効果です。

■ join句でジョインを記述する

イメージができたところで、実際のselect文を見てみましょう。次のselect文は、access_logテーブルとcustomersテーブルを、customer_idをキーとしてジョインします。

```
select
    *
from
    access_log as a
    join customers as c
    on a.customer_id = c.customer_id
;
```

ジョインはfrom節に記述します。まず「テーブル1 as 別名1 join テーブル2

as 別名2」のようにジョイン対象のテーブル2つを記述し、on 句を使って「on ジョイン条件」のようにジョインの条件を記述します。

上記の select 文では「access_log as a join customers as c」なので、access_log テーブルと customers テーブルをジョインします。また同時に、a と c という別名を付けています。

ジョインの条件は「a.customer_id = c.customer_id」ですね。この「a.customer_id」は「a（access_log）テーブルの customer_id」という意味です。同じように、「c.customer_id」は「c（customers）テーブルの customer_id」です。したがって「a.customer_id = c.customer_id」は、「access_log テーブルの customer_id と、customers テーブルの customer_id が同じ値である」行を連結するということになります。つまり、外部キーとプライマリーキーをそれぞれ指定するわけですね。

このクエリーを実行した結果が**表6.6**です。

表6.6 ジョインの結果

request_time	request_method	request_path	customer_id	customer_id	customer_name	customer_age
2014-12-29 03:34:01	GET	/index.html	54115	54115	山田三郎	24
2014-12-29 03:34:05	GET	/search	104097	104097	丸山冴子	19
2014-12-29 03:34:34	GET	/index.html	324	324	葛飾道夫	45
2014-12-29 03:34:40	GET	/index.html	104097	104097	丸山冴子	19

■ join 句の詳細

ここでいったんジョインの細かい文法の話をしておきましょう。すでに述べたように、通常のジョイン処理は次のような文法で from 節に記述します。

```
select
    :
from
    テーブル名1 as 別名1
    join テーブル名2 as 別名2
    on ジョイン条件
;
```

まず「join」は「inner join」と書くこともできます。これは単なる別名です。いま話しているジョインは正確には **inner join**（内部結合）と呼ばれるジョインなのですが、いくつかあるジョインの中でも特によく使う種類なので、短く書けるようにしているのです。本書ではこれ以降、種類を明示するために「inner join」と書くようにします。

join 句の両側のテーブルには、それぞれ as 句で別名を付けます。この別名は付けなくてもよいのですが、付けないとあらゆるところで何回もテーブル名を書かなければならず、読みにくく書きにくい文になってしまうので、短めの別名を付けることをお勧めします。

また、ジョインをしたときも、これまでと同じく、次のように select 節にカラム名を書くことで特定のカラムだけを取得できます。また、関数や演算子を使って計算をすることもできます。次の select 文では文字列を連結する「||」演算子を使ってみました。

```
select
    request_time
    , customer_name || ' (' || customer_age || ')' as customer_detail
from
    access_log as a
    inner join customers as c
    on a.customer_id = c.customer_id
;
```

表6.7 がこの select 文の実行結果です。

表6.7　ジョイン結果から select

request_time	customer_detail
2014-12-29 03:34:01	山田三郎 (24)
2014-12-29 03:34:05	丸山冴子 (19)
2014-12-29 03:34:34	葛飾道夫 (45)
2014-12-29 03:34:40	丸山冴子 (19)

■ テーブル名の明示と別名

ただし、ジョインをしたときはselect節に1つ違いが出てきます。ジョインをすると、複数のテーブルのカラムを取得してくることになるので、どちらのテーブルのカラムかわからなくなってしまう場合があるのです。例えば最初のジョインの結果（**表6.6**）をよく見ると、customer_idカラムが2回登場しているでしょう。これは、左側がaccess_logテーブルのcustomer_idで、右側がcustomersテーブルのcustomer_idなのです。

このように列名が完全に重複している場合、customer_idカラムがほしいからといって「customer_id」とだけ書いてしまうと、「どちらのテーブルのcustomer_idカラムかわからない」というエラーになってしまいます。そんなときは、どちらのテーブルのcustomer_idカラムか明示するために「a.customer_id」や「c.customer_id」と書いてください。

なお、カラム名が重複していない場合でも、テーブル名を明示することは問題ありません。例えばa.request_timeと書いたり、c.customer_ageと書くことができます。

これは好みにもよるのですが、ジョインをした場合は基本的にはすべてのカラムにテーブル名を書くべきです。どちらからカラムを取ってきているのかが明確になるからです。特にたくさんのテーブルをジョインする場合（方法は後述します）は、テーブル名を明示的に書くことをお勧めします。

■ ジョインの実行順序

ジョインはselect文の中で最も最初に実行される処理です。from節にjoin句がない場合は単にテーブルから読み込むだけですが、join句が書いてある場合はそのタイミングでジョイン処理が実行されます。その後はこれまで説明してきたとおり、where節、group by節、……と続きます。

図6.3にselect文の実行順序の図を示します。

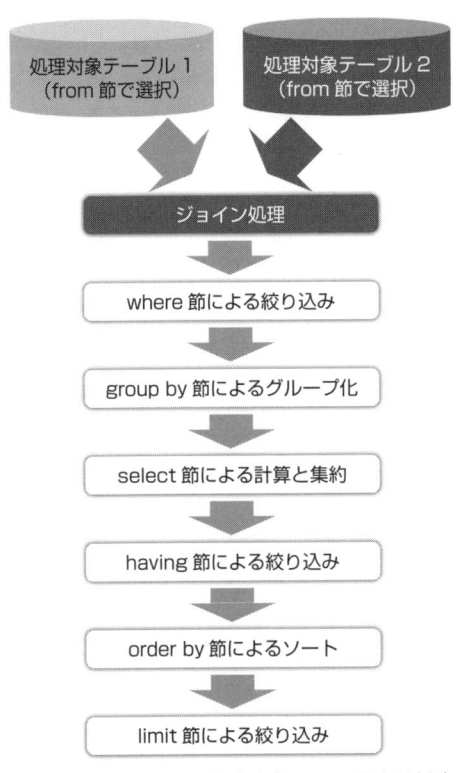

```
処理対象テーブル1          処理対象テーブル2
（from節で選択）           （from節で選択）
        ↓                       ↓
            ジョイン処理
                 ↓
         where節による絞り込み
                 ↓
         group by節によるグループ化
                 ↓
         select節による計算と集約
                 ↓
         having節による絞り込み
                 ↓
         order by節によるソート
                 ↓
         limit節による絞り込み
```

図6.3 select文の実行順序（ジョインの記述を追加）

6.3 参照テーブルを使って対象の行を絞り込む

もう1つ、少しだけ複雑なジョインの例を見ておきましょう。また、参照テーブルという新しい概念についても説明します。

■ ジョイン対象のテーブル

今回は新しくweb_pagesテーブルというテーブルをaccess_logテーブルにジョインします。web_pagesテーブルは表6.8のようなカラムを持つテーブルです。

表6.8 web_pagesテーブル

カラム名	型	意味
request_path	text	access_logテーブルにあるrequest_path
page_category	text	ウェブページのカテゴリーを表す文字列。例えばitem、search、navigation、orderなど
page_name	text	ウェブページ名

web_pagesテーブルは、ウェブページの「/cart/items/53224525」のようなアドレスと、人間に理解できるウェブページ名とを対応付けるためのテーブルです。例として使うデータを表6.9と表6.10に示します。

表6.9 access_logテーブル

request_time	request	request_path	customer_id
2014-12-29 03:34:01	GET	/index.html	54115
2014-12-29 03:34:05	GET	/search	104097
2014-12-29 03:34:34	GET	/index.html	324
2014-12-29 03:34:40	GET	/index.html	104097

表6.10 web_pages テーブル

request_path	page_category	page_name
/	top	top
/index.html	top	top
/search	search	item_search
/items/search	search	item_search
/cart	cart	cart item list
/cart/checkout	cart	cart checkout

■ ジョインするクエリー

この2つのテーブルをジョインして利用することによって、誰が何時に検索をしているという情報を抽出しましょう。クエリーは次のとおりです。

```
select
    a.request_time
    , a.customer_id
from
    access_log as a
    inner join web_pages p
    on a.request_path = p.request_path
where
    p.page_category = 'search'
;
```

順番に動きを説明していきましょう。

■ ステップ1：ジョイン

まず、join句「access_log as a inner join web_pages as p」を使って access_log テーブルと web_pages テーブルをジョインします。ジョインの条件は「a.request_path = p.request_path」なので、2つのテーブルの request_path が同じ行を連結します。この時点で中間の結果は**表6.11**のようになっているはずですね。

表6.11 access_logテーブルとweb_pagesテーブルのジョイン (中間結果1)

request_time	request	request_path	customer_id	request_path	page_category	page_name
2014-12-29 03:34:01	GET	/index.html	54115	/index.html	top	top
2014-12-29 03:34:05	GET	/search	104097	/search	search	item_search
2014-12-29 03:34:34	GET	/index.html	324	/index.html	top	top
2014-12-29 03:34:40	GET	/index.html	104097	/index.html	top	top

■ ステップ2：行の絞り込み

そして次に、where節が働きます。ジョインをしたときもwhere節やgroup by節を同時に使うことができ、その中ではselect節と同じように「テーブル名.カラム名」という記法で特定のテーブルのカラムを使うことができます。つまり、上記のクエリーは、web_pagesテーブルのpage_categoryカラムの値が「'search'」である行だけに結果を絞り込もうとしているわけです。この絞り込みの結果、**表6.12**のように1行だけになります。

表6.12 access_logテーブルとweb_pagesテーブルのジョイン (中間結果2)

request_time	request	request_path	customer_id	request_path	page_category	page_name
2014-12-29 03:34:05	GET	/search	104097	/search	search	item_search

■ ステップ3：カラムの絞り込み

最後にselect節で出力するカラムを選びます。request_timeカラムとcustomer_idカラムを選んでいますから、最終的な結果は**表6.13**のようになるわけです。

表6.13 access_logテーブルとweb_pagesテーブルのジョイン (最終結果)

request_time	customer_id
2014-12-29 03:34:05	104097

■ 知識を共有するための参照テーブル

web_pagesのようなテーブルは新たな情報や区分を追加し、分析を楽にする

ために使う、辞書のようなテーブルです。このようなテーブルを**参照テーブル**（reference table）とも言います。分析のための元データはどこか別のシステムから取ってくることが多いのですが、参照テーブルは分析システム側で作ることもあります。

参照テーブルは、現実に発生するややこしいルールをデータとして表現する手法です。ウェブサイトのページ体系は美しいにこしたことはありませんが、現実的にそううまくいくとは限りません。商品検索をするページについて分析しようと思っても、具体的にどのアドレスが対応付けられているのかわからないということが、実際にはよくあります。例えば、「/search」がrequest_pathだろうと思っていると実は「/items/search」も同じ商品検索のページでしたとか、よくよく聞いてみると「/cart」からも検索可能でしたとか、そういうことが普通にあるわけです。また別の問題としては、そもそもページ数が多すぎて、全体的にどんなページが存在するのかよくわからないという場合もあります。

そのようなときに、web_pagesテーブルのような辞書的なテーブルが役に立つわけです。web_pagesテーブルを見れば、例えば「商品検索のページ」のようなページが具体的にどのrequest_pathに対応しているのかすべて知らずとも、「web_pagesテーブルをrequest_pathでジョインするのだ」というルールだけ知っておけば活用することができます。

分析を始めた最初のころには参照テーブルにまで気がまわらないと思いますが、分析が軌道に乗ってきたら参照テーブルのような形で知識を固定し、共有することも考えていってください。

■ テーブルの目的による分類

参照テーブルの話をしたついでに、テーブルの分類についてもふれておきましょう。

RDBMSを使っているシステムでは、管理や性能の問題を検討しやすくするために、テーブルを便宜上**トランザクションテーブル**（transaction table）と**マスターテーブル**（master table）の2つに分類することがよくあります。

トランザクションテーブルの「トランザクション」はOLTPのトランザクショ

ンと同じ意味で、発注や購入や在庫引き当てや現金引き出しのような取引、顧客の行動を表します。行動には「いつ」行動したかという時刻が付きものですので、トランザクションテーブルにはまず間違いなく時刻カラムがあります。

一方のマスターテーブルは、商品リストや顧客リストや従業員リストのような、「モノ」の一覧のことを言います。

なぜこのような分類をするかというと、テーブルの利用パターンが違うからです。トランザクションテーブルの代表として購入テーブル、マスターテーブルの代表として顧客テーブルを考えてみましょう。

ふつうは1人の顧客が何回も商品を購入するでしょうから、発注テーブルのほうが数倍、数十倍のサイズがあるはずです。また増える速度を考えても、発注テーブルのほうが明らかに早く大きくなります。

また、トランザクションテーブルは変化しにくいという特性があります。ふつうに考えて、半年前に処理の終わった発注データを後から修正するということはありえません。発注がキャンセルされた場合であっても、発注したこと自体はなくなりませんから、発注した情報とは別に、「その注文はキャンセルされた」という情報を別途追加して元のデータは残すことがほとんどです。

つまり、一般的に言ってトランザクションテーブルはマスターテーブルよりも行数が多く、しかも急速に増えていく特性があります。

また、本書でよく例として使っている access_log テーブルのようなログテーブルは分類だけから言えば「どちらでもない」テーブルなのですが、分析システムにおけるログテーブルのアクセスパターンはトランザクションに近いので、トランザクションテーブルと分類しておいたほうがよいと思います。

6.4 様々なシチュエーションにおけるジョイン

この節ではジョインの書きかたをもう少し深く掘り下げてみましょう。

■ 複数のテーブルをジョインする

1つのテーブルに外部キーが1つとは限りません。2つ、3つの外部キーを持っているテーブルもあります。そのような場合、すべての情報を連結して使おうと思ったら、当然ながら何度もジョインすることになります。

例えば、注文テーブル（orders）を例にして考えてみましょう。本書のサンプルECサイトでは1回の注文で複数の商品を注文できるので、注文テーブルと、注文詳細テーブル（どの商品を何個注文したか）が分かれています。

そしてさらに、注文があればその注文をした顧客もいるはずなので、注文テーブルは顧客テーブルともつながります。

orders テーブル

order_id	order_time	shop_id	customer_id
910001	2014-01-31 12:01:31	13059	54115
910002	2014-01-31 13:19:01	23698	104097
910003	2014-01-31 14:47:29	12530	324
910004	2014-01-31 17:01:58	30986	104097

order_details テーブル

order_id	item_id	item_qty
910001	2359078	1
910001	1229468	1
910002	982752	1
910003	3546090	2
910004	15987	1

customers テーブル

customer_id	customer_name
324	葛飾道夫
54115	山田三郎
104097	丸山冴子

図 6.4　注文テーブルを中心としたリレーション

このようなテーブル設計の場合、例えば「誰が、いつ、いくら買っているか」を得るには3つのテーブルをジョインする必要がありますね。そのような場合

は、次のように join 句を複数並べることでジョインできます。

```
select
    *
from
    orders as o

    inner join order_details as d
    on o.order_id = d.order_id

    inner join customers as c
    on o.customer_id = c.customer_id
;
```

　正確に表現すると、この from 節ではまず orders テーブルと order_details テーブルがジョインされ、その結果と customers テーブルがジョインされます。

　テーブルが 4 つ、5 つに増えても同じように join 句を並べることでジョインが可能です。

■ プライマリーキーが 2 カラム以上のテーブルをジョインする

　これまでに見てきたジョインはどれもプライマリーキーが 1 カラムでした。プライマリーキーが 2 カラム以上の場合は、ジョイン条件に 2 つのカラムの両方を入れる必要があります。その場合は、where 節のときと同じく 2 つの条件を and 句でつないで on 句に記述します。

　例えばいま仮に、商品マスター（items テーブル）のプライマリーキーが shop_id と item_id の 2 カラムだとしましょう。この商品マスターと注文明細（order_details テーブル）をジョインしたいとしたら、次のような条件を書く必要があります。

```
select
    *
from
    order_details as o
```

```
    inner join items as i
    on o.shop_id = i.shop_id
        and o.item_id = i.item_id
;
```

「o.shop_id = i.shop_id and o.item_id = i.item_id」までがジョイン条件です。より一般的に言うと、on 句には任意の条件式を書くことができます。where 節に記述できた and 句や or 句、not 句などがすべて使えます。

> **Column**
>
> ## using 句によるジョイン
>
> ほとんどのジョインはプライマリーキーを使ってテーブルを結合するので、条件を表す on 句が「a.x = b.x and a.y = b.y and…」という形になります。PostgreSQL では、そのような on 句は「using (x, y, …)」と略記することができます。例えばさきほどのジョイン条件は「using (shop_id, item_id)」で済むのです。
>
> この using 句を使う書きかたのほうが見ためもシンプルで意味的にもわかりやすいので、個人的には using だけを使いたいくらいです。しかし残念なことに他の RDBMS ではまだ一般的ではないため、本書では使っていません。
>
> 分析のためにその場で書くクエリーで使う分には何も問題ないので、ぜひ使ってみてください。

6.5 テーブルを作成する

ジョインによってテーブルを好きに結合できるようになったので、そろそろテーブルの作りかたについても話しましょう。大量の文字列のリストを入れるためのテーブルや参照テーブルなどを必要に応じて作っていってください。

■ create table 文でテーブルを作成する

テーブルを作成するには **create table 文**（create table statement）を使います。create table 文の構文は次のとおりです。

```
create table テーブル名
( カラム名1 型1
, カラム名2 型2
, カラム名3 型3
        ⋮
);
```

「create table テーブル名」によって、作成したいテーブルの名前を宣言します。そしてカッコの中に必要なだけカラム名とその型のリストを、カンマ(",")で区切って並べます。カラム数の上限はRDBMSによって違いますが、PostgreSQLでは1000以上のカラムを使うことができます。

さきほど使ったばかりのweb_pagesテーブルを作成するためのcreate table文を、例として次に示します。

リスト6.1　create table 文

```
create table web_pages
( request_path text
, page_category text
, page_name text
);
```

create table 文はテーブルの名前やカラム、カラムの型など、そのテーブルが持つべき属性を余さず宣言しています。言いかたを変えると、これらの情報によってテーブルを**定義**（define）しているわけです。そのため、特定のテーブルを作成するための create table 文のことを「テーブル定義」と呼ぶこともあります。

エンジニアが「テーブルの定義が……」と言っていたら、create table 文に書いてある情報のことだな、と思ってください。

■ テーブルを削除する drop table 文

テーブル定義を間違えたときなどは、テーブルを消せないと困るでしょう。create table 文の逆にテーブルを削除するには **drop table 文**（drop table statement）を使います。drop table 文の構文は次のとおりです。

```
drop table テーブル名;
```

例えば web_pages テーブルを削除するなら、次の drop table 文を実行します。

```
drop table web_pages;
```

これで web_pages テーブルを削除できます。

なお、テーブルの行を削除することと、テーブル自体を削除することは違います。テーブルの行をすべて削除してもテーブルそれ自体は残りますが、テーブルを削除するというのはテーブル自体を RDBMS から消すということです。

■ テーブルにデータを入れる insert 文

テーブルを作ったらデータを入れたいですよね。テーブルに決まった値を直接入れたいときは **insert 文**（insert statement）を使います。insert 文の構文は次のとおりです。

```
insert into テーブル名 (カラム名1, カラム名2, カラム名3, …)
values (値1, 値2, 値3, …);
```

この構文でテーブルに1行分のデータを入れることができます。

「カラム名1, カラム名2, カラム名3, …」には、データを入れたいカラム名を列挙します。ここで指定しなかったカラムにはnullが入ります。また、カラム名リスト自体を省略することもでき、その場合はすべてのカラムをcreate table文で指定した順番に並べたのと同じになります。

「値1, 値2, 値3, …」には、先に列挙したカラムの値を指定します。並べた順番に対応するカラムに値が入ります。つまり「カラム名1」には「値1」が入り、「カラム名2」には「値2」が入る……ということです。

次に具体的なinsert文の例を示します。

```
insert into web_pages (request_path, page_category, page_name)
values ('/search', 'search', 'item_search')
;
```

空のweb_pagesテーブルに対してこのinsert文を実行した後のweb_pagesテーブルのデータは、**表6.14**のようになります。

表6.14 insert文を実行した後

request_path	page_category	page_name
/search	search	item_search

■ 複数行のデータを一度に入れる

一度に1行しか入れることができないのではちょっと面倒ですね。実はPostgreSQLでは複数行のデータを1つのinsert文で入れることもできます。そのためには、次のように値のリストをカンマ(",")で区切って複数並べます。

```
insert into web_pages
values ('/', 'top', 'top')
```

```
, ('/index.html', 'top', 'top')
, ('/search', 'search', 'item_search')
, ('/items/search', 'search', 'item_search')
, ('/cart', 'cart', 'cart item list')
, ('/cart/checkout', 'cart', 'cart checkout')
;
```

これで 6 行分のデータをいっぺんに入れられます。

■ さらに大量のデータを一度に入れる

もっとも、これはこれで面倒だ、1,000 行くらいあるから CSV などからデータを入れたい……という場合もあると思います。そのようなときは **copy 文** (copy statement) を使います。copy 文は PostgreSQL 専用の SQL 文です。

copy 文で CSV ファイルを読み込むための構文は次のとおりです。

```
copy テーブル名 from 'CSVファイルのフルパス' with format csv;
```

フルパス (full path) というのは、コンピューター内のファイルの場所を一意に表す文字列です。一番上のフォルダーからファイルのあるフォルダーまでの経路と、ファイル名をスラッシュ("/")でつないだものを言います。例えば「ドキュメント」フォルダー内の web_pages.csv ファイルは、典型的には次のようなフルパスで表現できます。

```
C:/Users/YourUserName/Documents/web_pages.csv
```

Windows でフルパスを表現するときは通常スラッシュではなく円記号 ("¥") を使うのですが (フォントの都合でバックスラッシュ"\"に見える場合もあります)、PostgreSQL を扱うときはスラッシュにしてください。

この web_pages.csv ファイルを PostgreSQL の web_pages テーブルに投入するには、次のような copy 文を実行します。

```
copy web_pages from 'C:/Users/yourname/Documents/web_pages.csv' with format
csv;
```

　ちなみに、この copy 文などを使って RDBMS にデータを投入することを、データを**ロードする**（load）と言います。copy 文は大量のデータを一括ロードするための SQL 文です。

■ select 文の結果をテーブルに投入する insert select 文

　複雑な計算をするときは、select 文の結果をそのまま保存しておきたいこともあるでしょう。そのようなときは insert select 文が便利です。

　次のように、「insert into テーブル名」の次に通常どおりに select 文を書くことで、その select 文の結果がテーブルに書き込まれます。

```
insert into daily_sales
select
    sales_date
    , sum(sales_amount)
from
    sales
group by
    sales_date
;
```

　もちろん、テーブル定義と select 文の結果でカラム数と順番、データ型が一致している必要があります。

> **Column** select 文の結果でテーブルを作る create table as 文
>
> 実は、create table 文でテーブルを作り insert select 文でデータを入れるという操作は、PostgreSQL だと **create table as 文**（create table as statement）にまとめることができます。使いかたは「create table テーブル名 as」の後に select 文を書くだけです。
>
> ```
> create table daily_sales as
> select
>     sales_date
>     , sum(sales_amount)
> from
>     sales
> group by
>     sales_date
> ;
> ```
>
> この文もテーブル定義を省略できてとても便利なのですが……コラムで扱っていることからも察していただけるように、例によって他の RDBMS ではサポートされていない場合があります。一時的な作業で使うにはよいですが、バッチなど他の人と共有する SQL で使うのは避けたほうがよいでしょう。

6.6 この章のまとめ

本章では、複数のテーブルをジョインしてデータをつなぎ合わせる方法について説明しました。

ジョインはRDBMSの根幹とも言える機能です。RDBMSでデータをどう保持するか、整理するかという思想のすべては、ジョインがあることを前提として考えられています。ジョインを理解することは、RDBMSを理解することと言ってもよいでしょう。

また本章ではテーブルを作成する方法と正規化についてもふれました。情報が重複しないようにテーブルを分割していく手法は、データの特性を吟味することにもなります。テーブル設計はそれだけで本が1冊書けるほど奥が深い話ですので、本書を機会にしていろいろと学んでみてください。

次の章ではさらにジョインについて深く掘り下げます。

第7章

ジョインを制するものは RDBMSを制す ——応用編

前章でジョインの基礎はカバーできました。しかし、現実のデータを扱ううえではもう少しだけ注意しなければならないことがあります。本章ではそのような実践的なジョインを扱った後で、「既存のデータから新しいデータを作り出す」ための、次元の異なるジョインについて踏み出します。

7.1 外部ジョインで欠落のあるデータを扱う

この節では、連結先のデータが存在しない場合のジョインについて説明します。

■ 対応するデータが存在しないテーブルの例

ここまでのジョインの例では、常に連結先のデータが存在する例をもとに話を進めてきました。しかし実際にはジョイン条件を満たすデータが存在しない可能性もあります。

例えば、アンケート調査をもとに、顧客がいま住んでいる都道府県を集めたとしましょう。そしてそのデータを表7.1のようなcustomer_locationsテーブルに格納しているとします。

表7.1 顧客の居住する都道府県を示すcustomer_locationsテーブル

カラム名	型	意味
customer_id	integer	顧客ID
prefecture	text	都道府県名('東京都'、'大阪府'、'北海道'、など47都道府県名と'その他')

このテーブルには、アンケートに答えてくれた顧客の情報しかありません。つまり、仮にアクセスログの全行にちゃんと顧客IDが付いていたとしても、customer_locationsテーブルには対応する行があるかどうかわからないというわけです。

■ 対応する行がないときのinner join句の働き

ジョイン先のテーブルに対応する行がない場合にinner join句を使うと、その行全体が結果からなくなります。サンプルデータをもとに見てみましょう。access_logテーブルのデータを表7.2に、customer_locationsテーブルのデータ

を表 7.3 に示します。

表 7.2　access_log テーブル

request_time	request_method	request_path	customer_id
2014-12-29 03:34:01	GET	/index.html	54115
2014-12-29 03:34:05	GET	/search	104097
2014-12-29 03:34:34	GET	/index.html	324
2014-12-29 03:34:40	GET	/index.html	104097
2014-12-29 03:35:05	GET	/items/531415	93292

表 7.3　customer_locations テーブル

customer_id	prefecture
54115	沖縄県
93292	島根県
104097	東京都

　この access_log テーブルに customer_locations テーブルをジョインして、各アクセスがどの都道府県に住む顧客からのアクセスなのかを取得しましょう。クエリーは次のとおりです。

```
select
    a.request_time
    , a.request_path
    , l.prefecture
from
    access_log as a
    inner join customer_locations as l
    on a.customer_id = l.customer_id
;
```

　ジョインにもそろそろ慣れてきたでしょうか。このクエリーは、access_log テーブルと customer_locations テーブルをジョインします。ジョインの条件は access_log テーブルの customer_id と customer_locations テーブルの customer_id が等しいことです。最終的に select 節で request_time、request_path、prefecture の 3 カラムを取得します。

このクエリーの実行結果を**表7.4**に示します。

表7.4 access_log テーブルに customer_locations テーブルをジョインした結果

request_time	request_path	prefecture
2014-12-29 03:34:01	/index.html	沖縄県
2014-12-29 03:34:05	/search	東京都
2014-12-29 03:34:40	/index.html	東京都
2014-12-29 03:35:05	/items/531415	島根県

ここで注目してほしいのは、access_log データの3行め、2014-12-29 03:34:34 の行が結果から消滅していることです。これは、customer_id が 324 である行が customer_locations テーブルに存在しないからです。

■ 対応する行がなくても行を残す outer join 句

しかし、これでは困る場合もあるでしょう。データが存在しない場合は例えば「不明」扱いにして集計したいこともあるはずです。

そのような場合に使える機能が**外部結合**(outer join)です。外部結合は **outer join 句**(outer join clause)を使って記述します。outer join 句は inner join 句とほとんど同じ挙動をしますが、対応する行がないときの動きだけが異なります。outer join 句を使った場合、対応する行がないときは代わりにすべてのカラムが null である行を出力します。

さきほどのクエリーを outer join 句を使うよう書き換えると、次のようになります。

```
select
    request_time
    , request_path
    , prefecture
from
    access_log as a
    left outer join customer_locations as l
    on a.customer_id = l.customer_id
;
```

「inner join」が「left outer join」に変わっただけですね。この結果は**表7.5**のようになります。

表7.5 access_logテーブルにcustomer_locationsテーブルを外部結合した結果

request_time	request_path	prefecture
2014-12-29 03:34:01	/index.html	沖縄県
2014-12-29 03:34:05	/search	東京都
2014-12-29 03:34:34	/index.html	null
2014-12-29 03:34:40	/index.html	東京都
2014-12-29 03:35:05	/items/531415	島根県

最初の結果と比べると、3行めが増えています。他はまったく変わりません。そして3行めのprefectureはnullになっています。これがouter join句の効果です。

■ outer join句の種類

outer join句には、left、right、fullの3種類があります。

left outer joinは、「左のテーブル」、つまりselect文で先に書いてあるほうのテーブルの行を保存します。保存する、とは、対応する行が右のテーブルにないときでも左のテーブルの行を結果に残して、右のテーブルのカラムの値はnullにするということです。さきほどのselect文もleft outer join句を使っているので、左のテーブルの行が保存されました。

一方のright outer join句は、left outer join句と完全に逆の働きをします。つまり、右のテーブルの行を保存します。

最後にfull outer join句は、両方のテーブルの行を保存します。左と右、どちらのテーブルに対応する行がないときであっても、もう一方のテーブルのカラムをすべてnullにして連結します。

この中で実際に一番よく使うのはleft outer join句です。leftとrightは書く順番だけの問題なので、どちらかだけあれば済みますね。そして一般的には、主として分析したいテーブル（さきほどで言うとaccess_logテーブル）から先に書き始めますから、自然とleft outer join句のほうをよく使うようになるわけです。

7.2 顧客の居住地域別にアクセス数を集計する

本章で紹介してきたジョインを使って、顧客の居住地域別の顧客アクセス数を数えてみましょう。

いつものように、まずは分析対象のデータを示します。今回の対象テーブルは**表7.6**と**表7.7**です。

表7.6　access_log テーブル

request_time	request_method	request_path	customer_id
2014-12-29 03:34:01	GET	/index.html	54115
2014-12-29 03:34:05	GET	/search	104097
2014-12-29 03:34:34	GET	/index.html	324
2014-12-29 03:34:40	GET	/index.html	104097
2014-12-29 03:35:05	GET	/items/531415	93292

表7.7　customer_locations テーブル

customer_id	prefecture
54115	沖縄県
93292	島根県
104097	東京都

■ クロス集計の select 文

この2つのテーブルをもとに、日ごと都道府県ごとのアクセス数をカウントしましょう。ただし、customer_locations テーブルにデータが存在しない顧客については、「不明」として別個にカウントします。

対応する select 文は次のとおりです。

7.2 顧客の居住地域別にアクセス数を集計する

```
select
    cast(request_time as date) as access_date
    , coalesce(prefecture, '不明') as prefecture_name
    , count(*) as pv
from
    access_log as a
    left outer join customer_locations as l
    on a.customer_id = l.customer_id
group by
    access_date
    , prefecture_name
order by
    access_date
;
```

■ select 文解説

ジョインに関してはさきほどほぼ同じ文を見たので大丈夫でしょう。今回はcustomer_locationsテーブルにデータのないアクセスも「不明」扱いで数えたいので、left outer join句を使います。これでaccess_logテーブルの行は保存され、customer_locationsテーブルにデータがなければprefectureカラムがnullになります。

次にselect節を見てください。こちらはちょっと複雑です。

```
select
    cast(request_time as date) as access_date
    , coalesce(prefecture, '不明') as prefecture_name
    , count(*) as pv
```

1行めではcast演算子を使ってrequest_timeカラム（timestamp型）をdate型に変換し、時刻部分を切り捨てて日付だけにしています。また、as句を使って計算後のカラムにaccess_dateという名前を付けます。

そして2行めですが、**coalesce**という新しい関数を使っています。この関数は、1つ以上の任意の数の引数を受け付けて、nullでない最初の値を返す関数です。つまり、この場合は、prefectureカラムがnullでなければそれを返し、nullならば「不明」を返します。これで、prefectureカラムがnullだったら文字列

「不明」に変換できるわけです。また、こちらのカラムにも as 句で prefecture_name という名前を付けておきます。

　group by 節には、select 節で計算した access_date と prefecture_name の 2 つを指定しています。これはクロス集計の定型ですね。日ごと、都道府県ごとのクロス集計を指定します。prefecture が null のときは coalesce 関数の働きで文字列「不明」に変換されているので、「不明」は「不明」で 1 グループとしてカウントされます。

　最後の order by 節では、access_date 順に並び換えるよう指定します。これは単に見やすくしようとして追加しただけです。prefecture_name も指定したほうがいいかなと思ったのですが、都道府県を文字の順に並び換える意味をあまり感じなかったので指定しませんでした。Excel などで追加の加工をする場合は、指定したほうが楽かもしれませんね。

7.3 一歩進んだジョイン

ジョインはSQLでも特に使いでのある機能で、工夫しだいで実に様々なことができます。この節では、プライマリーキーを指定する単純なジョイン以外の、特殊なジョイン方法について紹介します。通常のジョインに比べると使用頻度は少ないですが、いざ必要になったとき思い付かないものが多いので、頭の片隅にこういう手段があるということだけ入れておくとよいでしょう。

■ 計算式を用いたジョイン

まず最初は、ジョインするときにon句の比較式で計算を行う手法を紹介します。実はon句には演算子や関数呼び出しを使った任意の式を記述できるので、その場で計算した値を条件としてジョインすることが可能なのです。

第6章でも使ったcustomersテーブル（顧客マスター）と、**表7.8**のようなカラムを持つcustomer_category_mappingテーブルのジョインを例にとりましょう。

表7.8 顧客の年齢層を表すcustomer_category_mappingテーブル

カラム名	型	意味
customer_category_id	integer	顧客の年齢層ID
customer_category_name	text	年齢層名（「20代前半」など）
customer_category_rank	integer	5歳刻みの年齢（0、5、10、15、20、……）

customer_category_mappingテーブルは、顧客の年齢に対応するカテゴリーを表すテーブルです。顧客の年齢層の切りかたは企業ごと・用途ごとに定義があるのが普通ですが、今回は顧客層は5歳ごとに区切るものとします。データは**表7.9**のとおりです。

表 7.9　customer_category_mapping テーブルのデータ

customer_category_id	customer_category_name	customer_category_rank
1	10 代	0
2	10 代	5
3	10 代	10
4	10 代	15
5	20 代前半	20
6	20 代後半	25
7	30 代前半	30
8	30 代後半	35
9	40 代前半	40
10	40 代後半	45

このテーブルのミソは、customer_category が重複しているところです。例えば 0 歳、5 歳、10 歳、15 歳は同じ「10 代」なので、1 つのカテゴリーにまとまります。

このテーブルを用いて、顧客ごとにカテゴリーを出しましょう。次に select 文を示します。

```
select
    c.customer_id
    , c.customer_name
    , m.customer_category_name
from
    customers as c
    inner join customer_category_mapping as m
    on (c.customer_age / 5 * 5) = m.customer_category_rank
;
```

このクエリーでは、on 句で「c.customer_age / 5 * 5」という式を使い、その場で customer_age から customer_category_rank を計算しています。整除を使って customer_age を切り詰める手法は第 5 章で説明しましたね。5 で割ってから 5 をかけることで、「c.customer_age / 5 * 5」は「customer_age 以下の、最も近い 5 の倍数」を返します。これでうまいこと customer_category_rank の値と比較できるようになります。

■ セルフジョイン

続いては**セルフジョイン**（self join）を説明します。セルフジョインとは、1つのテーブルを自分自身とジョインする方法のことです。

そんなこといつやるんだ、と言われるかもしれませんが、意外と利用する場面があるのです。例えば1年前のデータとジョインして伸び率を出したい場合がそうです。**表7.10** のような、年単位に店ごとの売上を記録している yearly_sales テーブルを使って考えてみましょう。

表7.10 年間売上を保存している yearly_sales テーブル

year	shop_id	sales_amount
2012	1	72950157
2012	2	140909834
2012	3	91359835
⋮	⋮	⋮
2013	1	91350983
2013	2	139480193
2013	3	92029355

このテーブルから店ごとの売上前年比を出すにはどうすればよいでしょうか。それには、店ごと（shop_id ごと）に1年前の数字をとってきて比較すればよいですね。「数字をとってきて」というのは、ようするにジョインの仕事です。とりあえずクエリーを見てみましょう。

```
select
    curr.year
    , curr.shop_id
    , cast(curr.sales_amount as real) / prev.sales_amount as growth_rate
from
    yearly_sales as curr
    left outer join yearly_sales as prev
    on curr.year - 1 = prev.year
        and curr.shop_id = prev.shop_id
;
```

from 節に注目してください。yearly_sales テーブルが2回登場していますね。これがセルフジョインです。

セルフジョインする場合は、同じ名前のテーブルが2つ存在する都合上、ジョイン時に必ず別名を付ける必要があります。上記のクエリーでは左側のテーブルを current year（今年）の意味で curr、右側のテーブルを previous year（前年）の意味で prev と別名を付けました。

また on 句では、計算式を使ってジョイン条件を記述しています。「curr.year - 1 = prev.year」の式の意味はわかるでしょうか。もし curr.year が 2013 だとすると、curr.year - 1 は 2012、つまり prev.year が 2012 の行とジョインすることになります。これで1年前の情報と比較できるというわけですね。図示するなら**図 7.1** のようになります。

yearly_sales テーブル（curr）

year	shop_id	sales_amount
2012	10001	72,950,157
2012	10002	140,909,834
2012	10003	91,359,835
2013	10001	91,350,983
2013	10002	139,480,193
2013	10003	92,029,355
2014	10001	93,090,120
2014	10002	143,561,987
2014	10003	98,098,165

yearly_sales テーブル（prev）

year	shop_id	sales_amount
2012	10001	72,950,157
2012	10002	140,909,834
2012	10003	91,359,835
2013	10001	91,350,983
2013	10002	139,480,193
2013	10003	92,029,355
2014	10001	93,090,120
2014	10002	143,561,987
2014	10003	98,098,165

図 7.1　1年前の値と比較するためのセルフジョイン

これも巧妙なテクニックですが、前年比を出したいという要望はどんな会社でもあるはずです。覚えておけば役に立つでしょう。

ちなみに前年比を出すためには、第8章で述べる lag ウィンドウ関数を使う方法もあります。しかしその場合は歯抜けが許されず、すべての年のデータが揃っていなければなりません。条件に応じて使い分けるとよいでしょう。

■ クロスジョイン

ここまではジョインを「相手のテーブルから対応する行を持ってくる」と表現してきました。それはそれで正しいのですが、実はその表現だとジョインの動作をうまく言い表せない場合があるのです。

ジョインの行う処理をより正確に説明すると、まずどんなジョインであっても、2つのテーブルの行の総当たりを作ります。つまり、図7.2のように2つのテーブルの行どうしのすべての組み合わせを生成します。

orders テーブル

order_id	order_time	shop_id	customer_id
910001	2014-01-31 12:01:31	13059	54115
910002	2014-01-31 13:19:01	23698	104097
910003	2014-01-31 14:47:29	12530	324
910004	2014-01-31 17:01:58	30986	104097

customers テーブル

customer_id	customer_name
324	葛飾道夫
54115	山田三郎
104097	丸山冴子

図7.2 制約のないジョイン

inner join 句は、この総当たりで生成されたすべての組み合わせの中から、on 句の条件を満たす組み合わせだけを抽出します。そうすると結果として「on 句の条件を満たす行だけを相手のテーブルから持ってくる」のと同じことになるわけですね。

いずれにしても inner join 句の処理は、概念的に「すべての組み合わせを生成する」処理と、「条件を満たす組み合わせだけを抽出する」処理の組み合わせとして表現できます。この「すべての組み合わせを生成する」処理だけを、SQL では **cross join 句**（cross join clause）で表現できます。

次に示すのは cross join 句の例です。

```
select
    *
from
    access_log as a
    cross join customers as c
;
```

これで access_log テーブルの行と customers テーブルの行のすべての組み合わせが生成されます。

cross join をジョインの処理の基礎ステップとして覚えておくと、いろいろなジョインをすっきりと整理できます。ただ、実際に使うことはあまりありません。cross join が役立つ珍しい例は第 9 章でお見せします。

> **Column** 　　　　　　　　　　　　　　　　　　**古いジョインの記法**
>
> SQL にはよくあることですが、ジョインにも新しい記法と古い記法があります。いま説明してきたのは新しい記法です。
>
> 古い記法はこんな書きかたでした。
>
> ```
> select
>     *
> from
>     access_log a, customers c
> where
>     a.customer_id = c.customer_id
> ;
> ```
>
> inner join 句はなく、単に from 節にテーブル名を並べて、ジョイン条件は where 節に書くわけです。
>
> この文法は、意外にも、さきほど話した「すべてのジョインは総当たりの組み合わせ生成である」という考えかたを素直に反映しています。つまり、from 節に書いた 2 つのテーブルの行の組み合わせをすべて作り、その中から where 節に指定した条件の組み合わせだけを選ぶよ、ということですね。
>
> いずれにしても、この記法は徐々に廃れていくと思われるので、これから書く SQL では join 〜 on 句を使ってください。ここで紹介したのは、読めるようにすることだけが目的です。

7.4 組み合わせを生成するジョインでバスケット分析

ECサイトで買い物をしていると、「こちらもお勧め」とか「この商品を買っている人はこれも買っています」というような表示が出ることがあります。あの表示を出すロジックはいくつも考えられますが、例えば「一緒に買われやすい商品を出してあげる」方法が考えられます。過去に行われたたくさんの注文を分析して、「このセーターとこのシャツは一緒に買われやすい」とか「プログラミングの本を買う人はこのマンガも買うようだ」という傾向がわかれば、それをお勧めしてあげるわけです。

このような分析は俗に**バスケット分析**（basket analysis）と呼ばれています。スーパーマーケットのカゴ（バスケット）に一緒に入れられやすい（買われやすい）のはどんな商品かを計算する分析だからです。より広く言えば**アソシエーション分析**（association analysis）の一種です。

ジョインを応用するとこのバスケット分析を行うことができるので、本書のサンプルECサイトにも適用してみましょう。

■「一緒に買われやすい商品」を計算しよう

本書のサンプルECサイトには**表7.11**のような商品詳細テーブルがあるので、このデータをもとに「一緒に買われることの多さ」……併売率を求めていきましょう。

表7.11 order_details テーブル

order_id	order_time	item_id	item_qty	(item_name)
349801	2015-02-01 01:14:02	2359078	1	コカコーラ12本セット
349801	2015-02-01 01:14:02	982752	1	爽健美茶12本セット
349801	2015-02-01 01:14:02	3546090	2	チーズトーストの素
269876	2015-03-03 10:15:08	15987	3	鶏肉もも（冷凍）
269876	2015-03-03 10:15:08	1986793	1	野菜ボックス

order_id	order_time	item_id	item_qty	(item_name)
269876	2015-03-03 10:15:08	3256262	1	ゆめぴりか 5kg
159879	2015-05-05 11:15:01	3598729	1	MG ゼータガンダム Ver.2
159879	2015-05-05 11:15:01	2398796	1	ふつうの Linux プログラミング
241987	2015-02-06 20:33:57	985987	1	ウェーブポット
309866	2015-04-16 15:45:19	7746987	1	MacBook 12 インチ
⋮				

　order_details テーブルは、1つの注文でどの商品が何個買われたかを記録するテーブルです。1つの注文には複数の商品が結び付くので、1つの order_id（注文 ID）が何度も登場します。

　なお、本来の order_details テーブルには商品名（item_name）の情報は付いていないのですが、数字だけだとイメージがわかないので、商品マスターをジョインしたことにして名前を横に付けておきました。

　また同様に order_time カラムは order_details テーブルではなく orders テーブルの情報なのですが、それだとまだ説明していないサブクエリーという機能を使わないと計算できなくなってしまうため、ここだけ正規化を崩して order_details テーブルにも order_time カラムを付けておきました。order_time カラムが orders テーブルのままでもちょっと変更すれば計算できるので、第8章まで読んだ後にチャレンジしてみてください。

■ 併売率の計算式

　併売率はどのように求めればいいでしょうか。併売率は「ある商品が買われたとき、同じ注文に特定の商品が入っている確率」ですから、「商品 A と B を一緒に買った注文数 / 商品 A を買った注文数」で求められますね（**図 7.3**）。

図7.3 併売率の考えかた

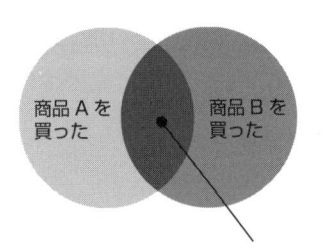

$$併売率 = \frac{商品AとBを両方買った}{商品Aを買った}$$

また、どの期間の注文について数えるかも重要です。たいていは直近1ヶ月や半年などでしょう。今回は2015年4月のデータを対象に計算するとします。

計算のしかたとしては、次のようなステップで進めましょう。

1. 該当期間における商品ごとの注文数を数える（a）
2. 該当期間に特定の2つの商品を一緒に買っている注文数を数える（b）
3. 商品ごとに$\frac{b}{a}$を計算する

■ ある商品を買った注文数を数える

では順番に計算していきましょう。まず、「2015年4月に商品Aを買った注文数」は簡単ですね。次のようなselect文で計算できます。

```sql
select
    item_id
    , count(distinct order_id) as order_count
from
    order_details
where
    order_time
        between timestamp '2015-04-01 00:00:00'
        and timestamp '2015-04-30 23:59:59'
group by
    item_id
;
```

まずwhere節で2015年4月のデータに絞り込みます。order_timeカラムは顧客が商品を注文した時刻を格納しているカラムなので、このカラムの値で絞り込むことができます。

そしてgroup by節でitem_id（商品ID）ごとにグループを作成し、select節の「count(distinct order_id)」で、商品IDごとの注文数を数えます。ここで単純にcount(*)を使うと、1つの注文に同じ商品が複数入っていた場合（意外とあります）に注文数を二重に数えてしまうので、distinct付きのcount関数を使っておきましょう。

■「2つの商品を一緒に買っている注文数」の数えかた

続いて、2つの商品を一緒に買っている注文数を数えましょう。こちらが問題です。

戦略としては、まず1回の注文で買われた商品の組み合わせをすべて生成します。そして商品2つの組み合わせごとにグループ化して、注文の数を数えます。

ちょっとややこしいので、情報をシンプルに絞って考えましょう。例えば該当期間の注文が**表7.12**だけだとします。

表7.12 単純化した注文詳細

注文ID	商品
1	大根
1	ごぼう
1	鮭
2	大根
2	鮭
2	あさつき

この注文詳細に対して、注文ごとに商品の組み合わせをすべて生成すると**表7.13**のようになります。同じ商品の組み合わせは抜いていることに注意してください。「XとY」と「YとX」のように逆になっているだけの組み合わせは生成します。

表 7.13　すべての組み合わせを生成

注文ID	商品1	商品2
1	大根	ごぼう
1	大根	鮭
1	ごぼう	大根
1	ごぼう	鮭
1	鮭	大根
1	鮭	ごぼう
2	大根	鮭
2	大根	あさつき
2	鮭	大根
2	鮭	あさつき
2	あさつき	大根
2	あさつき	鮭

　そして商品1と商品2の組み合わせごとに注文IDを数えると、**表7.14**のような結果になります。

表 7.14　商品の組み合わせごとの注文数

商品1	商品2	注文数
あさつき	鮭	1
あさつき	大根	1
ごぼう	鮭	1
ごぼう	大根	1
鮭	あさつき	1
鮭	ごぼう	1
鮭	大根	2
大根	あさつき	1
大根	ごぼう	1
大根	鮭	2

　最初の注文詳細を見て考えると、鮭と大根の組み合わせだけが2つの注文に登場していますね。計算結果もその組み合わせだけが注文数2になっているので、結果は正しそうです。

■「2つの商品を一緒に買っている注文数」のSQL

それでは今度は処理をSQLで書いてみましょう。すべての組み合わせを生成する処理はジョインで書くことができます。ジョインは、「すべての組み合わせを生成して条件を満たす組み合わせだけを残す」処理だという話をしましたね。この機能を利用するわけです。

商品の組み合わせごとの注文数を数えるselect文を次に示します。

```
select
    l.item_id
    , r.item_id as item_id2
    , count(distinct l.order_id) as order_count
from
    order_details as l
    inner join order_details as r
    on l.order_id = r.order_id
        and l.item_id <> r.item_id
where
    l.order_time
        between timestamp '2015-04-01 00:00:00'
        and timestamp '2015-04-30 23:59:59'
group by
    l.item_id
    , r.item_id
;
```

where節はさきほどとまったく同じですね。from節が問題です。

まずorder_detailsテーブルをセルフジョインして全行の組み合わせを生成します。2つのorder_detailsテーブルには、それぞれas句でlとr（leftとrightのつもりです）という別名を付けました。ジョイン条件の「l.order_id = r.order_id」で注文IDが同じものだけに絞り、さらに「l.item_id <> r.item_id」によって同じ商品の組み合わせ（大根と大根とか）を除外します。これで、1つの注文によって注文された商品の組み合わせを求められます。

後は、group by節によって組み合わせごとにグループ化し、select節の「count(distinct l.order_id)」で組み合わせごとの注文数を数えるだけです。

■ 両方を合わせて併売率を計算する

以上で、特定期間における商品ごとの注文数と、商品の組み合わせごとの注文数が計算できました。後はこの2つの数値を組み合わせて割ってやるだけです。

準備として、商品ごとの注文数と、商品の組み合わせごとの注文数をそれぞれテーブルに保存しておきます。前章で説明したinsert select文を使えば簡単に保存できますね。第8章で説明するサブクエリーという機能を使えばいちいちテーブルに保存せずとも1つのselect文ですべて求めることもできるようになりますが、最初のうちは中間結果をテーブルに保存していくほうが考えやすいでしょう。

中間結果を保存したテーブルの名前はitem_order_countsテーブルとitem_combination_order_countsテーブルとします。カラムはさきほど計算したとおりで、**表7.15**と**表7.16**のようになっています。

表7.15 item_order_countsテーブル (商品ごとの注文数)

カラム	意味
item_id	商品ID
order_count	該当期間におけるその商品の注文数

表7.16 item_combination_order_countsテーブル (商品組み合わせごとの注文数)

カラム	意味
item_id	1つめの商品ID
item_id2	2つめの商品ID
order_count	該当期間におけるその商品の注文数

この2つを合わせて併売率を計算します。どうやって合わせるかと言えば……もちろん、またジョインを使います。item_idをキーとしてジョインすればいいですね。

```
select
    c.item_id
    , c.item_id2
    , cast(c.order_count as real) / i.order_count as confidence
from
    item_combination_order_counts c
    inner join item_order_counts i
    on c.item_id = i.item_id
;
```

　from節についてはごくふつうのジョインなのでもうよいでしょう。「cast(c. order_count as real) / i.order_count」が併売率の計算です。一方をreal（小数）にキャストすることで、整数除算ではなく小数の割り算を行うようにしています。これを忘れると併売率がすべて0か1になってしまうので注意してください（結果を見ればすぐ気付きますね）。

　以上で併売率を出すことができました。

■ 支持度とリフト値

　この節で求めた「併売率」は、アソシエーション分析の用語で**信頼度**（confidence）と呼ばれる値です。基本的には信頼度が高い組み合わせは一緒にお勧めしていく候補になりうるのですが、他に**支持度**（support）と**リフト値**（lift）も参考として見たほうが精度が上がります。

　まず支持度は、その組み合わせがどのくらいの割合で売れているかを示す値で、通常は0.00001などのかなり小さな値を示します。「（ある組み合わせの注文回数）／（全注文回数）」で計算できます。信頼度が高くても、支持度があまりにも低いと、そもそもその組み合わせが売れていないということになります。ある程度売れている組み合わせでないとお勧めする意味がないので、例えば信頼度が同じくらいならばより支持度の高い組み合わせを売っていったほうがよいわけです。

　またリフト値は、「その商品を組み合わせることによって、何もしないときより売れるようになる割合」を示しています。「（XとYを同時に買う確率）／（全体

の中で Y を買う確率）」で計算できます。リフト値が 1.0 を切っている場合、商品 Y を単体で買うよりも組み合わせて買うほうが確率が低いということなので、むしろ組み合わせないほうがよいということを示しています。

つまり全体的に見ると、支持度がそこそこあり、リフト値が 1.0 より大きく、信頼度の高い組み合わせというのが最も併売をお勧めする価値があるわけです。

本書では支持度とリフト値の計算については詳細を示しませんが、信頼度を計算する select 文を応用すればどちらも簡単に出せますから、試してみてください。

Column　バスケット分析の結果を活用するには

バスケット分析で「一緒に買われやすい」商品がわかったら、今度はその商品を実際にお勧めする必要があります。そのためには、一緒に買われやすい商品のデータを EC サイトのシステムに送ってお勧めとして出してもらう必要があります。

また、買われやすい商品は時間とともに変わるかもしれませんし、新しい商品に対してのお勧めも計算する必要がありますから、定期的に分析をやりなおさなければいけません。

そうなると、定期的にバスケット分析を行って EC サイトにデータを転送するというバッチ処理を組みたくなってきますね。分析の結果は人間が参照して施策につなげる場合もありますが、システムによって活用される場合もあるということです。

このようなバッチ処理システムの構築についての話題は第 2 部で扱います。

7.5 この章のまとめ

　本章では、ジョインについてさらに詳細な使いかたを説明しました。相手のテーブルに対応する値がなくても行を残す outer join や、自分自身とジョインするセルフジョインなどです。

　ジョインは使いかたによって同じテーブルの過去の行をとってきたり、データを増幅したりと、実に多様な使いかたが可能です。データを RDBMS で加工し、複雑な計算をするうえでも、ジョインは最大の核となるのです。

　このようなテクニックは探索的な分析に限らず、第 2 部で話すような SQL バッチを構築するうえでもキーポイントとなります。ぜひ実際の RDBMS で様々なジョインを試して、動きを完全に理解してください。

第8章

遅れて来た
分析SQL最強の武器
──ウィンドウ関数

この章ではSQLの比較的新しい機能である「ウィンドウ関数」を使い、複数行を対象とした処理をする方法について説明します。

8.1 サブクエリーで複雑なselect文を組み立てる

　本章の主題はウィンドウ関数なのですが、その前にサブクエリーという機能について説明しておきたいと思います。早くウィンドウ関数の話をしたいのですが、より複雑な分析をしていくうえではどうしてもサブクエリーが不可欠なのです。また、ウィンドウ関数を使っているとサブクエリーが必要になってしまうことが多いため、この章で説明しておきます。

■ select文を多段に組み合わせるサブクエリー

　select文はテーブルのデータを処理して絞り込みや集計を行うことができました。しかし、考えてみるとselect文の結果もまた行とカラムをもっており、テーブルのような構造のデータですね。つまり、select文はテーブルを処理してテーブルのような結果を返すわけです。

　ここでちょっと頭を柔らかくして、想像力を働かせてください。select文はテーブルを処理対象にするが、その結果もまたテーブルのようなものである……ということは、select文の結果をまたselect文で処理できてもよいのではないでしょうか。

　そして実際、リレーショナルデータベースでは**サブクエリー**(sub-query) という機能を使うとそれができます。つまり、select文の結果をselect文で処理できるのです。次にサブクエリーの例を示します。

```
select count(*)
from (
    select
        c.item_id
        , c.item_id2
        , cast(c.order_count as real) / i.order_count as confidence
    from
        item_combination_order_counts c
```

```
        inner join item_order_counts i
        on c.item_id = i.item_id
) as tmp
;
```

最初の select 文の from 節に、カッコで囲まれた select 文が記述されていますね。このカッコで囲まれているほうの select 文がサブクエリーです。上記のように書くと、まずサブクエリーが通常通り実行され、その結果がさらに外側の select 文で処理されます。図で示すと**図 8.1** のような実行順序になります。

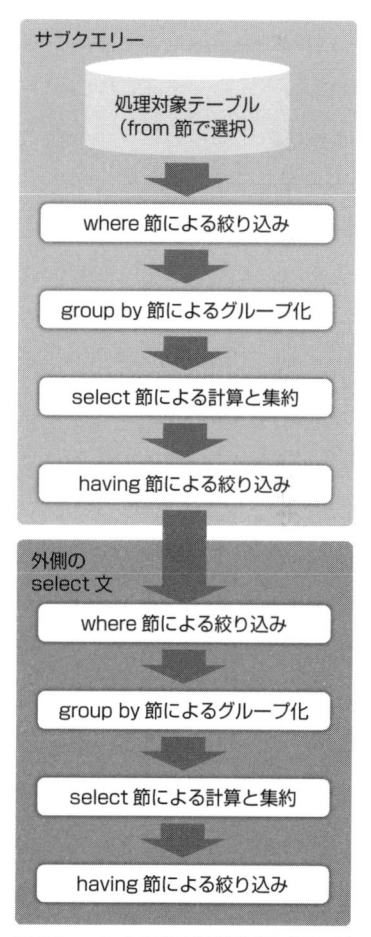

図 8.1　select 文の実行順序 (サブクエリーを追加)

今回のクエリーでは外側の select 文は「select count(*) from (……)」、つまり count をしているだけなので、内側の select 文の結果が何行あるかを数えることになるわけです。

■ サブクエリーの構文

一般的に言うと、サブクエリーの構文は次のようになります。

```
select カラムリスト from (select文) as サブクエリー名;
```

このように書くと、カッコに囲まれたほうの（内側の）select 文がまず実行され、その結果が外側の select 文によって処理されます。

なお、PostgreSQL では、サブクエリーの結果には必ず名前を付ける必要があります。上で「サブクエリー名」と書いているのがそれです。例えば「select * from (……) as tmp;」と書いたら「tmp」がサブクエリー名です。as は省略することもできますが、本書では原則として as を付けます。

■ サブクエリーとのジョイン

「サブクエリーの結果」はテーブルと同じように行とカラムを持ち、行とカラムに並び順がなく、各行には整数や文字列のような様々なデータを格納しています。このような、「テーブルっぽいデータ」のことをリレーショナルデータベースの世界では**リレーション**（relation）と呼んでいます。さきほどの「サブクエリー名」も正確には「サブクエリーの結果の名前」なので、「リレーション名」です。

これまで、select 文はテーブルを処理する文だと説明してきましたが、ここでその説明をより正確に更新しましょう。select 文は、リレーションを処理してリレーションを返す機能です。

また、ジョインは 2 つのリレーションを連結する機能です。例えば次のように、サブクエリーの結果とテーブルをジョインすることができます。

```
select
    u.customer_name
    , u.customer_age
    , o.order_amount
from
    (
        select *
        from orders
        where order_amount > 100000
    ) as o
    inner join customers as u
    on o.customer_id = u.customer_id
;
```

　このクエリーは、注文テーブル orders から 10 万円以上の注文を抽出して o という名前を付け、それと customers テーブルをジョインします。orders テーブルの order_amount カラムに注文額が入っているので、このカラムの値が 10 万以上の行だけに絞り込めば 10 万円以上の注文を簡単に抽出できます。最終的に得られるのは、10 万円以上の買い物をしたユーザーの名前と年齢、購入金額です。

　この処理はサブクエリーを使わず 1 つの select 文で行うこともできるのですが、あえてサブクエリーを使ってみました。

　ところで、いまリレーションという単語を説明しましたが、リレーショナルデータベースの「リレーショナル」は、まさにこのリレーションのことを指しています。第 6 章のコラムではリレーションとはテーブルのことだ、と説明したのですが、より正確に言えば、「テーブルのような性質を持つデータ」がリレーションです。

■ 例：店ごと月ごとの売上一覧を出す

　もう 1 つ別の例でサブクエリーとのジョインを使ってみましょう。すべての売り上げを記録している orders テーブルから店舗ごと月ごとの売り上げを計算し、shops テーブル（店舗マスター）とジョインすることで店舗名を連結します。

```
select
    s.shop_name
    , m.sales_month
    , m.sales_amount
from
    (
        select
            shop_id
            , cast(date_trunc('month', order_time) as date) as sales_month
            , sum(order_amount) as sales_amount
        from
            orders
        group by
            shop_id, sales_month
    ) as m
    inner join shops as s on m.shop_id = s.shop_id
order by
    s.shop_id, m.sales_month
;
```

サブクエリー内でやっている処理はお馴染みのクロス集計です。この date_trunc 関数と group by 節の組み合わせもだいぶ見慣れてきたのではないでしょうか。

今回の焦点はサブクエリーとのジョインのほうです。理解しやすくするために、サブクエリーの部分をリレーション名（m）に置き換えてしまいましょう。ついでに order by 節もはぎとっておきます。

```
select
    s.shop_name
    , m.sales_month
    , m.sales_amount
from
    m inner join shops as s on m.shop_id = s.shop_id
;
```

サブクエリーの結果のリレーションと shops テーブルをジョインしていますね。その条件は、m リレーションの shop_id と shops テーブルの shop_id が等しいことです。そして連結したテーブルから、shop_name（店舗名）と sales_ month（売り上げた月）、sales_amount（月間売り上げ）を取得しています。

サブクエリーを使って select 文を組み立てていくと巨大になりがちで、文を見た瞬間に圧迫感を覚えて理解を放棄してしまう人は、エンジニアでも少なくありません。ですが、サブクエリーを分解し、部分ごとに読んでいけばそれほどややこしいものでもありませんから、コーヒーでも飲みながらのんびり片付けるのがよいでしょう。中間テーブルを紙に書き出しながら読むのもお勧めです。

■ サブクエリーの結果による絞り込み

サブクエリーには他にも様々な使いかたがあります。第 3 章では in 演算子を紹介しましたが、in 演算子とサブクエリーを組み合わせることができるのです。

in 演算子を使って行を絞り込もうとするとき、値の候補が 3 つや 4 つなら並べて済みますが、もし候補が千、2 千とあったらどうなるのでしょうか。さすがに千も 2 千も候補を並べて書くのは非現実的です。

そんなときは、in 演算子の右側をサブクエリーにするという手があります。

```
select
    *
from
    access_log
where
    request_path in (
        select request_path
        from web_pages
        where page_category = 'item'
    )
;
```

このように書くと、PostgreSQL はまずサブクエリーを実行して request_path のリストを作ります。そして、そのリストに一致する request_path を持つ行を access_log テーブルから抽出します。

この方法を使うと、候補の値をテーブルに入れておくことができるので、候補が 1 万、2 万、あるいはそれ以上になっても対応することができます。絞り込み

に使いたい値の数が増えてきたら、そのリストをテーブルに入れることを検討するとよいでしょう。そのテーブルはおそらく参照テーブルに成長する余地があります。

■ スカラーサブクエリー

サブクエリーにはもう1つ、地味ながら大変使える応用があります。それはスカラーサブクエリーという使いかたです。

スカラーサブクエリー(scalar sub-query)とは、select節の式やwhere節の式の一部として使うサブクエリーのことです。次に例を示します。

```
select
    cast(order_count as real)
        / (select sum(order_count) from item_combination_order_counts)
from
    item_combination_order_counts
;
```

「(select sum(order_count) from item_combination_order_counts)」の部分がサブクエリーになっています。サブクエリーはitem_combination_order_countsテーブル全行のorder_countの合計を計算していますね。その結果がサブクエリーを書いた場所に値として埋め込まれるので、select文全体は、order_countの合計に対する各行のorder_countの割合を計算することになります。次のようにサブクエリー部分を日本語で置き換えてしまうとわかりやすいでしょう。

```
select
    cast(order_count as real) / (order_countの合計)
from
    item_combination_order_counts
;
```

スカラーサブクエリーとして使うサブクエリーは、必ず1行1カラムのリレーションを返すサブクエリーでなければなりません。1行1カラム……つまりたっ

た1つの文字列や数値のような値を返すサブクエリーでなければ、実行前に構文エラーになります。

ちなみに**スカラー値**（scalar value）とは「たった1つの文字列や数値のような値」のことを指します。スカラー値を返すサブクエリーなので、スカラーサブクエリーと言うわけです。

Column　　　　　　　　　　　　「サブクエリー遅くない？」

わたしが3段や4段にもなるサブクエリーを書いているとときどき言われるのが「サブクエリー書くと遅くない？」というセリフです。

声を大にして言いたいのですが、

それはMySQLだけだろ！！

並列RDBMSでもOracleでもPostgreSQLでも、サブクエリーが特に遅いなんてことはありません。MySQLがヘボすぎるだけです。

もっとも、MySQLはOLTP用のRDBMSですから、サブクエリーが何段にもなるようなクエリーを実行するのが悪いという意見は理解できます。また、最近はMySQLもだいぶ賢くなってきているので、サブクエリーを書くと遅いなどという不名誉な噂もそろそろ過去のものになるかもしれません。

いずれにしても、SQLで分析をする場合はOLTPと比べてかなり複雑な処理をSQLだけで行うことになるので、サブクエリーは必須です。「サブクエリーは遅い」なんて固定観念は捨ててどんどん使っていきましょう。

8.2 ウィンドウ関数でグループ全体を対象にした計算をする

この節では、SQLの中でも新しい機能であり、これまでのSQLの限界を突破する「ウィンドウ関数」の使いかたについて説明します。

■ ウィンドウ関数とは

ウィンドウ関数（window function）は「分析関数」とも呼ばれる関数です。たいへんざっくり言うと、group by節で作ったグループの中の行を見ながら、集約をせずに計算することができます。

まったく意味がわからないと思うので、具体的に説明しましょう。group by節を使うと、行をグループに分割して、そのグループごとに集約計算をすることができました。例えばgroup by節とsum関数を組み合わせれば、店舗IDでグループを作って店舗ごとの売り上げを計算したり、ユーザーIDと月でグループを作ってユーザーごと月ごとのアクセス数を数えることができました。

ですが、group by節を使って集約した場合は、グループごとに1行だけが出力されますね。言いかたを変えると、1行になってしまうわけです。

しかし、ウィンドウ関数は違います。ウィンドウ関数のsumを使うと、なんと、図8.2のように集約をせずにグループ内の合計を計算して、その結果を元の行に追加することができるのです。

8.2 ウィンドウ関数でグループ全体を対象にした計算をする

普通の sum 関数を適用した場合
select customer_id,
sum(used_point) from point_usage group by customer_id;

customer_id	sum(used_point)
324	450
54115	500
104097	280

customer_id	user_point
324	150
324	100
324	200
54115	500
104097	30
104097	250

ウィンドウ関数の sum を適用した場合
select customer_id, used_point, sum(used_point)
over (partition by customer_id) from point_usage;

customer_id	used_point	sum(used_point)
324	150	450
324	100	450
324	200	450
54115	500	500
104097	30	280
104097	250	280

図 8.2　ウィンドウ関数のイメージ

通常の sum 関数を使ったほうは customer_id ごとに 1 行にまとまってしまいますが、ウィンドウ関数の sum を使った結果は、行数は変わらずに、合計が横に追加されていますね。これがウィンドウ関数の能力なのです。この機能を使うと、例えば、店舗ごとにどのカテゴリーの商品が店舗売り上げの何 % を占めているかを一発で計算できます。

別の言いかたで説明すると、通常の関数では 1 行の中の値しか見られないのに対し、ウィンドウ関数はグループ内の他の行の値も見ることができるのです。処理可能なデータの範囲が増えれば当然やれることも増えるわけで、ウィンドウ関数は高度な分析には欠かせない強力な機能を提供してくれます。

■ 様々なウィンドウ関数

PostgreSQL の主要なウィンドウ関数を**表 8.1** に示します。

表 8.1　PostgreSQL の主要なウィンドウ関数

関数名	意味
count	グループ内の行数を数える
sum	グループ内の合計や累積和をとる
avg	グループ内の平均をとる
rank	グループ内をソートして順位を付ける（重複あり）
row_number	グループ内をソートして順位を付ける（重複なし）
lag	グループ内をソートして前の行の値をとる
lead	グループ内をソートして後の行の値をとる

　ウィンドウ関数の概念それ自体はとても抽象的なので、慣れるにはとにかく具体的な例を見るのが一番です。ここからは、次の 6 つの典型的な使用例を紹介していきましょう。

1. グループ内の行に順位を付ける：rank ウィンドウ関数
2. 履歴テーブルから最新行を取得する：row_number ウィンドウ関数
3. 対全体比を計算する：sum ウィンドウ関数
4. 累積和を計算する：sum ウィンドウ関数
5. デシル分析をする：ntile ウィンドウ関数
6. 時系列データの移動平均を計算する：avg ウィンドウ関数

順番にお話ししていきます。

■ rank ウィンドウ関数で順位を付ける

　まずは、グループ内の行に順位を付ける rank ウィンドウ関数から紹介しましょう。

　いま、**表 8.2** のような月ごと・店舗ごとの売り上げテーブルがあるとします。このテーブルから、月ごとに売上の多い上位 3 店舗を抜き出したいとしたら、どうすればいいでしょうか。

表 8.2　月ごと・店舗ごとの売上を格納している monthly_sales テーブル

sales_month	shop_id	sales_amount
2014-01-01	10001	2351935
2014-01-01	10002	1510956
2014-01-01	10003	1913598
2014-01-01	10004	2323593
⋮	⋮	⋮
2014-02-01	10001	2035986
2014-02-01	10002	2029368
2014-02-01	10003	2019871
2014-02-01	10004	2598735
⋮	⋮	⋮
2014-03-01	10001	2133987
2014-03-01	10002	1723958
2014-03-01	10003	1713597
2014-03-01	10004	2908239

　グループ内での順位が絡むときは次のように考えましょう。もし、**表 8.3** のように同じ月のグループの中での売上順位カラムが最初から付いていれば、そのカラムの値で絞り込むだけで済みますよね。

表 8.3　月ごと・店舗ごとの売上を格納している monthly_sales テーブル（順位付き）

sales_month	shop_id	sales_amount	monthly_sales_rank
2014-01-01	10001	2351935	1
2014-01-01	10002	1510956	4
2014-01-01	10003	1913598	3
2014-01-01	10004	2323593	2
⋮	⋮	⋮	⋮
2014-02-01	10001	2035986	2
2014-02-01	10002	2029368	3
2014-02-01	10003	2019871	4
2014-02-01	10004	2598735	1
⋮	⋮	⋮	⋮
2014-03-01	10001	2133987	2
2014-03-01	10002	1723958	3
2014-03-01	10003	1713597	4
2014-03-01	10004	2908239	1

この順位は rank ウィンドウ関数で付けられます。rank ウィンドウ関数を使って月ごとの売り上げランク（monthly_sales_rank）を付けるクエリーは次のとおりです。

```sql
select
    sales_month
    , shop_id
    , sales_amount
    , rank() over (
        partition by sales_month
        order by sales_amount desc
    ) as monthly_sales_rank
from
    monthly_sales
;
```

select 節の rank 関数呼び出し以外は問題ないでしょうから、rank だけ説明しましょう。この行は記述が非常に長いですが、「rank() over (……)」までが 1 つの rank 関数呼び出しです。over の中身は次のように分けて理解してください。

- **partition by sales_month**
  sales_month をキーにしてグループを作る（group by する）
- **order by sales_amount desc**
  作ったグループ内で、行を sales_amount の多い順にソートする（order by する）

ウィンドウ関数の partition by 句は、group by 節とほとんど同じ意味を持ちます。グループ化の機能は完全に同じですが、partition by 句は集約が行われないという点で group by 節と異なります。

partition by 句によって行をグループ化したあと、ウィンドウ関数の order by 句によってグループ内がソートされます。

そして最後に、ソートした順に順位が割り振られます。これで**表 8.3** のように順位が追加されます。

なお、rank ウィンドウ関数は同じ値に対しては同じランクを返します。例えば上記の例で 2 つの店舗が同じ売り上げで 1 位ということがありえます。その場合は、1 位が 2 店舗、次に売り上げの多い店舗が 3 位です。もし、同じ値でも順位を重複させたくないという場合は、後述する row_number ウィンドウ関数を使ってください。

いかがでしょうか。ウィンドウ関数は、関数と言いながらも内部に group by 節や order by 節を持っているかのような働きをします。そのぶん記法も複雑ですが、基本的にはすでに知っている機能の組み合わせです。見ために騙されずに、部分ごとに理解していきましょう。

■ ウィンドウ関数の結果で絞り込むには

ウィンドウ関数を使ってグループ内の順位を付けるまではさきほどの select 文でよいのですが、この後、順位を使って行を絞り込もうとすると 1 つ問題が発生します。実は、次のように同じ文に where 節を書いてしまうとエラーになるのです。

```
select
    sales_month
    , shop_id
    , sales_amount
    , rank() over (
        partition by sales_month
        order by sales_amount desc
    ) as monthly_sales_rank
from
    monthly_sales
where
    monthly_sales_rank <= 3
;
```

この select 文を psql コマンドで実行してみると、次のようなエラーが返ってきます。

```
ERROR:  column "monthly_sales_rank" does not exist
LINE 12:     monthly_sales_rank <= 3
```

ウィンドウ関数で計算したはずの monthly_sales_rank が存在しない、と言っていますね。このエラーを理解するには、ウィンドウ関数がいつ実行されるかを知っておく必要があります。

第4章で select 文の節が実行される順序を話したことを覚えているでしょうか。select 文で最初に実行されるのは from 節で、その後 select 節、where 節、group by 節、having 節という順番でした。実は、ウィンドウ関数は、さらにその後に実行されるのです。つまり、where 節を判定するときはまだウィンドウ関数が実行されていないので、その結果がありません、存在しませんよ、というのがさきほどのエラーなのです。図にするなら**図 8.3** のようになります。

では、ウィンドウ関数の結果で絞り込んだり、group by 節のキーにしたりするにはどうしたらよいのでしょうか。簡単です。次のようにサブクエリーを使えばよいのです。

```
select
    *
from (
    select
        sales_month
        , shop_id
        , sales_amount
        , rank() over (
            partition by sales_month
            order by sales_amount desc
        ) as monthly_sales_rank
    from
        monthly_sales
) tmp
where
    monthly_sales_rank <= 3
;
```

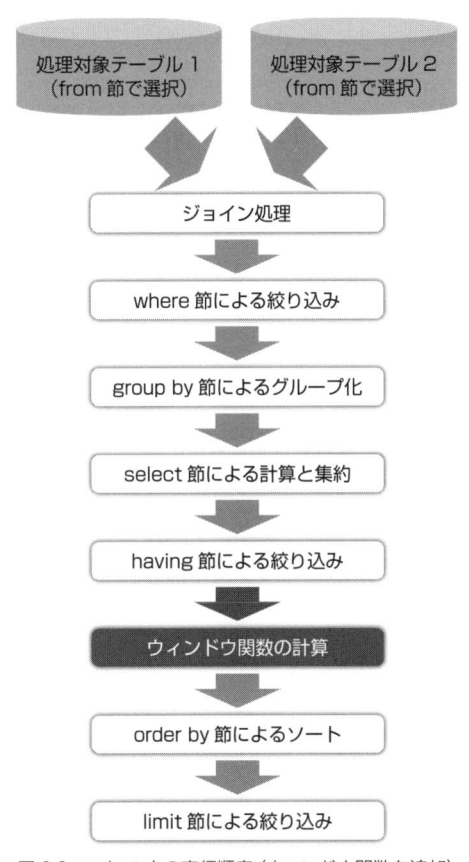

```
処理対象テーブル1              処理対象テーブル2
(from節で選択)                (from節で選択)
              ↓            ↓
            ジョイン処理
                ↓
          where節による絞り込み
                ↓
          group by節によるグループ化
                ↓
          select節による計算と集約
                ↓
          having節による絞り込み
                ↓
          ウィンドウ関数の計算
                ↓
          order by節によるソート
                ↓
          limit節による絞り込み
```

図8.3 select文の実行順序（ウィンドウ関数を追加）

　ちょっと記述が冗長にはなりますが、これでウィンドウ関数の結果をwhere節やgroup by節で問題なく使うことができます。

8.3 履歴テーブルから最新行を取る

rank ウィンドウ関数は同じ値に対しては同じ順位を返します。しかし、それでは困る場合もあるでしょう。そのような場合に役立つのが row_number ウィンドウ関数です。row_number ウィンドウ関数は rank ウィンドウ関数と使い方はまったく同じですが、値がまったく同じ場合にも重複しない順位を返します。

row_number ウィンドウ関数が役立つ典型的な場面として、**履歴テーブル**（history table）から最新の行を得る場合が挙げられます。

■ 履歴テーブルとは

履歴テーブルとは、テーブルのデータを更新したときに行の値を直接書き換えるのではなく、更新後のデータを新しい行として追加するスタイルで記録されたテーブルのことです。OLTP システムではそれほど多用はされませんが、分析システムではわりとよく使います。

例えばユーザーの情報を格納する**表8.4**のような行があったとしましょう。

表8.4 とあるユーザー情報

customer_id	customer_name	customer_age	customer_gender	customer_location	created_time
10001	山田健	34	M	東京都	2014-09-14 17:09:53

しかし、このような情報は更新される場合がありますね。いま仮に、customer_location が「北海道」に変化したとしましょう。そのような場合、履歴テーブルという方式を使うなら**表8.5**のように新しい行を追加します。

表 8.5 更新されたユーザー情報（履歴テーブル方式）

customer_id	customer_name	customer_age	customer_gender	customer_location	created_time
10001	山田健	34	M	東京都	2014-09-14 17:09:53
10001	山田健	34	M	北海道	2015-04-29 20:45:01

　履歴テーブルを使う場合、1人のユーザーや商品に対して複数行が存在することになります。それでいて、現在有効な行はそのうちの1行だけです。普通、履歴テーブルには created_time のように行を追加した時刻（データを更新した時刻）を付けておき、時刻が最も新しいものを有効とします。

　つまり、現在有効な行を探すには、同じ customer_id を持つ行の中で created_time が最も新しい行を探す必要があります。

■ row_number ウィンドウ関数で最新行を抽出する

　さてそこで row_number ウィンドウ関数の出番です。ユーザー情報の履歴テーブル customers から、現在有効な行だけを抜き出す select 文を次に示します。

```
select
    customer_id
    , customer_name
    , customer_age
from (
    select
        customer_id
        , customer_name
        , customer_age
        , row_number() over (
            partition by customer_id
            order by created_time desc
          ) as newer_rank
    from
        customers
) as tmp
where
    newer_rank = 1
;
```

row_number関数についてだけ説明しましょう。まず「partition by customer_id」で、customer_idごとにグループを作ります。そして「order by created_time desc」でグループ内をソートします。ソートする順序は、created_timeが大きい順（新しい順）です。これでcreated_timeが新しい順に1、2、3……と順位が付きます。その順位にはas句でnewer_rankという名前を付けておきましょう。

後は外側のselect文でwhere節を使い、newer_rankが1（最も新しい）のものだけを抜き出せば完了です。

8.4 対全体比を出す

続いては、グループ内に占める割合を計算する方法を説明しましょう。例えば、月ごとの全店舗の売り上げ合計（グループ）に占める、各店舗の売り上げの割合などです。

■ 対全体比を計算する

このような割合を計算するにはさきほど例に挙げた sum ウィンドウ関数を使います。sum は通常の集約関数でもありますが、「over (……)」を付けるとウィンドウ関数としても働くのです。基本的にすべての集約関数はウィンドウ関数としても使えます。

さて、sum ウィンドウ関数を使い、月ごとの売り上げ合計に対して各店舗の占める割合を計算しましょう。次のような SQL でそれが計算できます。

```
select
    sales_month
    , shop_id
    , sales_amount
    , cast(sales_amount as real)
        / sum(sales_amount) over (partition by sales_month)
        as sales_ratio
from
    monthly_sales
;
```

今回も問題は select 節の最後の項目だけですね。そして「sum(sales_amount) over (partition by sales_month)」が sum ウィンドウ関数の呼び出しです。ここを細かく見ましょう。

今回はさきほどの rank ウィンドウ関数の場合と違い、partition by 句しかありません。partition by 句は group by 節と同じように行ごとのグループを

179

作る機能ですから、sales_month をキーにしてグループを作ることになります（図 8.4）。

sales_month	shop_id	sales_amount	sum(sales_amount)
2014-01	91001	8,950,157	38,579,661
2014-01	91002	11,909,834	38,579,661
2014-01	91003	9,359,835	38,579,661
2014-01	91004	8,359,835	38,579,661
		合計 38,579,661	
2014-02	91001	8,350,983	37,889,886
2014-02	91002	12,480,193	37,889,886
2014-02	91003	9,029,355	37,889,886
2014-02	91004	8,029,355	37,889,886
		合計 37,889,886	

図 8.4　sum ウィンドウ関数の働き

そして「sum(sales_amount)」によって、そのグループ内で sales_amount の合計を計算し、結果がグループの全行に返されます。後は各店舗の売り上げをその合計で割ればいいわけです。つまり次のようになります。

```
cast(sales_amount as real) / 月の売り上げ合計
```

sales_amount を real 型（浮動小数点数）にキャストしているのは、整除にならないようにするためです。整除になったら結果は常に 0 か 1 になってしまいます。

以上で、「月ごとの店舗売り上げ合計に対する各店舗の売り上げ比率」も出せました。

■ 累積和の対全体比を計算する

いま計算したのは単純な対全体比でしたが、店舗ごとの年間売り上げ目標に対して毎月の達成率を計算するような場合だと、年間全体の売り上げ目標に対す

る累積売り上げの比率を出したいでしょう。sum ウィンドウ関数の使いかたを少し変えるだけで累積和も計算できるので紹介します。

まずは比率を考えず、店舗ごとに毎月の売り上げの累積和を出す select 文を次に示します。

```
select
    sales_month
    , shop_id
    , sales_amount
    , sum(sales_amount) over (
        partition by shop_id
        order by sales_month
        rows between unbounded preceding and current row
    ) as cumulative_sales_amount
from
    monthly_sales
;
```

sum ウィンドウ関数の over 句の中身が増えましたね。この「rows between ……」は**ウィンドウフレーム**（window frame）を定義する句で、ウィンドウ関数の計算対象範囲をグループ全体から狭める働きがあります。対全体比の select 文のようにウィンドウフレームの記述を省略した場合は、partition by 句で設定したグループすべての行が対象となります。

■ ウィンドウフレームの記述

一般には次のように記述します。

```
rows between 前側の行の範囲 and 後ろ側の行の範囲
```

「前側の行の範囲」には次のいずれかを指定できます。

- 現在処理中の行自身を指定する「current row」
- 「n 行前まで」を指定する「n preceding」

- 「前にある行全部」を指定する「unbounded preceding」

「後ろ側の行の範囲」には次のいずれかを指定できます。

- 現在処理中の行自身を指定する「current row」
- 「n 行後まで」を指定する「n following」
- 「後ろにある行全部」を指定する「unbounded following」

さきほどのクエリーに指定しているのは前側が「unbounded preceding」で後ろ側が「current row」なので、「前にある行全部と、現在処理中の行」という意味です。図にするなら**図 8.5**のようになります。

sales_month	shop_id	sales_amount	累積和の対象範囲
2014-01	10001	2,351,935	
2014-02	10001	2,035,986	
2014-03	10001	2,133,987	
2014-01	10002	1,510,956	
2014-02	10002	3,549,324	
2014-03	10002	5,264,282	

図 8.5　累積和 (unbounded preceding and current row)

結果としてこの select 文は**表 8.6**を返します。

表 8.6　累積和を出す select 文の結果

sales_month	shop_id	sales_amount	cumulative_sales_amount
2014-01-01	10001	2351935	2351935
2014-02-01	10001	2035986	4387921
2014-03-01	10001	2133987	6521908
2014-01-01	10002	1510956	1510956
2014-02-01	10002	2029368	3540324
2014-03-01	10002	1723958	5264282
2014-01-01	10003	1913598	1913598

8.4 対全体比を出す

sales_month	shop_id	sales_amount	cumulative_sales_amount
2014-02-01	10003	2019871	3933469
2014-03-01	10003	1713597	5647066
2014-01-01	10004	2323593	2323593
2014-02-01	10004	2598735	4922328
2014-03-01	10004	2908239	7830567

　累積和さえ出せれば、あとは年間目標で割ってやるだけですね。年間目標はおそらく別のテーブルに入っているでしょうから、この結果にジョインして計算すれば終わりです。ここのジョインは特に難しくないので、自力でチャレンジしてみてください。

　なお、ウィンドウフレームの記述はやたらとややこしいですが、実際に使用するフレームはウィンドウ関数ごとにほぼ決まっています。ウィンドウ関数とウィンドウフレームはセットで覚えてしまうとよいでしょう。

8.5 デシル分析をする

この節では、ウィンドウ関数を使ったデシル分析の手法について説明しましょう。

■ デシル分析とは

デシル分析（decile analysis）とは、購買金額の順に顧客を人数ベースで10等分する分析です。

一般に、「2割の顧客が売り上げの8割を占めている」というように、特定の顧客に売り上げが偏る傾向が知られています。デシル分析は顧客をランク分けすることで優良顧客を探そうとする分析です。

デシルは英語だとdecileで、その語幹のdeciはラテン語で10分の1を意味する「decimas」に由来しています。デシリットルの「デシ」と言えばわかるでしょうか。

■ 元データを作る

まず元データとして、年ごとのユーザーの売り上げ合計を出しておきましょう。すべての注文を記録している orders テーブルをもとに、注文した年とユーザーIDをキーとして group by すればよいですね。

```
select
    extract(year from order_time) as order_year
    , customer_id
    , sum(order_amount) as yearly_order_amount
from
    orders
group by
    order_year
    , customer_id
;
```

注文した年は order_time（注文時刻）から extract 関数で導けるので、計算して、order_year という名前を付けておきます。そして group by 節を使って order_year と customer_id の2つをキーとしてグループ集約します。注文1件の金額である order_amount をグループごとに合計すれば、このユーザーの年間の注文額が算出できます。

この select 文の結果をデシル分析するには、いくつか方法があります。

■ (1) サブクエリーとして呼ぶ

まず、この全体をサブクエリーとして埋め込んでやる方法です。これは最も手軽ですが、似たような分析をするたびに同じ select 文をコピー＆ペーストする必要があります。また、orders というそれなりに巨大であろうテーブルを毎回全行処理するので、そこそこ処理時間がかかります。とりあえずの探索をしている段階であれば、サブクエリーにするのがよいでしょう。

■ (2) ビューとして定義する

次に、この select 文をビューにする方法です。

ビュー（view）は SQL の機能で、あたかもテーブルのように見えるけれども、実は使われるたびに select 文を実行してその結果を見せてくれるという機能です。

例えばさきほどの select 文をもとにビューを作るには、次のような SQL を実行します。

```
create view yearly_orders as
select……（select文は上記と同じ）
;
```

これで yearly_orders というビューが作成され、select 文で「from yearly_orders」と書くだけでさきほどの select 文を実行し、結果を得られるようになります。

ただし、ビューを作った場合にはselect文が毎回実行されるので、速度は変わりません。一方で、元のordersテーブルが更新されたときにそれが自動的に反映されるという利点があります。

■ (3) テーブルに書き込む

最後に、結果を格納するテーブルを作る方法があります。PostgreSQLでは次のようにcreate table 〜 as文を使って、さきほどのselect文の結果をテーブルとして保存しておくことができます。他のRDBMSではcreate table文とinsert select文を使ってください。

```
create table yearly_orders as
select……(select文は上記と同じ)
;
```

この方法でテーブルを作ると、select文の結果が実際に保存されるため、毎回ordersを処理する必要がなく、高速に動作します。その一方でordersテーブルが更新されたときにその変更は反映されませんし、RDBMSのディスク容量も消費し続けます。select文の結果に対して何度も何度も試行錯誤したい場合はテーブルを作るとよいでしょう。

今回はシチュエーションが限定されていないのでどれでもいいのですが、ビューを作ったことにして先に進みましょう。

■ ntile ウィンドウ関数でデシル

さて、元データが準備できたので、本来の目的であるデシル分析に進みましょう。PostgreSQLではntileウィンドウ関数を使ってデシル分析ができます。ちなみにntileは「n-tile」のように切って読みます。いま作ったyearly_ordersビューを対象にデシル分析するには、次のようなselect文を書きます。

```
select
    order_year
    , customer_id
    , order_amount
    , ntile(10) over (
        partition by order_year
        order by order_amount desc
      ) as decile
from
    yearly_orders
;
```

まず ntile 呼び出しの over 句の「partition by order_year」で、order_year ごとにグループ化します。そしてその中を「order by order_amount desc」でソートします。desc が付いているので、order_amount の大きい順でソートされます。

そして最後に、「ntile(10)」で全体を 10 分割して各行に 1 〜 10 の値を付与し、その値に decile という名前を付けます。ntile ウィンドウ関数の引数を変えれば 3 でも 5 でも好きな数に分割できます（デシル分析ではなくなってしまいますが）。

実行結果は**表 8.7** のとおりです。

表 8.7 ntile ウィンドウ関数でデシル区分を付与した結果

order_year	customer_id	order_amount	decile
2014	1002952	209595	1
2014	1002953	19872	7
2014	1002959	110985	2
2014	1002965	35985	4
⋮			

この結果からさらに最もお金を使っているユーザーを抜き出したり、各ランクごとの注文金額の平均値や中央値を出したりして分析を進めるわけです。例えば顧客 ID が 1002952 のユーザーは 2014 年に 20 万円以上使っていて最上位のデシルに入っているので、優良顧客の候補と言えそうですね。

8.6 時系列データの処理

この章の最後は、**時系列データ**（time series data）の処理についてごくごく簡単な手法だけ話します。時系列データとは、温度や株価のように、時間とともに値が移り変わっていくデータのことです。こういったデータはRDBMSならば1時刻1行のデータとして記録するのが自然ですから、複数行を相手にするウィンドウ関数はまさに最適というわけです。

■ 移動平均を計算する

移動平均（moving average）とは、図8.6のように、直近の n 個の値の平均をその時点の値とする計算手法です。移動平均を使うと、日々の細かい変動要因をならして、グラフを滑らかにすることができます。

sales_month	shop_id	sales_amount
2014-01	10082	1,095,262
2014-02	10082	1,109,352
2014-03	10082	1,309,825
2014-04	10082	1,282,091
2014-05	10082	1,362,396
2014-06	10082	1,363,277
2014-07	10082	1,289,238
2014-08	10082	1,339,875
2014-09	10082	1,400,143
2014-10	10082	1,359,876
2014-11	10082	1,398,626
2014-12	10082	1,410,875

図8.6 移動平均の考えかた（図は直近7日間の移動平均）

売り上げにしてもアクセス数にしても、時系列のグラフを描くとたいていは日々変動要因が発生してギザギザのグラフになるものです。その場合に困るの

は、「先月より値が小さい」ときに、それが業績が落ちているためなのか、単に変動要因によるものなのかがわかりにくいという点です。そういうときに移動平均を適用すると、日々の変動をある程度打ち消すことができます。

では移動平均を計算する select 文を見てみましょう。例によって月ごと店舗ごとの売り上げを記録している monthly_sales テーブルを例にとって、店舗ごとに売り上げの移動平均（6ヶ月の移動平均とします）を計算してみます。select 文は次のとおりです。

```
select
    sales_month
    , shop_id
    , sales_amount
    , avg(sales_amount) over (
        partition by shop_id
        order by sales_month
        rows between 5 preceding and current row
    ) as moving_avg
from
    monthly_sales
;
```

累積和のときに説明したように、over 句内の「rows between……」はウィンドウ関数の計算対象を狭める働きがあります。今回は「5 preceding and current row」ですから、「前の行を 5 行と現在処理中の行」で合計 6 行、つまり当月を含めて過去 6ヶ月分の平均を当月の値とします。

結果は**表 8.8** のとおりです。

表 8.8　avg ウィンドウ関数で 6ヶ月移動平均を付与した結果（1 店舗分のみ抜粋）

sales_month	shop_id	monthly_sales	moving_avg
2014-01	10082	1095262	1095262.000000000000
2014-02	10082	1109352	1102307.000000000000
2014-03	10082	1309825	1171479.666666666667
2014-04	10082	1282091	1199132.500000000000
2014-05	10082	1362396	1231785.200000000000
2014-06	10082	1363277	1253700.500000000000
2014-07	10082	1289238	1286029.833333333333
2014-08	10082	1339875	1324450.333333333333
2014-09	10082	1400143	1339503.333333333333
2014-10	10082	1359876	1352467.500000000000
2014-11	10082	1398626	1358505.833333333333
2014-12	10082	1410875	1366438.833333333333
⋮			

■ 加重移動平均を計算するには

　ここで説明した移動平均は、正確には**単純移動平均**（simple moving average）です。この他に、最近のデータにより重みを持たせる**加重移動平均**（weighted moving average）や**指数移動平均**（exponential moving average）という手法もあります。

　SQL でこのような加重を付けた移動平均を計算したい場合、残念ながら avg ウィンドウ関数では足りません。次の章で利用する array_agg 集約関数をウィンドウ関数として使い、直近 n ヶ月のデータを配列にまとめて計算する必要があります。

　ウィンドウ関数を一発呼ぶだけの単純移動平均と比べるとだいぶ複雑なコードが必要にはなってしまいますが、もし必要になったときは試してみてください。

8.7 この章のまとめ

　本章では様々なウィンドウ関数を用例とともに紹介しました。ウィンドウ関数は既存のSQLよりはるかに複雑な計算が可能で、かゆいところに手が届く強力な機能です。いますぐすべての関数を使うということはないかもしれませんが、概要だけでも頭に入れておくとよいでしょう。必要な場面に遭遇したときに思い出して読み返してください。

　また、select文の結果をさらにselect文で処理するサブクエリーについても紹介しました。サブクエリーは「集約して処理を追加してまたさらに集約して……」というような複雑な処理をSQLで行ううえでは必須の機能です。特にウィンドウ関数を使い始めると、その結果を再処理するためにサブクエリーを使わなければならないことが多いでしょう。

　サブクエリーやウィンドウ関数を使い始めると、複雑なことができるぶんselect文がどんどん巨大化していき、ややこしくなってきます。どちらも最初は適当な小さいテーブルを相手にして「試し打ち」してみるのがよいでしょう。

　さて、次の章は本書でも最難関です。あらゆる機能を駆使してSQLが最も苦手とするタイプの処理に挑みます。

第9章

縦と横は難しい

前章までで標準 SQL の範囲のイディオムはほぼ出尽くしました。より高度な分析も、既出の要素を組み合わせるだけでかなりの部分に対応できるでしょう。しかし SQL にはまだ未開拓のフロンティアがあります。標準 SQL「ではない」機能たちです。本章では PostgreSQL 特有の機能をフルに活用し、既存の SQL では困難だった処理に挑みます。

9.1 横持ちテーブルと縦持ちテーブル

本章で扱う問題は「縦」と「横」の変換、いわゆる**ピボット**（pivot）と呼ばれる処理です。この処理は伝統的にSQLではやりにくい処理、苦手な処理でした。

苦手な処理ならできれば避けたいところなのですが、不幸にして避けられない場合というのは現実にあるわけです。特に分析を行う場合、元データを他のところから持ってくるために、自分の意図とは関係なく特定の形式のデータを扱わざるをえません。

この章ではそんな辛い状況を救うために、ピボットの問題を徹底的に追求したいと思います。

■ 縦持ち・横持ちとは

まずそもそも議論の前提として、データの縦持ちと横持ちについて説明しましょう。

縦持ちテーブル（vertical table）とは、値がたくさんあるときに、それを行に並べる設計のことです。一方**横持ちテーブル**（horizontal table）では、値をカラムに並べます。

例えばいま仮にECサイトを作っているとして、ユーザーが1回の注文で同時に頼めるのは4商品までという制限があるとします。その情報を縦持ちテーブルの形で格納する場合、4商品の情報を**表9.1**のように記録します。

表9.1 縦持ちテーブルに保存した注文情報

order_id	item_id
9873516	26986
9873516	8746
9873516	19860
9873516	7055

実際には商品の個数なども必要でしょうが、話を簡単にするために省略しました。

さて、これを横持ちテーブルの形で保存すると**表 9.2** のようになります。

表 9.2　横持ちテーブルに保存した注文情報

order_id	item_id1	item_id2	item_id3	item_id4
9873516	26986	8746	19860	7055

ご覧のように、縦持ちテーブルでは 4 個の商品を 4 行に展開しますが、横持ちテーブルでは 4 カラムに展開するわけです。

■ 縦持ちテーブルと横持ちテーブルの得失

縦持ちと横持ちにはそれぞれ得失があります。

まず、RDBMS の本来のスタイルから言えば、縦持ちのほうが適切です。データの柔軟性、処理の柔軟性、処理の容易さのいずれにおいても縦持ちのほうが勝っています。

例えば横持ちにした場合、処理できる商品の個数がテーブル定義によって制約されてしまいます。商品の上限個数を増やそうと思った場合、横持ちだとテーブルの定義を変更してカラムを増やす必要があります。カラムが増えると既存データ全行を変更しなければならないため、非常に高コストです。負荷の高い本番環境ではそう気軽にはできません。

また、このテーブルを利用するアプリケーション側も item_id1 ～ 4 というカラム名を指定しているでしょうから、その個所を超巨大なアプリケーションから探して変えてまわる必要があります。これは経験者以外にはなかなか理解しにくいでしょうが、数十万行、数百万行のソースコードから該当する個所を「すべて、一点の漏れもなく」探すのは凄まじいコストがかかる作業です。

さらに、横持ちテーブルは集計も面倒です。例えば商品ごとの販売個数を調べようと思ったとき、縦持ちテーブルならば group by で一発ですが、横持ちテーブルでは簡単にいきません。

もっとも、横持ちにまるで利点がないわけでもありません。横持ちの利点は速度と、行内での処理のしやすさです。

縦持ちテーブルではorder_idが全行で重複していますから、データ量がやや増えます。また「注文」という1まとまりのデータが複数行に分かれてしまうことで、逆に面倒になる処理もあります。特にウィンドウ関数のなかった一昔前のSQLでは、複数行にまたがって処理を行うのは本当に面倒でした。

また、リレーションでは行に順序がありませんから、順序を考えた処理が必要な場合も横持ちのほうが楽になる可能性があります。

■ 縦持ち・横持ちの選択

分析SQLでは原則として縦持ちテーブルを使うべきです。分析SQLで数ミリ秒単位のチューニングを迫られることはそれほどないでしょうし、ウィンドウ関数がある今となっては複数行に分かれていてもどうということはありません。

しかし、外部から持ってくるテーブルはもともと横持ちの可能性があるので、そのような場合はデータベースの外か中か、どちらかで縦持ちに変換します。特にデータが巨大な場合はデータベースの中で変換すべきでしょう。いずれにしても横持ちテーブルを縦持ちテーブルに変換する必要があります。

また、最終的な分析結果を横持ちでデータベース外に出力したいというケースもありえます。例えば、縦持ちだと500万行を超えてしまうけれども、横持ちにすれば70万行で済んでExcelでなんとか処理できる、といった場合です。あるいは分量が少なくても、Excelなどでは横持ちのほうが処理が楽なので横持ちで出したいというケースもあります。この場合は縦持ちテーブルを横持ちテーブルに変換しなければいけません。

つまり、外部とのやりとりでどうしても必要な場合だけ横持ちを使うわけです（図9.1）。

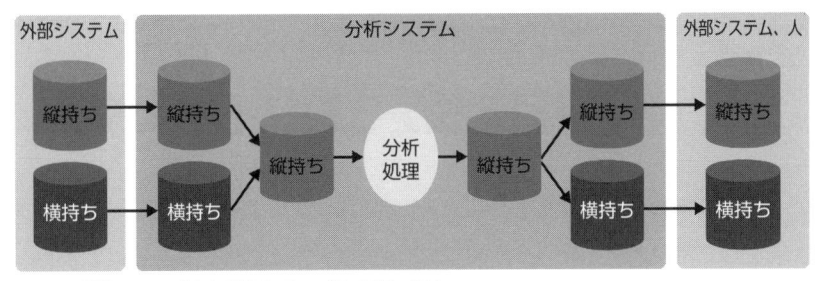

図 9.1　縦持ちテーブルと横持ちテーブルの使い分け

　ちなみに、出力する行数が少なくて、データを渡す相手が人間の場合は、むしろ縦持ちの CSV などで出力して Excel のピボットテーブルで横持ちに変換してもらったほうが楽です。うまく使い分けましょう。

9.2 横持ちから縦持ちへの変換

ここからは横持ちと縦持ちを SQL だけで変換する手法を紹介していきましょう。例として使うテーブルは、引き続きさきほどの注文テーブルを使用します。

■ 連番テーブルを使った横→縦変換

次のような定義の横持ちテーブルを縦持ちに変換することを考えましょう。横持ちであることを明確にするためにテーブル名に「_h」というサフィックスを付けてあります（horizontal の h です）。

```
create table order_details_h
( order_id  integer
, item_id1  integer
, item_id2  integer
, item_id3  integer
, item_id4  integer
);
```

item_id1 〜 4 にはそれぞれ商品 ID が入り、商品が 4 個未満のときは null になるとします。

このようなテーブルを縦持ちに変換するには、まず**表 9.3** のような補助テーブル pivot_table を用意します。整数 1 カラムだけで、1 〜 4 の整数が入っているテーブルです。

表 9.3　縦持ちへ変換するための補助テーブル pivot_table（1 カラム）

seq
1
2
3
4

そして次のような select 文で order_details_h テーブルと pivot_table テーブルをクロスジョインすることで縦持ちに変換します。

```
select
    *
from (
    select
        d.order_id
      , case p.seq
          when 1 then d.item_id1
          when 2 then d.item_id2
          when 3 then d.item_id3
          when 4 then d.item_id4
        end as item_id
    from
        order_details_h as d
        cross join pivot_table as p
) tmp
where
    item_id is not null
;
```

これで縦持ちになりました……と言っても、何をやっているのかよくわからないと思います。パーツごとに分解して解説しましょう。

■ 横→縦変換の仕組み

まず、order_details_h テーブルの行はどれも同じように処理されるので、表9.4 のような1行だけが order_details_h テーブルに入っているとしましょう。データも簡略化します。

表9.4 order_details_h テーブルの行

order_id	item_id1	item_id2	item_id3	item_id4
9000001	10001	10002	10003	null

この1行のテーブルと pivot_table テーブルをクロスジョインすると、表9.5 のようになります。クロスジョインすると、order_details_h テーブルの行がすべ

て4行に増幅される点に注意してください。

表9.5 横→縦変換 (1) クロスジョイン後

d.order_id	d.item_id1	d.item_id2	d.item_id3	d.item_id4	p.seq
9000001	10001	10002	10003	null	1
9000001	10001	10002	10003	null	2
9000001	10001	10002	10003	null	3
9000001	10001	10002	10003	null	4

次にcase式を計算します。case式は、1つの値について複数の値と比較を行い、一致した最初の節に対応する値を返す式です。他のプログラミング言語で言うところの条件分岐に当たります。

case式の文法は一般に次のようになります。

```
case 式X
when 式1 then 結果1
when 式2 then 結果2
when 式3 then 結果3
      ⋮
else 結果E
end
```

「式X = 式1」ならば「結果1」を返す、「式X = 式2」ならば「結果2」を返す、……どれでもなかったらelseに書いた「結果E」を返す、という働きをします。

さて、もとのSQLのcase式を見ると、p.seqが1のときはitem_id1、p.seqが2のときはitem_id2……という式のようですから、**表9.6**のような結果になりますね。計算結果にはas句でitem_idという名前を付けます。

表9.6 横→縦変換 (2) case式の計算後

d.order_id	d.item_id1	d.item_id2	d.item_id3	d.item_id4	p.seq	item_id
9000001	10001	10002	10003	10004	1	10001
9000001	10001	10002	10003	10004	2	10002
9000001	10001	10002	10003	10004	3	10003
9000001	10001	10002	10003	10004	4	null

どうでしょう、この時点で item_id カラムを見ると縦持ちになっていますね。あとは order_id カラムと item_id カラムだけを残し、null の行を除去すれば完成です（**表 9.7**）。

表 9.7 横→縦変換 (3) where 節実行後

d.order_id	item_id
9000001	10001
9000001	10002
9000001	10003

この手法を一言で言うと、「行を増幅して n カラム × n 行の行列を作り、対角線上の値だけを残す」手法なのです。自力で思い付くのは大変ですが、こうしてステップを追ってみればどうということもないでしょう。

■ 連番を生成する generate_series テーブル関数

以上で横持ちから縦持ちへの変換は理解できたと思いますが、変換する必要があるたびに pivot_table テーブルを作るのがちょっと面倒ですね。実は PostgreSQL にはこのような連番1カラムだけのテーブルをその場で生成する generate_series という関数があるので、これを使うと少しだけ楽です。

generate_series は通常の関数（スカラー関数と言います）でも集約関数でもウィンドウ関数でもありません。generate_series は**テーブル関数**（table function）と言い、なんと from 節で呼び出す関数なのです。

例えば 1 〜 4 の整数を入れたテーブルを生成するには、次のように書きます。

```
select * from generate_series(1, 4);
```

いつもはテーブル名かサブクエリーがある場所に、generate_series 関数の呼び出しがありますね。第1引数が生成する整数範囲の最初の値で、第2引数が最後の値です。この select 文を実行すると**表 9.8** のような結果が返ってきます。

表 9.8 generate_series テーブル関数の結果

generate_series
1
2
3
4

　テーブル関数はリレーションを生成する関数です。この関数呼び出し1つがサブクエリーのような働きをしてリレーションを返します。むろん、その結果を別のテーブルやサブクエリーとジョインすることも可能です。

　さきほどの横持ち→縦持ち変換クエリーを generate_series テーブル関数を使って書き換えるなら、内側の from 節を次のように変えます。

```
from
    order_details_h as d
    cross join generate_series(1,4) as p (seq)
```

　「as p (seq)」というところは初めて見る記法ですね。これは、リレーションとそのカラムを同時に命名する記法です。リレーションを p、その唯一のカラムを seq と命名しています。

　実は普通のサブクエリーでも同じ記法でカラム名の別名を付けることができるのですが、カラム名の宣言は省略可能なのでこれまではすべて省略していました。generate_series 関数で生成されたリレーションにはカラム名がないため、必ずこの記法でカラムに名前を付ける必要があります。

　generate_series テーブル関数は PostgreSQL 固有なので他の RDBMS では使えませんが、横→縦変換のように小技が必要なときは便利な関数です。PostgreSQL を利用しているときはぜひ使ってみてください。

　なお、他の RDBMS の場合は、1000 くらいまで連番を入れておいたテーブルをあらかじめ作っておき、必要な行数だけ where 節で条件を絞って取り出すともう少し便利になります。

> **Column** 連番のテーブルを作るには？
>
> 「1000 くらいまで連番を入れておいたテーブル」とサラッと言いましたが、こんなテーブルはどうやって作ればよいでしょうか。こういうときは、1 行だけ元ネタを作って倍々に増やす手法が使えます。
> まず整数 1 を入れます。
>
> ```
> create table seq (x int);
> insert into seq values (1);
> ```
>
> そのあと次の insert 文を実行するたびに行数が倍に増えるので、10 回実行すれば 1024（2 の 10 乗）まで増やせます。
>
> ```
> insert into seq select x + (select max(x) from seq) from seq;
> ```

■ 配列と unnest 関数を利用した横→縦変換

実は、PostgreSQL 特有の機能を使うと、横持ちから縦持ちの変換はもっと簡単に書けます。次のように書けばよいだけです。

```
select
    *
from (
    select
        order_id
        , unnest(array[item_id1, item_id2, item_id3, item_id4]) as item_id
    from
        order_details_h
    ) tmp
where
    item_id is not null
;
```

unnest という関数を呼び出している行が、よくわからないことになっていま

すね。この行は「配列の作成」と「unnest 関数呼び出し」の組み合わせなので、順番に説明しましょう。

まず「array[item_id1, item_id2, item_id3, item_id4]」という記述は、「配列」を作成しています。**配列**（array）とは、同じ型の値をたくさん並べたデータ型のことです。例えば「文字列の配列」や「整数の配列」が存在します。単にリストと考えてもよいでしょう。「array[a, b, c]」という形の式は、a、b、c の 3 つの値をその順番で格納した配列を新しく作成します。

そして unnest 関数は通常の関数とはかなり趣が異なり、配列の内容を「行に展開する」機能があります。「行に展開」するとは、一言で言えば縦持ちにするということです。もう少しだけ正確に起こることを説明するなら、配列の中身を 1 行に 1 つの値になるよう行を増やし、unnest 呼び出し以外のカラムをそれに合わせて複製する、となります。unnest 関数は集約関数の逆の操作だと言ってもよいでしょう。

配列は他の RDBMS にも存在はすることが多いのですが、unnest 関数は標準 SQL の中で最も新しい仕様の 1 つなので、残念ながら実装している RDBMS はほとんどありません。例外としては、Hive が explode という名前で unnest 関数とほぼ同じ機能を実装しているくらいです。基本的には、PostgreSQL では unnest 関数を使い、他の RDBMS では cross join 句を使う、と考えておいてください。

9.3 縦持ちから横持ちへの変換

続いてはさきほどの逆、縦持ちから横持ちへ変換する処理について話します。

■ 行に連番を付ける

ではまず、さきほどの節で作成した縦持ちテーブルから始めることにしましょう。**表 9.9** に縦持ちの注文情報テーブルを示します。今回は vertical の略で「_v」をテーブル名の末尾に付けました。

表 9.9　縦持ちの注文情報：order_details_v テーブル

order_id	item_id
9000001	10001
9000001	10002
9000001	10003

このテーブルを横持ちにするには、まず order_id ごとに連番を振る必要があります。

もともと連番が付いている場合はそれを使えばよいのですが、今回の order_details_v テーブルにはないので自力で生成します。連番と言えば row_number ウィンドウ関数でしょう。次のようなクエリーで連番カラム seq を付与します。

```
select
    *
    , row_number() over (partition by order_id) as seq
from
    order_details_v
;
```

今回のクエリーには「*」の新しい使いかたを入れてみました。これまで「*」は「select * from」の形でしか使ったことがなかったと思いますが、実は「*」に

加えてさらに別のカラムを書くこともできるのです。このように書くと、「*」がorder_details_vテーブルのカラムすべてに展開されます。

また、前章でrow_numberウィンドウ関数を使ったときにはpartition by 句とorder by 句の両方が付いていましたが、今回はorder by 句を省略しました。row_numberウィンドウ関数でorder by 句を省略すると、特にソートせず、そのとき偶然並んでいた順番で連番が振られます。

このクエリーの結果は**表9.10**のようになります。

表9.10 縦持ちの注文情報：order_details_v テーブル

order_id	item_id	seq
9000001	10001	1
9000001	10002	2
9000001	10003	3

■ group by 節と case 式による縦→横変換

これで準備は整いました。次のような select 文で一気に横持ちへ変換します。

```
select
    order_id
    , max(case seq when 1 then item_id else null end) as item_id1
    , max(case seq when 2 then item_id else null end) as item_id2
    , max(case seq when 3 then item_id else null end) as item_id3
    , max(case seq when 4 then item_id else null end) as item_id4
from (
    select
        *
        , row_number() over (partition by order_id) as seq
    from
        order_details_v
    ) as tmp
group by
    order_id
;
```

またしてもcase式が登場しました。横から縦の変換でも、縦から横の変換で

も、どちらでもcase式のお化けのようなselect節が必要になります。しかも今度は集約関数のmaxも絡んでいるので、group by節が実行される（集約される）前と後に分けて考えましょう。

■ 縦→横変換の仕組み

まず、集約する前までの処理で、**表9.11**のような状態になります。

表9.11 横持ちへの変換(1) 集約する前

order_id	item_id	seq	item_id1	item_id2	item_id3	item_id4
9000001	10001	1	10001	null	null	null
9000001	10002	2	null	10002	null	null
9000001	10003	3	null	null	10003	null

例えばitem_id1の式である「case seq when 1 then item_id else null end」はseqが1の行でだけitem_idになるわけですから、seqが1の行はitem_id1がnullではないはずです。同様にseqが2の場合、seqが3の場合にも考えると、対角線上にitem_idが並びます。

ここまで理解できたらgroup by節での集約はそれほど難しくありません。order_idをキーにしてitem_id1～4のそれぞれに集約関数のmaxで最大値を取ります。max集約関数はnullを「一番小さい値」として扱うので、結局のところnullでない値が返ってくることになります。

最終的な結果は**表9.12**のようになります。

表9.12 横持ちへの変換(2) 集約した後

order_id	item_id1	item_id2	item_id3	item_id4
9000001	10001	10002	10003	null

どうでしょうか。こちらの変換もなかなか厄介なので、時間をかけて理解しておいてください。変換用のselect文を実際に編集し、group by節を消して実行してみるとよくわかると思います。

■ 配列を使った縦→横変換

どうせ今回も配列を使ったバージョンがあるんだろうと思ったかた……
正解です！！

unnest 関数は配列を行に展開する関数でしたが、PostgreSQL にはその逆、複数行の値を配列に集約する関数もあるのです。名前を array_agg と言います。

array_agg 関数を使って縦持ちテーブルを order_id 1つにつき1行に変換するには次のような select 文を使います。

```
select
    order_id
    , ids[1]
    , ids[2]
    , ids[3]
    , ids[4]
from (
    select
        order_id
        , array_agg(item_id) as ids
    from
        order_details_v
    group by
        order_id
) tmp
;
```

内側のサブクエリーから見ていきましょう。

まず、「group by order_id」で order_id をキーにしてグループ化します。そして array_agg 集約関数を使って item_id を配列に集約します。

ですが、これでは item_id が配列のままで、カラムに展開されていないので横持ちとは言えませんね。そこで、外側の select 文で配列をカラムに展開します。

配列 ids からは「ids[n]」配列の n 番目の中身（SQL では要素と呼びます）を取り出すことができます。ですから、ids[1] から ids[4] までを並べればすべての要素を取り出せます。なお、ids[n] は n 番目の要素が存在しないときは null を返すので、要素が4つ未満のときも問題ありません。

9.4 可変長の値を行に展開する

　最近になって、RDBMS へのデータ取り込みの新しい課題が問題になりつつあります。それは、JSON 形式や XML 形式を使って、カラム数や個数が不定のデータが大々的に取り込まれるようになってきたことです。

　JSON や XML を知らないというかたはデータファイルの形式と思ってください。どちらもテキストで任意のデータ構造を表現するための形式です。例えばJSON は次のようなテキストで、3 項目を持つデータ 1 つを表現します。1 行 3 カラムのリレーションのようなものだと思っても構いません。

```
{"view_seconds": 36, "scroll_ratio": 0.7, "click_button": "discount_campaign"}
```

　CSV や固定長データを RDBMS のテーブルへ取り込む（ロードする）ことはずっと昔から行われてきた処理ですが、その処理には専用のツールや専用 SQL 文が使われ、カラム数や順番は厳密に固定されているのが普通でした。しかし、新たなデータソースが登場したことや開発速度の向上によって、そのような厳格な制限が適用できない場合が現れてきたのです。

　このような不定形のデータは横持ちの問題と同じで、できることならそもそも発生させないのがベストです。しかし何度も繰り返しているように、分析を行うときは他のところからデータを持ってくることになるので、往々にしてこちら側にはあまり選択の余地がありません。そのような場合は、JSON や XML のようにカラムがあるかどうかもよくわからないデータをなんとかテーブルに入れてやる必要があります。

　この問題は 2 つの部分問題に分解できます。1 つめは、文字列などで入ってきたデータをカラムへ分割すること。2 つめは、不定個数の値を縦持ちに変換することです。

　順番に解説していきましょう。

■ JSON を含むアクセスログ

　JSON を使うか XML を使うか CSV を使うか、という選択はこのさいあまり大きな違いではありません。解析するための関数の名前が変わるくらいのものだからです。今回は JSON が入ってくると仮定しましょう。

　JSON を含むアクセスログのテーブルは、例えば次のような定義をしています。

```
create table access_log_dyn
( request_time timestamp
, request_path text
, json_params text
);
```

　JSON は動的（dynamic）に変化するカラムを含む、という意味で、テーブル名にサフィックス「_dyn」を付けました。このテーブルの行は**表 9.13** のようになっています。

表9.13　JSON を含む access_log_dyn テーブル

request_time	request_path	json_params
2015-02-14 18:01:29	/items/419835	{"view_seconds": 36, "scroll_ratio": 0.7, "click_button": "discount_campaign"}

　特にログテーブルに言えることなのですが、ログにはほとんど常に必要でしかも全行に値が入っているカラム（request_time など）と、特定のページでだけテスト的に付けるような利用頻度の低いカラムが混在しています。そのような滅多に使わないカラムがテーブルに存在すると無駄にデータを食いますし、カラムの追加・削除の作業も面倒です。

　そこで、そのような利用頻度の低いカラムはいっそ JSON の文字列として入れておけばテーブル定義をいじらずにデータ項目を増減できるだろう、というのが JSON が使われる一因です。

　それはそれで手間もデータ量も減って良いことなのですが、それを使う側ではこのデータを**表 9.14** のように展開できれば、もはや JSON も何も関係なく、こ

れまでと同じテクニックを使って分析することができるでしょう。このような前処理をしましょうというお話です。

表9.14　JSONの中身をすべて展開した結果

request_time	request_path	view_seconds	scroll_ratio	click_button
2015-02-14 18:01:29	/items/419835	36	0.7	discount_campaign

■ テーブル関数によるカラム展開

　PostgreSQLには、JSON文字列を解析・分解してリレーションとして返すテーブル関数 json_to_record が用意されています。この関数を使って JSON をカラムへ展開するには、次のような select 文を使います。

```
select
    l.request_time
    , l.request_path
    , l.customer_id
    , v.view_seconds
    , v.scroll_ratio
    , v.click_button
from
    access_log_dyn as l
    cross join json_to_record(cast(l.json_params as json))
        as v (
            view_seconds integer
            , scroll_ratio real
            , click_button text
        )
;
```

　まず「json_to_record(cast(l.json_params as json))」でJSON文字列を解析し、1行だけのリレーションを返しています。「cast(l.json_params as json)」はキャスト式ですね。PostgreSQLにはjson型という型があり、文字列をこの型にキャストすると、解析が容易な形に変形されるのです。json_to_record テーブル関数を呼ぶための前準備と思っておけば問題ありません。

　テーブル関数呼び出しはリレーションを返すという点で、サブクエリーと変わ

りません。サブクエリーが返すリレーションには名前を付けなければいけませんでしたから、今回も同じように as 句で名前を付けます。「as v (……)」によって、リレーションに v という名前を付けます。

　カッコの中身は、リレーションのカラムの名前と型です。実は、カラムの名前だけではなく型も as 句で宣言できるのです。このようにカラム名と型を書いておくと、json_to_record 関数が JSON を解析した結果をうまいことこのカラムに当てはめてくれます。

　以上が第 1 の問題「文字列などで入ってきたデータをカラムへ分割すること」の解です。

■ 不定個数の値を行に展開する

　続いて第 2 の問題「不定個数の値を縦持ちに変換する」問題を見ていきましょう。例として、**表 9.15** のように検索語の配列を JSON オブジェクト（文字列）として持つテーブルを考えます。

表 9.15　検索語を JSON で持つ検索ログテーブル search_log_dyn

search_id	search_words
13295872	[" コーヒー", " ドリッパー", " 樹脂 "]

　この場合、search_words カラムに入っている JSON 配列が何要素であるかわからないところがポイントであり、問題でもあります。1 要素かもしれないし、3 要素かもしれないし、10 要素かもしれません。これを次のような縦持ちテーブル search_words に変換したいと思います。

表 9.16　縦持ちの検索ログテーブル search_words

search_id	search_word
13295872	コーヒー
13295872	ドリッパー
13295872	樹脂

この処理は、「JSON 文字列を PostgreSQL の配列にする」機能と unnest 関数を組み合わせればできそうですね。そして実はその両方をいっぺんにやる json_array_elements_text というテーブル関数があるので、次のようにこの関数を使えば一発です。

```
select
    search_id
    , json_array_elements_text(cast(search_words as json)) as search_word
from
    search_log_dyn
;
```

これで JSON の配列が行に展開されて縦持ちになります。

> **Column**
>
> ### 配列も unnest 関数も使わずに行に展開するには
>
> PostgreSQL ではこのようにお手軽に JSON 配列の展開ができますが、もしそれ以外の RDBMS だったらどうなるのでしょうか。例えば Redshift という並列 RDBMS では JSON 関係の関数はあるものの、unnest 関数に相当するような行へ展開する機能が一切ありません。
>
> そのような RDBMS でも、本章で説明した横持ち→縦持ち変換を応用すれば対処することができます。ただし、単純な横持ち→縦持ち変換は値の数（カラム数）が一定だったので常に 1 〜 4 の連番とジョインすれば済みましたが、個数が可変の場合は連番サイズを行ごとに変える必要があります。
>
> 例えば Redshift では、次のような select 文で JSON 配列を縦持ちテーブルに変換できます。
>
> ```
> select
>     l.search_id
>     , json_extract_array_element_text(search_words, s.seq) as search_word
> from
>     search_log_dyn l
>     inner join (
>         select seq from sequences where seq <= 1000
> ```

```
    ) as s
  on s.seq <= json_array_length(l.search_words)
;
```

　sequences テーブルは連番だけを含むテーブルです。Redshift には generate_series テーブル関数がないので、これを自分で事前に作っておく必要があります。

　ジョインの条件で使っている json_array_length 関数は、JSON 配列の文字列から配列の長さを取り出す関数です。Redshift には PostgreSQL と違って JSON 専用の型はないので、キャストは不要です。

　「s.seq <= json_array_length(l.search_words)」という条件でジョインすることで、行ごとにその配列と同じ長さの連番を取り出し、行を増幅します。例えば JSON 配列の長さが 3 なら、1、2、3 の 3 行が sequences テーブルから取り出されるので、それとジョインすれば search_log_dyn テーブルの行が 3 行に増幅されるわけです。

　最後に、select 節の json_extract_array_element_text 関数は、JSON 配列である文字列から n 番目の要素を取り出す関数です。「1」とジョインした行では 1 番目の要素を取り出し、「2」とジョインした行では 2 番目の要素を取り出し……とやっていけば、JSON 配列の全要素がうまく各行に展開されます。

9.5 この章のまとめ

　この章では縦持ちテーブルと横持ちテーブルの概念を導入し、その2つを変換する方法を説明しました。また、JSONやXMLをテーブルのカラムと行に展開する方法も説明しました。本章で話した縦横変換の話は、第2部の用語を使って言えばELT手法の一貫です。並列RDBMSを用いた大規模分析システムでは必ず役に立つでしょう。

　また、本章ではテーブル関数という新たな関数を紹介しました。本書でこれまでに登場した関数は、スカラー関数（date_truncなどの普通の関数）、集約関数、ウィンドウ関数、テーブル関数と実に4種類にもなります。

　そして忘れてはならないのがunnest関数です。この関数は特に××関数と種類を言わなかったのですが、それもそのはず、実はunnestは上記の4つのどの関数でもない、「unnest関数」というカテゴリーの唯一の関数なのです。つまり本書では5種類の関数が登場していたわけですね。

　普通、本書のような「入門」を謳う書籍でテーブル関数やunnest関数のような高度な話題まで話すことはまずありません。それでもここでお話ししたのは、テーブル関数を加えることによって、「SQLでできない操作」が大幅に減るからです。

　SQLを使った分析、特に大規模なデータ分析では、「SQLを使わないと（並列処理でないと）遅すぎて処理できない」場面に往々にして遭遇します。OLTP前提のSQLの本だと「これはSQLだと複雑になるからアプリでやって」というのがむしろ「よい」スタイルであったりするのですが、大規模分析でそんなことをしたら、そもそも処理が終わらないので問題外です。そういう場面では、少々無茶なコードでもSQLに処理を詰め込むのが正義です。

　テーブル関数とunnest関数、それに配列は、SQLでやりにくかった処理をかなりの部分解消してくれる強力な機能です。この機能が役立つ場面はそれほど多くはありませんが、役立つときは異常に役立ちます。SQLを書いていて行き

詰まったときは検討してみてください。

　それから最後に、必要な関数がPostgreSQLに用意されていないときは、自分で作ることも可能です。このような自分で作った関数を**ユーザー定義関数**（UDF, user-defined function）と言います。スカラー、集約、ウィンドウ、テーブルのいずれの関数も定義することができます。たいていはC言語のようなシステム寄りのプログラミング言語を使う必要があるため気軽に追加とはいかないでしょうが、最後の手段としては有効です。こちらも合わせて検討してみてください。

第 **10** 章

アクセスログの
セッション分析をする

ついに第1部最後の章までやってきました。この章では第1部の総まとめとして、ここまでに修得したすべての技術を使い、章全体で1つのテーマに沿った分析を行います。

10.1 アクセスログとセッション

　本章では章全体を使ってアクセスログのセッション分析を行います。この場合の**セッション**（session）とは、ユーザーがウェブサイトを利用しているひとまとまりの時間、あるいはその時間に発生するウェブサイトへのアクセスのことです。

　セッションは1回以上のアクセスで構成されます。1セッションで1回しかアクセスしていないなら、例えばGoogleの検索結果から飛んできて何かのページを見てすぐに帰った（他のサイトへ行った、あるいはブラウザを閉じた）ということです。あるいは何かどうしてもほしいものがあって複数の商品を比較検討していたユーザーのセッションならば、1セッションで100アクセスくらいはするかもしれません。

　セッションが長いか短いか、どこからサイトへ来たのか、そして自サイト内でどんな行動をしていたのか……それを分析するのがセッション分析です。

　アクセスログのセッション分析は当然ながらウェブサイト固有の分析ですが、それに使う手法はウェブ以外の分野でも使うことができます。特に複数行に対してパターンマッチする手法は、任意の時系列データに対して適用可能です。

　「任意の時系列データ」というのはようするにトランザクションテーブルすべてということですから、購入、発注、仕入れ、取引、製造工程など、ほとんどあらゆる分野で使える可能性があるわけです。

　第1部最後の章だけあってselect文の長さも段違いですが、前章のように大量の新機能が出てくるというわけでもありません。恐れずに行きましょう。

■ この章で行う分析

　セッション分析というのはどちらかというと分野の名前なので、具体的な分析手法はいくつもあります。今回はその中からパスパターンの頻度分析を使って、

顧客が商品検索をしたあとにカートに商品を入れている率を計算してみましょう。これはようするに、カートに商品を入れる操作を「コンバージョン（サイトにおいて何かを達成すること）」とみなして**コンバージョン率**（CVR, conversion rate）を計算するということです。

パスパターンの頻度分析というのは、特定のパターンに従って移動しているセッションがどれくらいの頻度で現れるかを検出する分析のことです。行動のパターンとは例えば、トップページから入ってきて、何度か商品の検索をして、商品ページをいくつか見てからカートに入れた、というような動きのことです。このような動きは複数行のアクセスログをまたがって見ないとわからないため、かつての SQL では困難でした。

本章の手法は比較的簡素にしてあるので、ぜひ自分の手で様々に応用してみてください。

■ セッショナイズとは

さっそく分析を始めたいのですが、まずその前にやることがあります。セッションを特定することです。より具体的に言えば、アクセスが所属するセッションを決めてやるということです。この作業を**セッショナイズ**（sessionize）と言います。

セッショナイズに使う方式はいくつかありますが、今回は単純に、同一のユーザーの連続するアクセスで、アクセス間隔が 15 分未満である一連のアクセスを 1 つのセッションとします（**図 10.1**）。

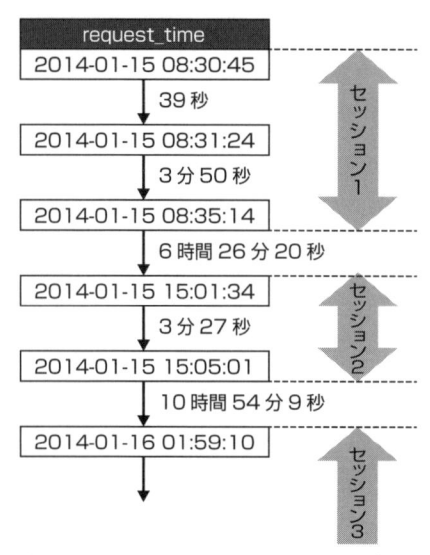

```
              request_time
        ┌─────────────────────┐
        │ 2014-01-15 08:30:45 │ ─┐
        └─────────────────────┘  │
                 39秒             │
        ┌─────────────────────┐  │ セ
        │ 2014-01-15 08:31:24 │  │ ッ
        └─────────────────────┘  │ シ
                3分50秒           │ ョ
        ┌─────────────────────┐  │ ン
        │ 2014-01-15 08:35:14 │ ─┘ 1
        └─────────────────────┘
              6時間26分20秒
        ┌─────────────────────┐ ─┐
        │ 2014-01-15 15:01:34 │  │ セ
        └─────────────────────┘  │ ッ
                3分27秒           │ シ
        ┌─────────────────────┐  │ ョ
        │ 2014-01-15 15:05:01 │ ─┘ ン2
        └─────────────────────┘
              10時間54分9秒
        ┌─────────────────────┐ ─┐ セ
        │ 2014-01-16 01:59:10 │  │ ッ
        └─────────────────────┘  │ シ
                                  │ ョ
                                  │ ン3
```

図10.1　アクセス間隔によるセッショナイズ

■ lagウィンドウ関数で前の行の値を取る

　アクセス間隔を計算するためには、**lagウィンドウ関数**（lag window function）が使えます。lagウィンドウ関数は、前の行の値を取ることのできる関数です。例えば次のようなselect文でアクセス間隔を出すことができます。

```
select
    customer_id
    , request_time
    , request_time - lag(request_time) over (
          partition by customer_id
          order by request_time
      ) as access_interval
from
    access_log
;
```

　「lag(request_time) over (……)」のところだけ見ればよいですね。

まずウィンドウフレーム指定を見ると、「partition by customer_id」なので、customer_idをキーにしてグループを作っています。そして「order by request_time」ですから、グループ内をrequest_timeの小さい順、つまり古いほうから新しいほうへソートします。

最後に「lag(request_time)」で、並びに従って1行前のrequest_timeの値を取ります。

つまりlag関数の呼び出しがある行は全体で「request_time - 前の行のrequest_time」となり、アクセス時刻の間隔が（interval型で）取れます。

■ セッショナイズ (1) 全体

以上を踏まえてアクセスログをセッショナイズしましょう。次のような（やたら長い）クエリーを使います。

リスト10.1 アクセスログをセッショナイズするクエリー

```
select
    customer_id
    , sum(session_head_flag) over (
        partition by customer_id
        order by request_time
        rows between unbounded preceding and current row
      ) as session_id
    , request_time
    , request_path
from
    (
    select
        customer_id
        , case
          when
              lag(request_time) over (
                  partition by customer_id
                  order by request_time
              ) is null
          then 1
          when
              request_time - lag(request_time) over (
                  partition by customer_id
```

```
                order by request_time
            ) > interval '15 minute'
        then 1
        else 0
        end as session_head_flag
      , request_time
      , request_path
    from
      access_log
  ) tmp
;
```

■ セッショナイズ (2) サブクエリーを読む

こういう長いクエリーを読むときは分割して部分ごとに理解するのが肝心です。まずサブクエリーだけを読みましょう。

また、2回登場する「lag(request_time) over (……)」は先ほど見たばかりの lag ウィンドウ関数呼び出しと完全に同じなので、「前の行の request_time」ですね。ですから、日本語で書いてしまいます。するとここまで単純化できます。

```
select
    customer_id
  , case
      when (前の行のrequest_time) is null
      then 1
      when request_time - (前の行のrequest_time) >= interval '15 minute'
      then 1
      else 0
      end as session_head_flag
    , request_time
    , request_path
from
    access_log
```

そろそろ読めそうになってきましたね。case 式の条件だけどうにかすればよさそうです。

■ セッショナイズ (3) case 式を読む

「(前の行の request_time) is null」はどういうときかと言うと、「前の行がないとき」です。つまり初回アクセスの場合を表しています。

そして「request_time - (前の行の request_time) >= interval '15 minute'」は、「request_time - (前の行の request_time)」がアクセス間隔なので、「アクセス間隔が 15 分以上」を表しています。

つまり case 式をさらに日本語でわかりやすく書けば、次のようになります。

```
case
when 前の行が存在しない then 1
when 前の行とのアクセス間隔が15分以上 then 1
else 0
end
```

前の行が存在しない……つまり初回アクセスであるか、前のアクセスとの間隔が 15 分以上だったら 1。そうでなければ 0。これが case 式の意味するところです。

この case 式の値が 1 のときは、セッションの先頭アクセスであることを示しています。0 のときは 2 アクセスめ以降です。この 1 または 0 の値に session_head_flag という名前を付けておきます。「セッションの先頭フラグ」という意味ですね。

■ セッショナイズ (4) 外側のクエリーを読む

続いて外側の select 文を読みましょう。該当部分のみ次に再掲します。

```
select
    customer_id
    , sum(session_head_flag) over (
          partition by customer_id
          order by request_time
          rows between unbounded preceding and current row
      ) as session_id
    , request_time
```

```
     , request_path
from
    (サブクエリー)
```

今度も厄介なのは sum ウィンドウ関数呼び出しだけです。そして、ちゃんと本書を先頭から読んでいる人ならば、これはもう知っている式のはずですね。そう、これは「累積和を計算する sum」です。

「partition by customer_id」で customer_id ごとにグループを作り、「order by request_time」でアクセス時刻順に行を並べます。そのうえで「rows between unbounded preceding and current row」つまりグループの先頭行から現在の行までを計算範囲として、「sum(session_head_flag)」、session_head_flag の累積和をとります。

なんで累積和？ と思うでしょうから、**表 10.1** を見てください。

表10.1　session_head_flag の累積和

request_time	アクセス間隔	session_head_flag	その累積和
2014-01-15 08:30:45	（なし）	1	1
2014-01-15 08:31:24	39 秒	0	1
2014-01-15 08:35:14	3 分 50 秒	0	1
2014-01-15 15:01:34	6 時間 26 分 20 秒	1	2
2014-01-15 15:05:01	3 分 27 秒	0	2
2014-01-16 01:59:10	10 時間 54 分 9 秒	1	3

なんと、session_head_flag の累積和は、同じセッションに属するアクセスでは同じ数値になっています。session_head_flag はセッション先頭でのみ 1 ですから、違うセッションになると 1 上がり、同一セッション内は同じになるのです。つまり、これはセッション ID です。ただし、このセッション ID は同一ユーザーの中での連番なので、customer_id と組で使う必要があります。

これでセッションナイズができました。セッションナイズのクエリーは sessionized_access_log という名前を付けてビューにしておき、次の節からも使うことにします。

10.2 セッションに対するパターンマッチ

セッショナイズさえできれば、もはや勝ったも同然です。たいていの場合、分析は下準備のほうがずっとたいへんで、分析しやすい形さえ整えば後はたいしたことはありません。一気にパターンマッチまで進んでしまいましょう。

■ 分析の戦略

ウィンドウ関数が追加されたことによってSQLは複数行の処理もかなり柔軟に行えるようになりましたが、しかし、今回必要なパターンマッチを行えるほどの柔軟さはさすがにありません。

複数行のデータ、すなわち縦持ちのデータで難しい複雑な処理は、1つの行にすべてまとめることで実現可能になる場合があります。実は今回はまさにそのケースに当てはまります。

1行の中で行える処理のなかで、最も柔軟なパターンマッチのできる機能と言えば……**正規表現**（regular expression）しかありえません。

正規表現については知らない人も多いかもしれませんね。正規表現というのは文字列のパターンを表現するミニ言語のことで、「XまたはY」とか、「Xの1回以上の繰り返し」を表現することができます。例えば次の正規表現は「最初がTで始まり、Sが1回以上続き、さらにIが1回以上続き、Cが続き、最後に省略可能なB、と現れる文字列」というパターンを表しています。

```
^TS+I+CB?
```

このパターンの中で、「^」と「+」と「?」は特別な意味を持つ**メタ文字**（meta character）です。それぞれ「^」は「文字列の最初」、「+」は「直前のパターンの1回以上の繰り返し」、「?」は「直前のパターンは0回または1回現れる（省略可

能)」という意味を表しています。

　PostgreSQLでは「~（チルダ）」演算子を使って「文字列 ~ 正規表現文字列」という式で、文字列が正規表現のパターンに合致するかの判定（パターンマッチ）を行うことができます。このパターンにマッチする具体的な文字列は、例えば「TSIIICB」や「TSSSIC」です。

　もし複数行に分かれているアクセスの列を1つの文字列で表現できたら、このような正規表現とパターンマッチすることで、パターンを判定できるでしょう。今回はこの戦略でセッションに対するパターンマッチを実装します。

■ セッションとパターンマッチするクエリー

　セッションに対してパターンマッチをして、特定のパターンの動きをしているセッションだけ抜き出すクエリーを**リスト10.2**に示します。

リスト10.2　セッションとパターンマッチするクエリー

```sql
select
    sum(case when session_path ~ 'S+I+C' then 1 else 0 end)
      / count(*) as cvr
from
    (
    select
        customer_id
      , session_id
      , min(request_time) as session_start_time
      , max(request_time) as session_end_time
      , count(*) as session_length
      , string_agg(pv_signature, '' order by request_time) as session_path
    from
        (
        select
            a.customer_id
          , a.session_id
          , a.request_time
          , coalesce(s.pv_signature, 'X')
        from
            sessionized_access_log as a
            left outer join pv_signatures as s
            on a.request_path = s.request_path
```

```
        ) tmp1
    group by
        customer_id, session_id
    ) tmp2
where
    session_path ~ 'S+I+C?'
;
```

またしても長いですね。今回の元テーブルである sessionized_access_log は前節で作ったクエリーの入っているビューですから、本当は両方を足した長さになっています。

今回も select 文 1 つずつに分割して理解していきましょう。

まず一番内側の select 文ですが、これは今回のクエリー専用に作った参照テーブル pv_signatures とのジョインによって request_path を pv_signature という文字に変換しています。テーブルの内容だけ見ておけば理解できるでしょう。

2 段目の select 文が今回のミソで、string_agg 集約関数を使ってセッション全体のパスを 1 つの文字列に集約・連結しています。あとで詳しく見ます。

そして一番外側の select 文は、where 節で正規表現マッチをしているだけです。これが最も肝心ではあるのですが、難しくはないですね。

■ 各アクセスを文字列に変換する

一番内側のサブクエリーでは、表 10.2 のような参照テーブル pv_signatures とジョインすることによって、各アクセスの request_path を pv_signatures という文字に変換します。

表 10.2　pv_signatures テーブル

request_path	pv_signature	description
/	T	トップページ
/search	S	商品検索ページ
/items/10001	I	商品詳細ページ
/items/10002	I	商品詳細ページ
/items/10003	I	商品詳細ページ

request_path	pv_signature	description
⋮		
/cart/add	C	商品をカートに入れる
/cart	L	カート内の商品一覧
/cart/checkout	B	購入アクション

　request_path をそのまま正規表現マッチに使ってもよいですが、そうすると最終的にマッチをするときの正規表現がやたら複雑で巨大になってしまいます。ここで複雑なパスを 1 文字に置き換えておけば、正規表現マッチを単純化できるでしょう。

　また、サブクエリーのコードでは outer join 句を使ってジョインしていましたね。該当部分だけ抜粋して見てみましょう。

```
select
    ⋮
    , coalesce(s.pv_signature, 'X')
from
    sessionized_access_log as a
    left outer join pv_signatures as s
    on a.request_path = s.request_path
```

　request_path をキーとして sessionized_access_log ビューと pv_signatures テーブルをジョインします。left outer join 句によるジョインなので、pv_signatures テーブルに対応する行がないときは、s.pv_signature カラムの値が null になります。

　そして select 節では s.pv_signature が null のときは coalesce 関数で文字 'X' に変換しているので、このサブクエリーは全体として「pv_signatures テーブルに request_path が登録されていればその pv_signature 文字に変換し、登録されていなければ 'X' にする」という働きをするわけです。

■ セッションを 1 行に集約する

　2 段目の select 文に移ります。

10.2 セッションに対するパターンマッチ

```
select
    customer_id
    , session_id
    , min(request_time) as session_start_time
    , max(request_time) as session_end_time
    , count(*) as session_length
    , string_agg(pv_signature, '' order by request_time) as session_path
from
    (サブクエリー) tmp1
group by
    customer_id, session_id
;
```

customer_idやsession_id、session_start_timeなどは今回は使わないのですが、あると便利そうなので付けておきました（このへんは勘です）。

問題はstring_agg関数を使って算出しているsession_pathのみです。string_agg集約関数は、グループ内の文字列を、デリミターを挟みながら文字列へ連結します。第1引数が連結する文字列、第2引数がデリミター文字列です。今回は、第1引数pv_signatureはさきほどcase式で出した1文字で、第2引数が「''」（空文字列）なので、デリミターは実質なしと同じです。単に同一セッション内のpv_signature文字が連結されます。

一番意味がわからないところはstring_agg関数呼び出しのカッコの中にある「order by request_time」でしょう。これはPostgreSQL固有の構文で、集約するときの行の順序を指定します。つまり、この場合はrequest_timeが小さい順に集約せよと指示しています。

・セッションに属するアクセスがめちゃくちゃな順序で集約されても今回は意味がありませんから、この構文で順序を明示的に指定する必要があります。指定方法が少しウィンドウ関数に似ていますが、ウィンドウ関数とは関係ない構文です。

■ 目的のセッションを抜き出しCVRを計算する

後は一番外側のselect文で、望みのsession_pathを持つ行（セッション）だけを抜き出し、コンバージョン率を計算します。select文は次のようになっていました。

```
select
    sum(case when session_path ~ 'S+I+C' then 1 else 0 end)
        / cast(count(*) as real) as cvr
from
    (サブクエリー) tmp2
where
    session_path ~ 'S+I+C?'
;
```

　まず where 節で文字列 session_path が 'S+I+C?' という正規表現にマッチする行だけを抽出します。

　これはそもそもどのような意味だったかと言うと、「S+」は「/search（商品検索）」が 1 回以上、「I+」は「/items/XXXX（何らかの商品詳細ページ）」が 1 回以上、「C?」は「商品をカートに入れるアクションが 0 回または 1 回」です。つまり、「商品検索して詳細ページをいくつか見てからカートに入れる（または入れない）」というセッションを抽出しようとしているわけです。

　そのうえで、select 節でコンバージョン率を計算します。sum 集約関数の引数になっている case 式は、またしても正規表現マッチをしていますね。もう少しわかりやすく改行するなら次のようになります。

```
sum(
    case
    when session_path ~ 'S+I+C'
    then 1
    else 0
    end
) / cast(count(*) as real) as cvr
```

　この case 式の正規表現は where 節の正規表現とよく似ていますが、C（商品をカートに入れる）が省略可能になっていないところが違います。つまり、「商品検索して詳細ページをいくつか見てからカートに入れた」セッションだけを判定しようとしているわけです。

　すると sum 関数の呼び出しは「sum(商品をカートに入れたら 1、入れなかったら 0)」となり、「商品検索をして商品詳細ページを見たあと商品をカートに入

れたセッション数」と同じことになります。

あとはそれを「count(*)」つまり「商品検索をして商品詳細ページを見た総セッション数」で割ってやれば、「商品をカートに入れる」というコンバージョンのコンバージョン率（CVR）が出せるわけです。

■ 理由を深掘りする

さて、これでコンバージョン率が出せました。しかしコンバージョン率がわかっただけでは、「高い・低い」ということしかわかりません。これだけでは施策につながりませんね。

ですから次は、「どんな特徴を持つセッションがコンバージョン率が高いのか（低いのか）」を考えていく必要があります。例えば、さきほどのコンバージョン率を求める select 文にさらに customers テーブルをジョインして、年齢や性別でクロス集計してみたらどうでしょうか。もし仮に「若い顧客はコンバージョン率が高いが年齢が上がるとともに下がる」ということがわかれば、さらにその理由を追跡していけば、具体的な施策につながります。

また顧客の属性だけでなく、商品の軸でもクロス集計してみるとよいかもしれません。例えば「安い商品ほどコンバージョン率が高い」という傾向はありそうです。しかしそのような傾向があるにもかかわらず「高額なわりにコンバージョン率が異様に高い商品」があれば、それはたいへん競争力の高い商品ということです。

さらに、セッションでの顧客のページ遷移（動線）に特徴がある可能性もあります。例えば「詳細な条件を付けた検索をしたセッションはコンバージョン率が高い（顧客が自分の欲求を理解しているから）」とか、「商品詳細をあまりたくさん見ていないセッションはコンバージョン率が高い（その検索は精度が高かったから）」という傾向もありそうです。もしかしたら、「深夜のセッションはコンバージョン率が高い（テンションが高いため？）」という傾向が出るかもしれません。

いずれにしても、まずは仮説を立て（若い顧客ほどコンバージョン率が高いのではないか？）、検証し（SQL でコンバージョン率を計算する）、施策を打つ（高い年齢層向け商品を拡充する）、という流れで進めていくことになります。この先は SQL だろうが Excel だろうが R だろうが、やることは変わりません。

10.3 第1部のまとめ

本章では章全体でセッション解析に取り組みました。通常の関数に集約関数、ジョイン、ウィンドウ関数、そして集計と、第1部で説明してきたすべての機能が必要となる、まさに総まとめとも言える内容でしたね。わからなかったところがあれば該当の章へ戻って確認し、すべての機能を十分に使えるようになっていってください。

また、本章で第1部は終わりとなります。締めとして、総括的な内容にふれておきましょう。

■ 分析とOLTPそれぞれのSQLの違いとは

第1章では、同じSQLであっても分析とOLTPでは内容が異なる、という話をしました。SQLをひととおり見てきて、どのあたりが分析特有の話だったのでしょうか。第3章のコラムでも少し書きましたが、改めてまとめておきましょう。

おおまかに言って、分析とOLTPのSQLが異なる点は次の3つです。

1. 分析SQLは集計中心
2. 分析SQLはwhere節で抜き出す量が多い
3. 分析SQLでは巨大なクエリーも頻繁に使う

まず、分析では何よりも集計が中心の処理となります。ほとんどあらゆる分析には集計が伴うので、group by節と集約関数を多用します。集計する対象となる行数も数百万行、数千万行で、OLTPで使うSQLよりはるかに大量です。

次に、同じwhere節でもOLTPは興味のある数行を抜き出すために使うのに対し、分析SQLでは集計対象となる大量の行を抜き出すために使います。特に

時刻の範囲を指定したクエリーは頻出します。

そして最後に、分析ではサブクエリーを何段にもネストするような巨大なクエリーもよく使います。本章で使ってきたクエリーもかなり巨大でしたね。こんなクエリーを OLTP システムで投げたらデータベース管理者に殺されかねませんが、分析クエリーとしてはそれほど珍しくはありません。

■ 論理パーティション

分析 SQL と OLTP の SQL ではこれだけクエリーの傾向が違うわけですから、速度を向上するための仕組みも当然両者では異なってきます。

普通の SQL の本で速度と言うとたいてい**インデックス** (index) が登場するのですが、こと大規模な集計に関してはインデックスはほとんど効き目がありません。大量の行から数行を抜き出すような処理にはインデックスが効果的ですが、大量の行から連続した広い範囲をガバッと抜き出すような処理には効かないからです。

PostgreSQL で大規模集計に効き目のある機能と言えばほぼ 1 つしかありません。それは**論理パーティション** (logical partition) です。

論理パーティションとは、テーブルのデータを特定の範囲だけ固めてディスクに置いておく機能のことです。論理パーティションの非常にありがちな使いかたは、orders テーブルのように時系列の巨大なテーブルを日ごとや月ごとに固めて置いておく方法です。そうすると、クエリーに「2014 年 4 月」のような日付の範囲が入っている場合には、その月のデータだけをディスクから読み込むだけで集計ができるようになるわけです。

大規模な集計の速度はディスクからの読み込みで実行速度がほぼ決まるので、論理パーティションによって読み込み量を削減できれば、大幅な速度向上を見込めます。数千万行にもなるような巨大なトランザクションテーブルには、必ず論理パーティションを設定すべきです。

ちなみに、このときの「日ごと」とか「月ごと」のデータのかたまりが**パーティション** (partition) です。テーブルを論理的に複数のパーティションに分割するので、論理パーティションと呼びます。

なお、PostgreSQLに限らずに言えば、カラムナーという機能も論理パーティションと同じような効果が見込めます。こちらについては第2部、第12章で簡単にお話しします。

> **Column**　　　　　　　　　　　　　　　　　　　　　　　　**統計を取ろう**
>
> 　これは分析SQLに限った話ではないのですが、PostgreSQLでは、テーブルの**統計**（statistics）を取ることでデータベースがよりよい**実行計画**（execution plan）を立てられるようになります。
>
> 　ここで言う統計というのは、わたしたちが分析のために算出する統計のことではなく、PostgreSQLサーバーが自分のために取得する専用の統計情報のことです。具体的には、**analyze文**（analyze statement）を実行することで取得することができます。「analyze テーブル名;」と書くだけです。この統計をとって不利益になることはまずないので、新しいテーブルを作ってデータを入れたらお約束として統計を取ってしまってください。また大量のデータを追加したときなど、データ更新時にも統計を取り直すべきです。
>
> 　また実行計画というのは、PostgreSQLサーバーがクエリーを実際にどのような順番で処理するかという計画のことです。この実行計画は**explain文**（explain statement）を使うことで見られます。select文の実行計画を見るには、「explain 任意のselect文;」を実行してください。
>
> 　クエリーが複雑で巨大だと、実行計画のよしあしは実行速度に影響します。予想したより分析クエリーが妙に遅いなと思ったら、実行計画をチェックしてみるとよいでしょう。

■ より効率的に分析をするには

分析SQLの速度に関して言うと、PostgreSQLの機能でカバーできることは実はあまりありません。むしろ、分析する人（あなた）が工夫することのほうが効果的になってくる可能性があります。クエリーの実行時間を減らすためにできる簡単な手段としては、例えば次のような方法があります。

1. 対象データを減らす
2. 中間データをテーブルに保存する

　まず、基本的に実行時間は対象データの量に比例します。クエリーを書いている途中は特に、本来より少量のデータで試すことを心掛けましょう。

　初心者にありがちなパターンは、最終的に1ヶ月のデータを処理したいからといって最初から1ヶ月のデータを使ってしまい、クエリーが完成するまでにやたらと時間がかかり（30分×10回）、さらに全部処理した後にまた間違いを見付けて全部実行しなおし（30分）……また間違ってた（30分）……ああっ、これだからSQLは！と叫ぶ流れです。

　これは残念ながらSQLが悪いのではなく、作業の流れがよくないだけです。熟練のSQL使いならば、まず10分ぶんくらいの小さいデータで繰り返し試しながらクエリーを書いて検証し（1分×10回）、次に1日ぶんくらいの中くらいのデータを処理させたうえで（1分）間違いがないことをさらに検証し（15分）、最後に1ヶ月分のデータを処理します（30分）。

　前者のような大雑把な進めかただと6時間くらいかかるのに対して、後者のように手際よく進めれば1時間で済むわけですね。

　また、サブクエリーが多段に重なるクエリーを書くときは、全部一気に書いてはいけません。一番内側のクエリーから順番に、書いては試し、検証し、動作に確信を持ててから次の段を書きます。

　それから、この章ではsessionized_access_logをビューとして定義しましたが、ビューでは毎回最初の元テーブルから処理しなおしになってしまいます。そこで1日分くらいの処理結果を取り出してテーブルに書き込んでおけば、セッショナイズの処理時間をまるごと節約できるでしょう。

　いずれにしても、結果をあせらず一手間かけることでよりたくさんの時間を節約できるようになるわけですね。プログラミングに慣れていないと、ついつい手を抜こうとして逆に時間を浪費してしまう……ということがありがちです。焦らず、騒がず、落ち着いて考えましょう。

　SQLはそれほど難しい言語ではありませんが、完全にマスターするまでには

やはりそれなりに時間が必要です。1日や2日ですべてわかるということはないでしょう。いまどきの世間には「3日でわかる」とか「すぐ使える」という情報に溢れていますが、しかし、すぐ使える知識はすぐに古くなるものです。SQLはそのような使い捨てのツールではありません。1日や2日で使えるの使えないのと結論を出さず、腰をすえて学習してみてください。みなさんの健闘を祈ります。

第 2 部

分析システムの構築

第2部は分析システムを構築する側の視点から、SQLを中心とした分析システムの構築についてお話しします。

第11章

10年戦える
データ分析システム

この章からは部を改めて、分析システムの構築について説明していきます。本章ではその中でも最も肝心な、どのような分析システムを作るべきかについて話します。

11.1 分析システムのあるべきかたち

第1部では、SQLこそが理想の分析手法であり、具体的にこう使うのだという話をしてきました。第2部も同様に、まず理想の分析システムについて話そうと思います。本書ではこの「理想の分析システム」を仮に **SQL 中心アーキテクチャ**（SQL-centric architecture）と呼んでおきます。名前がないと話しにくいので新しい名前を付けてはみましたが、分析システムとしてはよくあるアーキテクチャです。

■ SQL 中心アーキテクチャの 3 つの条件

結論から申しましょう。SQL 中心アーキテクチャは次のような 3 つの条件を満たす分析システムです。

1. 必要なデータを 1 つのデータベースに集める
2. データの加工には原則として SQL だけを用いる
3. データベース内を論理的にソースデータ層・DWH 層・アプリケーション層の 3 層に区分する

順番に説明しましょう。

まず、1.の条件は簡単だと思います。分析システムはどこからかデータを持ってこないと始まりません。ほとんどは社内の基幹システムから持ってくることになるでしょうが、もしかすると外部からデータを買ったり、提携した会社からデータを取り込んだりする場合もあるかもしれません。とにかく分析に必要なデータをすべて持ってきて、一ヶ所に集めます。

どこに集めるか。SQL が使えないと話にならないので、基本的には RDBMS に集めると思ってください。データが大きくなったら並列 RDBMS か Hadoop と

いうことになります。

2.も簡単ですね。分析データベース内でデータを加工するときは原則としてすべて SQL を使います。その場で実行する場合もバッチ処理の場合もあるでしょう。ここが「SQL 中心」と名付けた理由です。なぜあえて SQL を使うのか……は、もう説明不要ですよね。

■ SQL 中心アーキテクチャの 3 つの層

3.が問題です。これは図のほうがわかりやすいので、SQL 中心アーキテクチャの全体構成を**図 11.1** に示します。

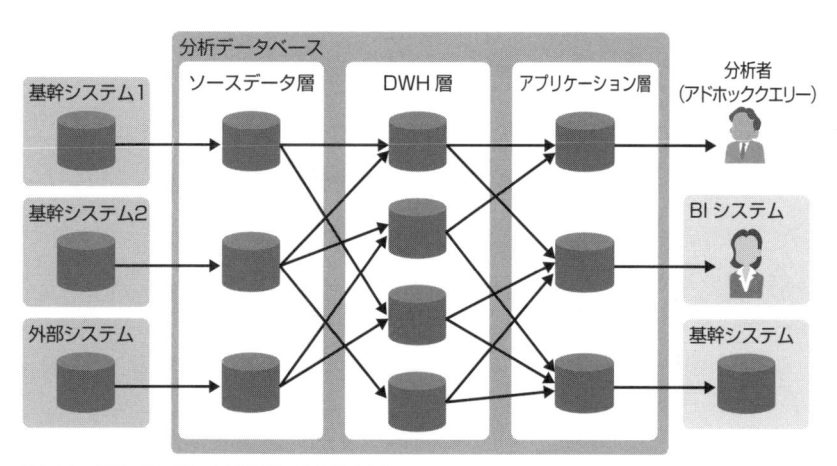

図 11.1　SQL 中心アーキテクチャの全体構成

まずソースデータ層は、データを持ってきたままの状態で格納する層です。元システムがあるならそのテーブル定義のまま格納します。また、巨大なログなど、分析システムに直接インポートするデータがあっても構いません。その場合は「元のテーブル定義」はないので、分析システム側で好きなように定義します。

そして DWH 層は、ソースデータを使いやすく加工した層です。ソースデータは元システムの都合に合わせて設計されているため、分析側で使いやすいとは限りません。速度を優先して横持ちになっていたり、あるいは過去の履歴だけを

別の場所に持っていたりすることもあるでしょう。そのような元システム側の事情を吸収して分析しやすい、汎用の形式を提供することがDWH層の役割です。

最後にアプリケーション層は、特定の分析や分析システムに特化したデータや、集計済みテーブルを格納する層です。俗に**データマート**（data mart）と呼ばれるデータベースもここに含めます。

以上の3層の特徴を**表11.1**にまとめました。

表11.1　SQL中心アーキテクチャの3つの層

層	説明
ソースデータ層	元データをそのまま格納した層
DWH層	整理・統合された汎用共通データモデル層
アプリケーション層	特定の分析やアプリケーションに特有のデータを格納する層。データマート

■ SQL中心アーキテクチャは段階的に構築する

このアーキテクチャを見て誰もが一番最初に思うことは「気持ちはわかるが面倒だ」ではないでしょうか。特に、早く分析をしたいと思っている人からすれば、ソースデータ層があればもうとりあえず分析を始めてしまいたいのが人情というものです。

しかし安心してください。わたしもその意見に反対する気はありません。必要なデータがソースデータ層に集まったら、すぐに分析を始めてよいのです。

さきほど説明したアーキテクチャは、あくまで最終形です。初期段階でいきなりこれを構築すべきと主張するつもりは毛頭ありません。

典型的には、SQL中心アーキテクチャもまずソースデータ層だけから始まります。最初はこの層だけを使って分析をしていくことになるでしょう。ソースデータに関する詳細な知識が必要ですし、テーブル加工のテクニックも要求されますから、アクティブに分析を行う人数はせいぜい5人というところでしょうか。

続いて、分析作業を効率化したり、分析アプリケーションを作るためにアプリケーション層を構築していきます。主に、高速化のための集計済みテーブル（**サマリーテーブル**）を作るところから始めるのがよいでしょう。アプリケーション

を作る場合は、そのアプリケーション固有の管理データなどを置いても構いません。分析に関わる人数は10人、20人と増えていきます。

さらに分析に関わるメンバーが増えて、3つか4つのアプリケーションが独立のアプリケーション層を持つようになった時点で、そこから共通部分をくくりだしてDWH層を構築し始めます。この順序が大切です。共通の層が必要だとわかってから作れば絶対に無駄は発生しません。

また、DWH層は部分的にだけ構築しても構いません。顧客関係のデータはちゃんとしているけれども販売のデータが最新と過去分で泣き別れになってしまっている……ということであれば、顧客データはソースデータをそのまま使い、販売データのみDWH層で作りなおしましょう。

ようは、使う側が楽になればいいのです。3層に分けたのは「場所を分けましょう」という意味であって、「3つの層をすべてきっちり完全に最初から作り込みましょう」なんてことは要求しません。

■ DWH層は共通の知識を表現する

DWH層は結果として、企業の共通の知識を表現することになります。

第1部で例にしたECサイトの顧客テーブルを考えてみてください。customersテーブルを見ればユーザーの情報はわかりますが、しかし、「いま買い物をする可能性がある」ユーザーの一覧を出すにはどうしたらよいのでしょうか。入会処理が完了していて、退会していなくて、未払いによる無効化などもなくて……と、たぶん思っているよりものすごくたくさんの条件を連ねることになるでしょう。

そのようなルールをちゃんとすべて把握していれば、ルールをSQLとして書くことはおそらく難しくありません。ですが、ルールを把握することがそもそも問題です。

そこで、ちゃんとルールを把握している人が「いま買い物をする可能性があるユーザー」をビューとして定義したらどうでしょうか。細かいルールを把握していなくても、このビューに対してselectすれば済みますね。つまりこのビューを使えば「企業の共通の知識」にアクセスできるわけです。ビューがビジネスルー

ルを表現していると言っても構いません。

エンジニアにしかわからない言いかたになってしまいますが、DWH層はプログラミングにおける標準ライブラリに相当します。カーネルが提供するシステムコールだけを使ってもプログラムが書けないわけではありませんが、標準ライブラリがあるほうがずっと簡単でしょう。DWH層はデータ分析においてそのような役割を果たす層です。

> **Column**　　　　　　　　　　　データを説明するメタデータ
>
> 　全社共通のビジネスルールを表現する方法は、DWH層でビューとして表現する以外にもあります。それは**メタデータ**（meta data）を整備することです。
> 　メタデータとはデータに関するデータ、データの説明のことです。例えばこのシステムにはこういうテーブルがあり、各テーブルのこのカラムはこういう意味があります、「現在有効なユーザー」を抽出するにはこのような条件で絞り込みます……などなどの情報がメタデータです。ようするにドキュメントとして書くという話ですね。
> 　ビューとメタデータはどちらかがあればいいというものではなく、どちらも必要です。例えばビューがあっても、このビューはこういう意味があるのだ、という説明はやはり必要でしょう。

■ 利用者には自由を与え、構築者にはルールを与える

DWH層が構築された後も、分析で必要ならばソースデータ層へ直接アクセスしても構いません。「層」とは言っていますが、各層はあくまで区分を明確化して管理を楽にするためのものなので、DWH層もアプリケーション層も、必要なければバイパスすればよいのです。システムの利用者にはできるだけの自由を与えましょう。

むしろ、層を強固に意識しなければいけないのは、システムを構築する側です。

SQL中心アーキテクチャを構築するときは、ソースデータ層→DWH層→アプリケーション層の順序でデータを流すことを死守してください。DWH層をバイパスするのは構いませんが、逆流はだめです。つまりアプリケーション層の

データを DWH 層に戻したり、ソースデータ層に DWH 層のデータが混じったりしてはいけませんということです。

この順序を曲げてデータを逆流させるとデータフローがカオスになってしまいますし、第 13 章で述べる「バッチ処理の冪等性(べきとうせい)」を担保するのが困難になります。

■ この章の流れ

以上、SQL 中心アーキテクチャの 3 つの条件をざっと説明しました。ここからは各層について詳述していきます。まず一番わかりにくい DWH 層について話し、そのあとアプリケーション層のデータマートについて、最後にソースデータ層へのデータ取り込み、という順序で話しましょう。

11.2 DWHの4つの要件

　DWH層の名前の由来である**DWH**（data warehouse）は、一般に企業内のデータを集めた分析用データベースのことを指します。現代ではDWHが単に「たくさんデータを入れたデータベース」ていどの適当な意味で使われたり、並列RDBMSのことをDWHと呼んでしまうこともあるのですが、どれも本来の意味からは外れています。

　本来のDWHとはどんなものなのでしょうか。実は、1990年ごろにWilliam H. Inmonという人がDWHの持つべき特性をまとめています[注1]。Inmonが述べた特性をざっくりまとめると、DWHとは次の4つの特徴を持ったデータベースです。

1. サブジェクトごとに編成されていること（subject oriented）
2. データが統合されていること（integrated）
3. 時系列データを持つこと（time variant）
4. データが永続すること（non-volatile）

よくわかりませんね。1つずつ詳しく説明していきましょう。

■ 1. サブジェクトごとに編成されていること

　DWHの1つめの特徴は「サブジェクトごとに編成されていること（subject oriented）」です。**サブジェクト**（subject）とは、「顧客」とか「商品」のようにデータとしてまとまりのある分野、分析の軸のことです。言葉を補って「（アプリケーションごとではなく）サブジェクトごとに」と言うとわかりやすくなります。

　OLTPのデータベースは基本的にアプリケーションと応答速度と安定性が優先なので、特定のアプリケーション（販売、仕入れ、在庫管理……）に特化した

注1　About Bill Inmon, The Father of Data Warehouse (http://www.inmoncif.com/about/)

設計をします。プロセス中心と言ってもよいでしょう。そのためにアプリケーション内だけのセッションIDを付けたり、逆に必要ないデータを省くこともあります。

例えば商品の在庫管理システムでは当然商品を扱うはずですが、ユーザーに見せるような商品の説明は特に必要ないです。一方で、ECサイトのウェブ側では商品の説明は持っているでしょうが、その商品の入庫の履歴までは持っていないでしょう。つまり、商品に関して完全な情報を得たいと思ったら、在庫管理システムとECサイトの情報を合わせないといけないわけです。

そのように複数システムの情報を合わせ、整理して、「商品についてのデータ」がわかりやすくなるようまとめる、というのが「サブジェクトごとに編成する」ことです。このような再編成をすることによって、DWHではアプリケーションにとらわれず、様々な角度からデータを分析できるようになるわけです。

■ 2. データが統合されていること

DWHの2つめの特徴は「データが統合されていること (integrated)」です。

分析システムでは分析対象のデータを企業のそこらじゅうから集めてくることになります。複数のアプリケーションにまたがるのは普通ですからデータベースも1種類のわけがありませんしフォーマットもいろいろ、最近ならばGoogle Analyticsのデータや Hadoop にためてあるログ、はてはアルバイトのお姉さんが手で入力したアンケート結果の Excel ファイルまで……分析に必要なデータならば文字通りありとあらゆるデータをかき集めてくる必要があるのです。

このような状況になってくると、1つの同じデータが全データソースを通じて同じ表現になっていることはほぼ期待できません。例えば、「ユーザーID」などはごく単純なデータと思われがちですが、これがなかなかどうして一致しません。

整数か文字列か、整数なら32ビットか64ビットか、そもそもIDというのは内部的に使っている整数なのか、それともログインに使うメールアドレスなのか、という混乱もあります。最近はGoogleやTwitter、Facebookのアカウントを使ってログインできるウェブサービスもよくあるので、そのへんも念頭に置か

なければなりません。もっとひどくなると、実店舗とウェブとその他いろいろのサービスでユーザーIDがそれぞれ独自に振られていて8系統あります、という話も聞いたことがあります。

しかし分析するうえでは、現実に1人であるユーザーはちゃんと1人としてカウントしたいでしょう。そこでデータを統合する必要が出てくるわけです。ユーザーIDが複数あるなら変換テーブルを経由したり「名寄せ」をして1つに連結し、分析用にIDを振りなおし、データ型と値の表現を統一します。また、ユーザーの年齢のデータはあっちにある、住所の情報はこっちにある……という泣き別れ問題も頻発するので、使えるカラムを選別して合成します。この処理が「データ統合」です。

新しい、規模の小さな企業ならば比較的こういう問題には巻き込まれにくいのですが、企業の規模が大きくなるほどデータ統合は深刻な問題と化します。

■ 3. データが時系列であること

DWHの3つめの特徴は「データが時系列であること（time-variant）」です。言い換えると、過去のデータを記録している、ということです。

この特徴を理解するには、OLTPのデータベースの特徴と対比して考える必要があります。何度も言いますがOLTPでは応答時間が命なので、データベースには常に「最新の状態」（だけ）を記録します。例えば銀行口座を管理する勘定系システム（なぜか銀行だけは基幹系のことを勘定系と言います）であれば、「現在の口座残高」を持っていて、出金や入金があるたびにこの値を更新するでしょう。出金リクエストが発生したら、その現在の口座残高を見て、次の処理を決めるわけです。

一方、DWHでは、現在の残高は二の次です。典型的なDWHにおいては、口座開設以来の出金と入金をすべて記録します。もちろん、結果としての現在の残高を持っていてもよいのですが、DWHにおいて元データとなるのは過去の記録、履歴のほうです。なぜなら、履歴から現在の値を計算することはできますが、その逆はできないからです。したがって、もしどちらか1つだけを残すなら履歴だけを残すべきです。

このようにデータの履歴を持っていると、過去の任意の状態を再現できるようになります。分析においては、1年前にどういう状態だったか、とか、過去数年にわたる推移というのは頻繁に必要になる情報ですので、データの履歴を持つというDWHの特徴は分析するうえで致命的に重要です。

■ 4. データが永続すること

DWHの最後の特徴は「データが永続すること（non-volatile）」です。言い換えると、一度記録したら原則として消さない、更新しない、ということです。

この特徴は、3つめの履歴データと密接な関連があります。DWHでは過去の履歴をすべて記録するので、必然的に、更新したり消したりすることがなくなるのです。なぜなら、過去の出来事（取引）は一度発生したらそれはもう事実であって、変えようがないからです。

なお、消さないというのはあくまで原則です。企業成立からの全履歴を記録するとさすがに巨大になりすぎますし、現実的にそこまで必要になることはほとんどないからです。たいていの企業では、5年とか10年の履歴だけを残して、その前のデータは消したり、より安い媒体にアーカイブしたりしています。何年分記録するかは、分析の必要性とデータ量によって決めましょう。

もっとも、OLTPシステムに慣れていると、過去のデータを消さないというDWHのポリシーは怖いというか、受け入れてもらえないことがよくあります。それは単に慣れの問題でもありますし、データ量が増えるとお金がかかるという現実的な問題も関わります。慣れのほうはどうにかしてもらうとして、お金に関しては、データを保持するコストと履歴分析の必要性を秤にかけて決めるしかありません。

■ DWHの特徴まとめ

以上、DWHの4つの特徴を説明してきました。DWHとは、データを主題別に編成しなおしてあり、統合されていて、過去の履歴を永続データとして持つ分析用データベースのことです。

いろいろ述べましたが、ものすごく感覚的に言うと、DWHというのは、「分析しやすくきれいに1つにまとめられていて、過去から現在までのすべてを記録したデータベース」と言えるでしょう。

アプリケーションべったりなデータ設計では分析が難しいですし、データが統合されていなければ複数のアプリケーションにまたがった分析ができません。履歴データがなければ過去の状態がわかりません。DWHの4つの特徴は、分析を容易にするために必要な条件を並べているだけと言えるでしょう。

■ 現実的なDWH層の構築戦略

そして最後にSQL中心アーキテクチャに話を戻すと、2つめの層であるDWH層はこの4つの特性を持つことが理想だ、というのがわたしの主張です。「理想」であって、「絶対に持たなければならない」でないところがポイントです。

企業の大きさや成長の段階に応じて重点を置くべき場所は変わります。DWHの概念が出てきたころは特に大企業を中心として複数システム間のデータの整合性が問題になっていたため、データの統合は喫緊の課題でした。だからこそInmonはそこにかなり力点を置いてDWHを定義したわけです。あなたの企業がこのような状況に当てはまっているなら、Inmonの言うとおりのDWHを構築することをいますぐ考えるべきでしょう。もしくはすでにDWHが構築されているなら、どのデータをどう使うか、新しいデータとどう組み合わせるかが重要になります。

ですが例えばもしあなたがウェブ業界のスタートアップ企業にいるとしたら、それとは状況が少し違うと思います。

データ元となるシステムの数はかなり少なく、運がよければテーブルの設計もそれほど破綻しておらず、一般的に言えばかなり分析しやすいデータがすぐ得られる可能性があります。しかしその一方でログを中心としてデータ規模はふくれあがっており、大量のデータをさばくことは大きな課題になっているはずです。であれば、データの統合や時系列という特性を実現するのは後回しにするのもやむをえないでしょう。

しかし、それでもやはり、時代は変わります。企業の成長によって対処すべき

課題の優先度も変わります。分析システムの歴史を鑑みるに、新しい企業においても少したてばまた再び過去と同じ課題が発生してくることは確実です。

そのときに慌てずに対処できる……できることなら発生する問題を予期して未然に問題を潰しておくこと、それこそが「10 年戦える分析システム」にとって重要なのです。

Column　分析システムにまつわるバズワードたち

企業に潜むデータを集め、分析して企業のために役立てるというアイデアは DWH が初めてではありません。実は DWH という言葉が流行するだいぶ前から（なんと 1960 年代！）**DSS**（decision support system）という単語が存在します。1960 年と言えばパソコンなんて単語はまだ存在せず、「メインフレーム」という巨大コンピューターが全盛の時代です。DSS とはデータを分析して企業の戦略決定に役立てるシステムのことで、DWH は DSS の実装の 1 つと言えます。

すでに説明した OLAP も 1990 年代に流行した分析関連のキーワードです。それまではバッチで行っていた大規模分析を、オンラインでリアルタイムに行うという点に新規性がありました。

1990 年代後半から 2000 年代にかけては **BI**（business intelligence）という単語も流行りました。BI は、「企業のデータを収集し分析することで、経営上の意思決定に役立てる手法や技術」の総称で、ようするに DSS の焼き直しです。実は BI も歴史は古く、1950 年代から提唱されているのですが、1989 年に BI を再定義したことによって広まりました。ちなみに、いま「BI ツール」と言うと、分析をするための GUI アプリケーション（ウェブアプリも含みます）のことを指します。本来の BI からはだいぶ矮小化された感が否めません。

最近になって言われ始めた **DMP**（data management platform）も分析システムの一種と言ってよいでしょう。DMP はやたらと一般的な語ですが、オンライン広告方面でしか名前を聞きません。オンライン広告をユーザーの属性に合わせて最適化するために利用します。

DSS に DWH、OLAP、BI それに DMP……単語は時代によって変わりますが、すべて根本的な目的は変わりません。データを集めて分析し、業務に役立つ結果を得ることです。そして、そのために必要な特性は、たいして変わるわけではありません。ベンダーが吹聴する新キーワードにあまり踊らされないことが肝心です。

11.3 アプリケーション層とデータマート

ここまでがDWH層の話でした。今度は話を少し戻して、アプリケーション層のことをもう少し深掘りしていくことにしましょう。

■ 柔軟な作業を可能にするサンドボックス

アプリケーション層は、特定の分析や分析アプリケーションに固有のデータを格納する領域です。この領域に関しては、基本的に「便利ならばなんでもアリ」にするのがよいでしょう。

例えば、一般的に、分析データベースは全体として読み取りさえできればよいので、システムの管理側からすると、ついすべてを読み取り専用にしたくなりがちです。しかし、書き込み可能な領域があれば、非常に重い前処理が必要なときに中間結果を書き込むテーブルを作って処理を高速化したり、新たな参照テーブルを作ったりすることができ、分析がスムーズに進むでしょう。

十分な知識のあるヘビーユーザーには書き込み可能な専用領域を割り当てることを検討すべきです。このような、書き込み可能で特定ユーザー専用の領域のことを**サンドボックス**（sandbox）と呼びます。優秀な分析者にサンドボックスを割り当てると、分析を圧倒的に効率化できます。

また、書き込みを可能にすることで、新しい共通ビューや参照テーブルがそこから生まれてくる土壌を作ることもできます。

■ 分析アプリケーションとデータマート

分析システムの使い道は人が直接SQLを投げるだけではありません。分析のためのアプリケーションがシステムを使う場合もあります。例えばKPI指標やそのグラフを表示してくれるアプリケーションだとか、画面で条件を指定することによって都度異なるSQLを発行してくれるアプリケーションが存在します。こ

のような分析系のアプリケーションは総称して**BIツール**（business intelligence tool）と呼ばれています。

BIツールがソースデータ層やDWH層に対して直接クエリーを投げても構いませんが、一般的には、速度と分析の簡便さのために、「データマート」と呼ばれるデータベースをサブジェクトごとに作成します。このあたりは大変伝統的な分析システムの話題ではあるのですが、どうやらこれまでBIシステムを使った経験のない業界にも導入されつつあるようで、様々な誤解が散見されます。この機会にデータマートについてまとめておきましょう。

■ データマートとは

データマート（data mart）は、Ralph Kimballという人が提唱した概念です。データマートは1つのサブジェクトを分析するための専用データベースで、サブジェクトごとに別々のデータマートを作成します（**図11.2**）。

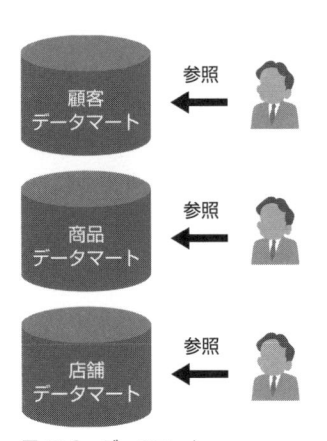

図 11.2　データマート

データマートを作るときは1つのサブジェクトに必要なデータだけがあればよいので、部門レベルで手軽に小さく作れるところが利点です。

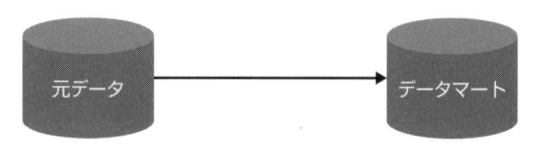

■ 仮想データマート

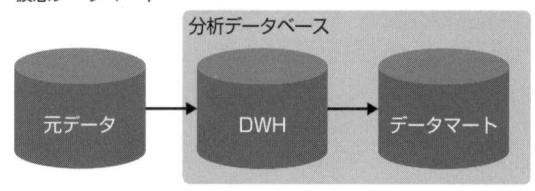

データマートはそれ単体でソースデータから作るときもありますし、DWHのデータをもとに作るときもあります。

後者のようにDWHから作ったデータマートで、しかもDWHと物理的に同じデータベース内にあるデータマートのことは特に**仮想データマート**（virtual data mart）と呼びます（図11.3）。

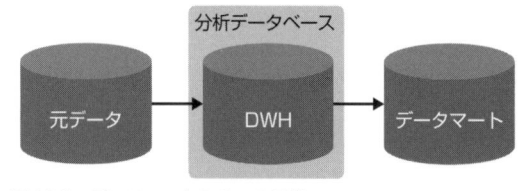

図11.3 データマートの3つの形態

SQL中心アーキテクチャのデータマートは基本的に仮想データマートを想定していますが、特に速度が要求される場合は別のデータベースに作ってもよいでしょう。

■ ディメンショナルモデル

各データマートはBIツールから参照しやすいよう**ディメンショナルモデル**（dimensional model）、またの名を**スタースキーマ**（star schema）というテーブル設計方式で構築することが一般的です。このディメンショナルモデルは、最近になってビッグデータがらみで登場することがあるので説明しておきましょう。

ディメンショナルモデルでは、テーブルを**ファクトテーブル**（fact table）と**ディメンションテーブル**（dimension table）に分けて考えます。乱暴に言えばトランザクションテーブル（売り上げなどの時系列のデータ）がファクトで、マスター（顧客リストなど）がディメンションに相当します。

ただし、ファクトテーブルはトランザクションテーブルそのものと違い、あらかじめ「日ごと店舗ごと顧客層ごと商品ごと」のように、分析時に想定される軸をすべて使って集計しておきます（**図11.4**）。

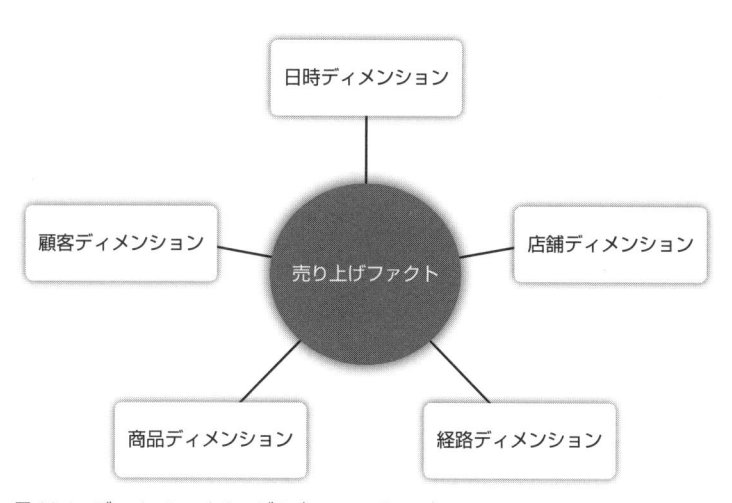

図11.4 ディメンショナルモデル（スタースキーマ）

いま「集計しておく」と言いましたが、より正確に言えば、集計する場合もあれば集計しない場合もあります。集計していない素のデータを格納したファクトテーブルを汎用テーブルとして作り、特に速度がほしい画面があるときは集計し

たテーブルも重複して作るということがよく行われます。このとき、集計していない詳細データのことを**詳細データ**（detailed data）、集計後のデータのことを**サマリーデータ**（summary data）と言います。

このようにファクトとディメンションにデータを分類・整理・集計すると、テーブルの関連図が1つのファクトテーブルを中心としてディメンションテーブルが取り囲むような形になります。これを星に見立てて「スター」スキーマと呼ぶわけです。

ちなみに、エンジニア向けに言うとスタースキーマは一般的に第2正規形になります。またInmonの提唱するDWHではディメンショナルモデルではなく**第3正規形**（3rd normal form）を基本的なデータモデルとして使います。

■ データマートとDWH

データマートはDWHと比較して語られることがよくあります。歴史的にも両者が提唱された時期は同じくらいですし、実際のところInmonとKimballは直接・間接にバトルを繰り広げてきましたから、システムを構築する側としてはどっちがいいんだろうと比較検討したくなるわけです。

非常に乱暴に言ってしまうと、DWHがデータ品質を重視して「ちゃんと」作り込みましょうというアプローチであるのに対して、データマートは「とりあえず」いま使えるものをすぐに、安く作ろうというアプローチです。またデータマートは特定のビジネスプロセスに沿うように設計するのに対して、DWHは汎用の分析プラットフォームを目指しているという違いもあります。

データマートは「すぐ使える」ものを作るとは言いますが、しかし、だからと言ってデータ統合の問題がなくなるわけでもないのは確かです。そこで、データマートを基盤としてデータを統合し、DWHを構築する手法というものもKimballは用意していました。

その手法をこれまた非常に乱暴に言うと、データマートをサブジェクトごとに作り、たくさんできたデータマートをバスで接続して、全部合わせてDWHにしよう、という考えかたです。

ですが実際のところは、データマートがたくさん（100個くらい）できました、

データ統合はやっていません、以上、で終わる企業が多いようです。データ統合をやっていなければ部門ごとに数字が違ったりして面倒なことになるわけですが、そこは「運用でカバー」という魔法でなんとかします。

　ちなみに、企業によってはこうやって野放図に増えていったデータマートをちゃんと統合しようという活動が行われることもあります。そのような活動を**データマートコンソリデーション**（data mart consolidation）と呼びます。

■ビジネス要求に合致するアプリケーション層

　どのようにアプリケーション層を作り込めばよいかという質問に対する答えは、DWH層と同じく、企業の規模と分析の段階、ビジネス的な要求によって異なります。一方向に進化していくわけでもありませんし、大きければよいというものでもありません。

　例えば比較的規模の小さく若いウェブ系のスタートアップ企業であれば、ある程度技術力の高いメンバーが中心になって分析を行えるでしょうし、まだ要求がそれほど固定化されていないため、探索的な分析が中心になることが想定されます。であれば、分析システムを作り込むより、データが透けて見えるような薄いBIツールを使うか、もしくは直接SQLを使った分析をしたほうがニーズに合うでしょう。そのような場合はDWH層は薄くし、アプリケーション層はサンドボックスを中心に使っていくスタイルが適切です。

　ただし、分析が進行するにしたがって、人がその場で分析するだけではなく、他のシステムへデータ連携したくなることが増えてくるでしょう。例えば検索やリコメンデーションのためにスコアやランキングなど分析結果をウェブ側に戻すような場合です。このような場合はバッチでアプリケーション層にデータマートを作成し、他システムへデータ連携することになります。

　このタイプの企業にとっては、ウェブ側システムとのリアルタイム連携が必要になる場面が最大の技術的チャレンジでしょう。大規模分析とリアルタイム処理の両立には過去様々なデータベースが取り組んできたものの、結果だけ言えば死屍累々です。基本的には、ウェブと直結する必要があるシステムは分析システムとは分けたほうが無難です。

また一方、分析やシステムに詳しいメンバーが少なく、ある程度固定化されたビジネス要求のある中規模の企業ならば、データマートとBIツールを組み合わせた伝統的なBIシステムが適切でしょう。その後、必要に応じてDWH層を育てていくべきです。このようなDWHの作りかたをすると、自然とデータマートは仮想データマートになります。

　最後に、すでにそれなりのDWHを保有しているような大企業の場合は、新しい巨大なデータソースが現れた場合が最大の問題かもしれません。これはようするに典型的なビッグデータ問題なのですが、ウェブ企業と違うところは、単純にHadoopや並列RDBMSに乗ればいいわけではなく、既存の巨大なDWHとビッグデータ分析システムの両立を迫られるところです。このような場合は並列RDBMSベンダーのHadoop連携ソリューションが適切な解となります。

11.4 ソースデータ層とデータの取り込み

最後に、最初の層であるソースデータ層と、データの移動の話をしたいと思います。キーワードは ETL、ELT、そしてストリーミングロードです。

■ 既存システムからデータを移動する ETL

分析システムはどこからかデータを持ってくる必要があります。例えばウェブサイトや販売システムがあるならそのシステムのデータが必要でしょうし、それらから発生するログなども分析に使えます。分析したいデータはすべて一ヶ所に集めて、SQL で扱えるようにしなければいけません。

この作業は一般に **ETL**（extract transform load）と呼ばれています。「ETL」はそれぞれ Extract、Transform、Load の頭文字で、基幹システムのデータベースからデータを取り出し（Extract）、分析システムへ入れるための変形・加工を行い（Transform）、分析データベースにデータを入れる（Load）、という一連の操作を表しています（**図 11.5**）。

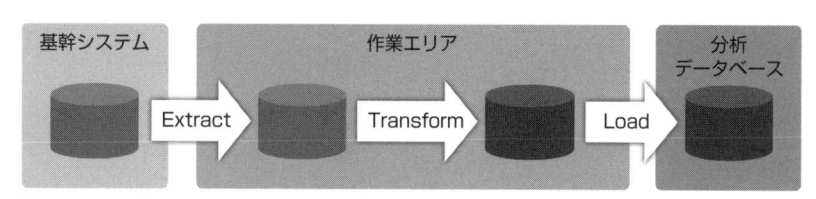

図 11.5 ETL (Extract, Transform, Load)

ETL は伝統的に夜間バッチで実行されてきました。夜の、基幹システムが空いている時間にデータ抽出を行い、分析のために分析データベースへ入れるわけです。

また DWH でのデータ統合が必要な場合には、Transform の段階でデータを統合することもあります。

■ バルクロードとバルクエクスポート

ところで、ExtractやLoadの操作は具体的にどうするのでしょうか。ここは性能に相当影響してくるため、RDBMSごとにかなり違うところなのですが、おおよそ次の3つのどれかに当てはまります。

1. select文やinsert文のような標準のSQL文を使う
2. copy文のようなRDMBS固有のSQL文を使う
3. 専用ツールを使う

PostgreSQLの場合は1.と2.の方法を使うことができます。2.についてごく簡単に説明しましょう。例えばaccess_logテーブルの全行をファイルに出力させたいときは、次のようなcopy文を実行します。

```
copy access_log to '/tmp/access_log.txt';
```

これでaccess_logテーブルの全行がPostgreSQLサーバーのあるコンピューターの/tmp/access_log.txtファイルに出力されます。PostgreSQLクライアントのコンピューター（手元のパソコン）ではなくサーバー側なので、注意してください。

データを受け渡すための中間データとしてはCSV形式（カンマ区切りテキストファイル）やTSV形式（タブ区切りテキストファイル）がよく使われます。また元システムが古いシステムだと、固定長テキストファイル（カラムごとに文字数が決められている形式）が使われることもいまだにあります。copy文の場合、オプションを指定することでファイル形式を細かく指定できます。詳しくはリファレンスマニュアルで「copy文」を見てください。

このcopy文のようなRDBMS固有の文や専用ツールを使ったExtractやLoadは、大量の行を一括して処理する専用の仕組みを使っているため、通常のSQL文よりも圧倒的に高速なことがほとんどです。そのような、大量の行をまとめて扱うExtractの仕組みを**バルクエクスポート**（bulk export）、Loadの仕組

みを**バルクロード**（bulk load）と言います。「バルク（bulk）」は「大量の」という意味ですね。エクスポートとロードを両方まとめて「バルク転送」などと呼ぶこともあります。

■ 全行転送と差分転送

ここで一点注意ですが、バルク転送はあくまでも「大量の行を一括で処理する」仕組みであって、必ずテーブルの全行を処理するというわけではありません。むしろ、毎回全行を転送すると無駄が多いので、前回の転送から変化があった行だけを抽出して転送する場合もよくあります。このような転送方式を**差分転送**と言います。

差分転送を行うには、データソース側でも対応が必要です。データが更新される可能性のあるテーブルには更新日時のカラムを付けておき、データを更新するときには必ず更新日時も一緒に更新します。

そして copy 文でデータをエクスポートするときに、この更新日時の範囲を指定します。copy 文ではテーブル名の代わりに select 文を指定することもできるので、例えば次のようなクエリーを指定するわけです。

```
copy (
    select
        *
    from
        customers
    where
        updated_time
            between timestamp '2015-01-15 00:00:00'
            and timestamp '2015-01-15 23:59:59'
)
to '/tmp/customers_delta.txt'
;
```

これで変化のあった行（差分）を抽出することができます。この差分を分析データベース側に持って行って、うまいこと混ぜます。「うまいこと混ぜる」方法は話がややこしくなるので第 13 章で改めて話しましょう。

■ データベース上で処理を行う ELT

さて、ETL からしばらくたって、ETL の新たなバリエーションが登場しました。Transform を分析データベース上で SQL を使って行う **ELT**（Extract Load Transform）です。

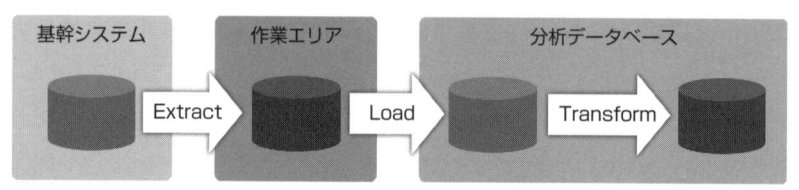

図 11.6　ELT (Extract, Load, Transform)

ETL に比べたときの ELT の利点は、分析データベースが強力ならばそのリソースを活用できることです。特に分析データベースとして並列 RDBMS や Hadoop を使う場合には ELT 主体で考えるべきです。

本書でお勧めする SQL 中心アーキテクチャも基本的に ELT を想定しています。ソースデータ層にはもとのデータを「そのまま」格納することが前提ですから、ETL の入る余地はありません。

■ ストリーム転送

データ移動の最新のバリエーションが**ストリーム転送**です。バルク転送は毎晩バッチで一括転送する仕組みでしたが、ストリーム転送は常に行を送り続ける仕組みです。具体的なソフトウェアで言うと **Fluentd** や **LogStash**、クラウドサービスだと **Amazon Kinesis** などが相当します。

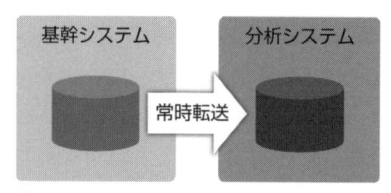

図 11.7　ストリーム転送

ストリーム転送はログのように常時発生し続けるデータで使うととくに便利です。また、データの更新が発生した瞬間に更新後のデータを転送することで、差分転送を行うこともできます。

ストリーム転送が使われるようになってきた理由はいくつかあります。

1. データ量が大きすぎてバルク転送では処理しきれない
2. システムが24時間稼働のためバルク転送で急激に負荷をかけられない
3. すぐに最新データを見たい (データ更新のリアルタイム化)

1. と 2. の理由はウェブ業界におけるアクセスログが典型的です。アクセスログは1アクセスにつき最低でも1行発生するので、仮に1日1億アクセスあるなら1億行発生するわけです。これだけのデータ量があると、ウェブサーバーからログを読み出すだけでも大変ですし、一気に転送したらネットワークが詰まってサービスを止めかねません。常時データを流し続けるほうがむしろ楽なのです。つまり、これは転送する側の事情です。

■「リアルタイム」ってどれくらい？

一方、3. の理由はその逆に、データを使う側の事情です。データを見る側にとっては基本的にはデータの反映が早いのはいいことですが、データ転送を作る側からすると、遅延が短いほど実装も運用も難しくなります。

アクセスログのように「最悪、ほんのちょっとなら落ちてもしょうがない」データならばまだいいのですが (むろんダメな場合もありますが)、マスターデータの差分転送あたりをストリーム転送にするのはだいぶ厄介です。遅延だけでなく到着順序まで保証する必要が出てきますし、転送漏れを許容できなくなります。障害などでデータずれが発生した場合の問題追跡も厄介です。

また、リアルタイムとは言っても、データ発生から5秒で見たいのか、5分で見たいのか、1時間くらいでいいのか、また「見たい」のレベルが「前提として保証する」ことなのか「普段はこれくらいで来るといいな (ベストエフォート)」なのかによって難易度がかなり異なります。

「遅延5秒を保証」するとしたら相当厳しい制約ですが、「遅延5分ベストエフォート」は特に難しくありません。また遅延1時間でよいならばストリーム転送をする必要すらなく、小規模なバッチ（ミニバッチと呼ぶこともあります）で対応可能かもしれません。

「リアルタイムにデータが見たい」と言われても、よくよく話を聞くと数時間くらいの遅れでデータが見られればよかった、というケースはよくあります。リアルタイムという単語が出たら、ちゃんと要件を確認すべきでしょう。

> **Column**
>
> **リアルタイムでないほうがいいとき**
>
> 探索的な分析だけが目的の場合、データの反映が早すぎると嬉しくないこともあります。典型的なのは「顧客マスターから顧客数を数えるとき、select文を実行するたびに人数が変わる」ことです。これが重なると地味に小数点以下3位くらいで数値が変わることがあり、計算ミスなのかデータが変わったせいか悩まされたりします。

■ dblinkによる分散クエリー

以上、ETLとELT、そしてストリーム転送について話してきました。これらはどれもデータを移動する方式ですが、実は根本的に違う手法も存在します。それは、そもそもデータを事前に移動することをやめ、SQLを実行したときにデータを取得するという方式です。Oracleを知っている人ならば**DBリンク**と聞けば「ああ〜」と思うでしょう。PostgreSQLでもdblinkという拡張を使うと同様の処理が可能なので、この機能について説明しましょう。

dblink機能を使うと、物理的に他のデータベースにあるテーブルを、あたかも手元のデータベースにあるかのようにselect文の対象にすることができます。例えば図11.8のようにデータベースAにcustomersテーブルがあり、データベースBにordersテーブルがあるとき、データベースB側でデータベースAのcustomersテーブルを参照する宣言をしてやると、データベースBの中でcustomersテーブルとordersテーブルをジョインすることができます。

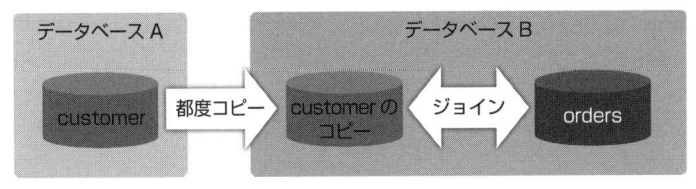

図 11.8　dblink 機能を利用した分散クエリー

また、Facebook が開発している Presto というソフトウェアも、複数のデータベースに対して透過的にクエリーを実行することができます。

■ 分散クエリーの使いどころ

dblink や Presto のように、他のデータベースにクエリーを投げて処理対象とする方式（仮に分散クエリーと呼んでおきましょう）は、select 文が実行されるタイミングでネットワーク越しにテーブルのデータを取ってくるので、普通のテーブルに比べればやはり速度の面では劣ります。しかしデータ移動のことを特に考えずに使える手軽さは捨て難いものがあります。

速度は劣るが手軽、という特性を考えると、分散クエリーの使いどころは、あまり頻繁には使わないテーブルや、実験的に利用したいテーブルでしょう。何度も繰り返し使いたいテーブルであれば、バッチで転送してしまったほうが便利です。

11.5 この章のまとめ

本章では、本書がお勧めする分析システムアーキテクチャである「SQL 中心アーキテクチャ」について説明しました。

SQL 中心アーキテクチャは、1 つの分析データベースにデータを集め、すべての処理を SQL で行うアーキテクチャです。またデータ整理のため、データベース内を論理的に三層に区分します。

第一の層、ソースデータ層には、元システムのテーブルをそのまま格納します。「そのまま」格納するので、ETL ではなく ELT がベースです。またログのように更新がなく、常時発生しているデータはストリーム転送で流し込むのがよいでしょう。

第二の層、DWH 層は、企業の共通の知識を表現する層です。ソースデータ層のデータを SQL のバッチで加工して作ったり、ビューを定義することによって作成したりします。DWH 層を構築していくうえでの細かい技術的なテクニックについては第 13 章で話します。

第三の層、アプリケーション層は、特定の分析や分析アプリケーション固有のデータを格納する層です。分析者が自由に分析を行えるサンドボックスや、分析アプリケーションのためのデータマート（仮想データマート）をここに構築します。

次の章では、この SQL 中心アーキテクチャによって分析が制約されることはないのか、特にビッグデータによって発生する様々な要求に耐えられるのか、という点について議論します。

第12章

ビッグデータに立ち向かう

この章ではSQL中心アーキテクチャにおけるビッグデータの処理について話します。

12.1 ビッグデータが生む技術的な課題

ここ数年、分析界隈では1つの単語が注目を浴びています。「ビッグデータ」です。ビッグデータが何かよくわからないままに「うちもビッグデータを活用できないのか」などと無茶振りされた人もいるのではないでしょうか。

本章では、SQL中心アーキテクチャが「ビッグデータ対応」なのか、対応しているとしたら具体的にどの問題にどのような技術を使っていく必要があるか、ということを話したいと思います。

■ ビッグデータの3つのV

ビッグデータ（big data）とはどんなデータでしょうか。2010年に"Big Data"という単語を最初に使った『エコノミスト』誌の記事では、「ビッグデータ」は文字どおり単に「大きなデータ」という意味にすぎませんでした。

しかし、今となってはビッグデータという単語はあらゆるベンダーとコンサルとシンクタンクに都合よく使われまくり、ほとんど原形をとどめていません。そんなものにいちいち対応していたら日が暮れるので、本書ではそこそこメジャーなビッグデータの定義である**3つのV**をベースとして説明したいと思います。

ビッグデータの3つのVとは次の3つです。

- Volume（データ量が多い）
- Velocity（急速に増える）
- Variety（ソースデータの種類が様々である）

順番に説明していきましょう。

■ ビッグデータの"Volume"

まず、ビッグデータの1つめのV、Volume は、字義どおり「大きいデータ」ということです。余計な意味が付いたとしてもせいぜい「(いまの技術では簡単に扱えない) 大きなデータ」くらいのものです。

「いまの技術では簡単に扱えない」とはどのくらいのサイズでしょうか。それは端的に言えば、「通常のコンピューター1台では扱えないサイズ」です。「簡単に扱える」とは、ようするにコンピューター1台で済むことを言っているわけです。

コンピューター1台ならば普段から使っている Excel や普通のデータベースが使えますが、2台以上になったとたんに「不可能」になります。むろん、複数のコンピューターで独立にこれらのソフトウェアを動かすことはできるでしょう。しかしそれらは連携して動くわけではありません。例えばの話、すべてのコンピューターに合計何行のデータがあるか数えることすらできないわけです。

複数のコンピューターで処理をする……言い換えると、**分散並列処理**（distributed parallel processing）が必要なデータ。それがビッグデータです。

■ どのくらいからビッグデータなのか

さらに具体的に言えと問われたら、現在のコンピューターならば最低でも1テーブル100GBくらいが閾値だと答えておきます。10GBならちょっといいコンピューターが1台あればゴリ押しできますが、100GBだとちょっとつらいからです。

さらにサイズが大きくなって1TBあると通常のRDBMSにつっこむのはちょっと躊躇しますし、10TBになるとさすがに他の方法を探したくなります。100TBあったら分散システム以外は考えたくありません。

したがって、どんなに小さくても100GBから1TB、通常は10TB～100TBから、というのが「(当初の) ビッグデータ」です。

■ ビッグデータに意味がなくてもビッグデータ技術には意味がある

さてこうなると、「100TB なんてデータはうちにはないからもういいや」と思っているかたも多いのではないでしょうか。つまりビッグデータは関係ないやというわけですね。

ですが、ちょっと待ってください。確かにビッグデータは大半の人にとって現実的に関係がないかもしれません。最近はビッグデータも下火になってきたせいか、「量はあまり重要でない」と言う人もいるくらいです。しかし、ビッグデータを処理する技術は、必ずしも 100TB のような超巨大なデータを処理するためにだけ役に立つわけではないのです。

昨今では、例えば 1 テーブル 10GB くらいのデータは普通に社内に存在する場合があります。それくらいのデータは確かにビッグデータではないかもしれませんが、通常の RDBMS で処理するのはちょっと遅くて厄介だなと感じるサイズです。そのようなケースにビッグデータ処理技術を適用すると、システムを高速化できて、しかも構造を単純にできる可能性があります。

つまり、ビッグデータが自分の会社に関係がないとしても、ビッグデータ処理技術のほうは関係してくる可能性があるのです。ビッグデータがどうでもいいからと言っても、ビッグデータ技術まで無視すると損をします。このことを指して、「ビッグデータは我々にとって問題ではない、必要なのはミドルデータ（中くらいのサイズのデータ）の処理だ」などと言っている人もいます。

本書も基本的にはこの立場を採用します。つまり、ビッグデータはたぶんほとんどの人には関係ないでしょうが、ビッグデータ処理技術……並列 RDBMS や Hadoop は関係してくる人が多いでしょうから、そこを中心に解説します。

■ ビッグデータの "Velocity"

ビッグデータの 2 つめの V は、Velocity（速度）です。つまり、ビッグデータとは単に量が多いだけではなくてすごい速度で（加速度的に）増えていくデータのことだ、というのが含意です。

なぜだか知りませんが、この定義について細かく聞いてくる人はあまりいません。たぶん、Volumeはイメージとしてビッグデータの「ビッグ」にそのまま連結するので、疑問を感じることが多いのでしょう。

さて加速度的に増えるデータにどう対応するかですが、これはもう定番です。これまた分散並列処理で対応するのです。データ量が2倍に増えるならコンピューターの数も2倍にすればいいじゃない、と、いうことです。

「えっ、それでいいの……」という印象すら覚えるわけですが、お金をつっこんでコンピューターを増やせば速度が上がるというのはビジネス的にも技術的にも本当に素晴しいことです。甘んじてコンピューターをつっこみましょう。

■ クラウドとオンプレミス

ただし、Velocityへの対応はVolumeへの対応と一点違うところがあります。加速度的に増えるデータに応じてコンピューターをどんどん増やしていくためには**クラウド**（cloud）を使うほうが都合がいい、というところです。

クラウドとは、ようは大量のコンピューターを集約したデータセンターのことです。そこからコンピューターの利用権を時間単位で切り売りしてもらって使うのがクラウドサービスです。コンピューターというモノを売ってもらうわけではなく、コンピューターの利用権を売ってもらうというところがポイントです。これによって例えばコンピューターが故障したときはすぐ別のコンピューターに乗り換えることが可能になります。

代表的なクラウドサービスとしてはAmazon社の**AWS**（Amazon Web Services）、Google社の**GCP**（Google Cloud Platform）、Microsoft社の**Microsoft Azure**が挙げられます。

クラウドサービス側では需要を見越して大量のコンピューターを事前にプールしているので、必要になったときに手続きすれば最短数分で新しいコンピューターを使えるようになります。この特性が、加速度的に増えるデータには都合がいいというわけですね。

自社でコンピューターを保有するスタイル……これをクラウドに対して**オンプレミス**（on-premises）と言いますが、オンプレミスの場合はこうはいきません。

コンピューターを発注してから納品までにはしばらくかかりますから、事前にデータ量の伸びを予測して早め早めにコンピューターを増やしていく必要があります。そのためには、前提として自社ですでにかなり大規模なインフラを保有している必要があるでしょう。

■ ビッグデータの"Variety"

ビッグデータ最後の V は Variety、つまり多種多様なデータがある、という特性です。

実は、こいつは大変な厄介ものです。ビッグデータの定義自体も人によってだいぶ違いますが、この Variety が何を表すかもまたたいへんに曖昧なのです。少なくとも次のような解釈を見たことがあります。

1. ファイル形式がいろいろある
2. JSON や XML を扱わなければならない
3. 自由記述のテキストや画像ファイルを扱わなければならない

まず 1. は問題外です。こういう問題も確かに実在するでしょうが、実際にこれがビッグデータ問題であるという意見はあまり聞きません。また、もし問題なのだとしても技術では解決しません。基本的に、ファイル形式が増えたら 1 つ 1 つ対応していく以外の方法はないからです。幸い 1. の意見をとる人は少数派なので、本書では 1. の意見は無視します。

2. は特にウェブ関係のログで登場することが多いようです。この問題はさらにこの裏にある欲求に従って話を 2 つに分割したほうがよいでしょう。自動的な**スキーマ進化**（schema evolution）のサポートと、**複合レコード**（compound record）の処理です。

3. は真の**非構造化データ**（unstructured data）の問題です。これも確かに解決すべき問題ではありますが新しい問題ではなく、昔から存在しています。また、どちらかと言えば、ビッグデータよりも機械学習技術が進歩したことによって以前よりもできることが増えたということのほうが関係があります。ただし、ビッ

グデータによっていくつか新しいトピックが追加されたことは確かで、考えておく価値があります。

■ この章の進めかた

以上、ビッグデータの特徴と言われる3つのV——Volume、Velocity、Varietyについて説明しました。VolumeとVelocityから発生する課題は分散並列データベースによってほぼ解決できます。またVelocityの問題はクラウドサービスを使うと特に対処しやすいでしょう。

本章のこれからの進めかたとしては、もっと詳細に議論すべき点について説明し、技術的にとりうるオプションを整理します。具体的には次の3つです。

1. 分散並列データベースによる大量データ処理
2. JSONやXMLのロードの裏に潜む問題（スキーマ進化と複合レコード）
3. 非構造化データの処理

12.2 分散並列データベースによる大量データ処理

ビッグデータの Volume と Velocity に対応する肝となるのが分散並列データベースです。この節では、ビッグデータに対応した SQL 中心アーキテクチャを構築するときに選択肢となる様々なデータベースのそれぞれについて特徴を話しつつ、特に分析に使う場合のポイントについて説明していきます。

■ 候補となりうる分散並列データベース

SQL 中心アーキテクチャに限らず、分析システムにおいてデータベース選定は致命的に重要です。行える作業がデータベースに強い制約を受けますし、データベース固有のコードもかなり書かなければいけません。分析のために必要なデータをすべて集める以上、データベースは非常に複雑で巨大になります。「複雑で巨大なデータベース」は移行がおそろしく大変なので、一度作り込んだら簡単には別システムには移行できません。

SQL 中心アーキテクチャのデータベースとして候補になりうるデータベースを**表12.1**に示します。

表12.1 候補となる分散並列データベース

名前	タイプ	オンプレミス	クラウド	ベンダー
Hadoop	NoSQL	●	●	Hortonworks、Cloudera 他
Google BigQuery	NoSQL	-	●	Google
Amazon Redshift	RDBMS	-	●	Amazon
Teradata	RDBMS	●	●	Teradata
Teradata Aster	RDBMS	●	●	Teradata
Pivotal Greenplum Database	RDBMS	●	●	Pivotal
PureData System for Analytics	RDBMS	●	●	IBM
SQL Server Parallel Warehouse	RDBMS	●	-	Microsoft
Azure SQL Data Warehouse	RDBMS	-	●	Microsoft

これらについて順番に概要を説明し、長所短所について見ていきましょう。また、並列 RDBMS はひとまとめにします。

■ KVS は分析に向かない

まず、分析データベースとして適さないものから話します。Cassandra、Redis など、いわゆる **KVS**（key-value store）と呼ばれるデータベースは分析には向いていません。

KVS は **NoSQL データベース**（NoSQL database）の一種です。NoSQL とは「RDBMS ではない」くらいのざっくりした意味だと考えてください。ビッグデータと言うと NoSQL がすぐに出てきますし、最近は NoSQL と言いつつ SQL に似たクエリー言語を使える場合もあり、いかにも巨大なデータの分析に使えそうに見えます。

しかし残念ながら KVS は完全に OLTP 用途を想定して設計されており、まったく分析向きではありません。

■ 並列 RDBMS の特性

Hadoop は話がややこしいので最後に回して、並列 RDBMS から説明します。

並列 RDBMS は複数のコンピューターを使って動作するが、論理的に 1 つのデータベースとして扱える RDBMS です。ようするに PostgreSQL や MySQL と同じように接続して使うことができます。

RDBMS を名乗るだけあって標準で SQL を使えますし、BI ツールのサポートも進んでいます。クエリーの実行速度も一般に言って高速です。単純にこれまで RDBMS を使っていた分析システムを高速化したい、という場合には最適でしょう。

並列 RDBMS について日常的に聞いているという人はあまりいないと思いますが、実は意外にも様々な製品が存在しています。歴史も古く、Teradata という並列 RDBMS に至ってはなんと 1980 年代から販売されています。本書の SQL 中心アーキテクチャのような、データの加工・分析を基本的にすべてやるという

考えかたは、並列 RDBMS にとっては 10 年以上前から当然のことでした。

少し前までは並列 RDBMS にはハイエンド特化の高価な製品しかなく、大規模 DWH 向けシステムとして大企業で使われる例がほとんどでした。しかし最近は AWS の Redshift が 100 万円以下の低価格帯にも進出してきたことによって、かなり気軽に使えるようになりました。

並列 RDBMS の弱点はビッグデータにおける Variety の部分に集中しています。最近はこの部分についての改善が続いており、JSON をそのままロードできる機能や、JSON の中身をそのままカラムとしてアクセスできる機能が追加されつつありますが、非構造化データの処理が得意とまでは言えません。後ほど Variety の話をする際に詳しく説明します。

なお、並列 RDBMS の選定にあたっての情報収集などはベンダーから直接話を聞くのがベストです。ウェブには正確な情報はないと思ったほうがよいでしょう。

■ BigQuery の特性

BigQuery は Google がクラウド上で提供している RDBMS 風の分散並列データベースです。ほとんど普通の RDBMS 感覚で SQL を使えます。それでいてテーブルの構造にはかなりの自由度があり、Variety への対応が強力です。

BigQuery の魅力は、Google の豊富なコンピューターリソースを大量につぎこんだことで、巨大なクエリーでも遅くなりにくいことでしょう。また、現時点では非常に安く、価格競争力もあります。Google Cloud Platform の他のサービス、例えば Cloud Dataflow と組み合わせたバッチ処理も魅力的です。

一方、1 行だけを抜き出すような非常に小さいクエリーでも 1 秒 2 秒はかかるので、BI ツールのマスターテーブルは置けません。全体的に言うと、探索的な分析、そのつど考えて SQL を書くような**アドホッククエリー**（ad hoc query）に対しては非常に優秀ですが、バッチでデータを加工しまくってデータマートを作る、といった用途についてはもう少し検証が必要でしょう。つまり伝統的な DWH や BI システムとしてではなく、ウェブのデータをまとめて置いて手で分析するプラットフォームと考えるべきです。

また一番不安なのはクエリで処理したデータ量に応じて課金される点です。わかっている人がクエリを書くならいろいろ対処できるからよいのですが、SQLを覚えたてのプランナーに書かせて10TBのテーブルの全行スキャンを連発されたら、一発につき5千円ずつ飛んでいくことになります。下手に処理が高速なだけに洒落になりません。個別のユーザーごとに金額の上限を設定できるなどの、何らかの仕組みがほしいところです。

■ Hadoop とは

Hadoopは、Googleのシステムの影響を受けて開発された、オープンソースの分散データ処理システムです。

特に何も前提を置かずに Hadoop に言及する場合、それは様々なサブシステムを含んでいます。SQLが使えるシステムも、使えないシステムもありますし、その背後で使われるデータベースも管理システムもすべて合わせて Hadoop です。古典的な Hadoop のアーキテクチャは**図12.1**のようになっています。

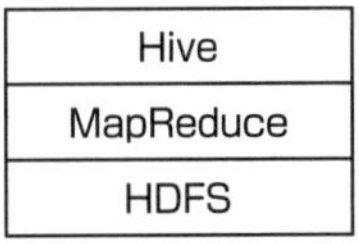

Hive
MapReduce
HDFS

図12.1 Hadoopのアーキテクチャ

最も下層には分散ファイルシステムの**HDFS**(Hadoop distributed file system)が配置されます。HDFSは必ずしも必須ではなく、例えばAWSのS3を基盤として使うこともできます。しかし何らかの分散ファイルシステムが最下層にいるというアーキテクチャは基本的にHadoop共通です。本書でこれ以降HDFSと書いたら「何らかの分散ファイルシステム」という意味で読んでください。

Hadoopでは、HDFSの加えて様々なシステムを組み合わせることによってSQLを使えるようになります。現在では様々なシステムが存在しますが、最も最初に開発されたHadoop向けSQL互換システムが**Hive**でした。

厳密に言えば Hive で使える言語は **Hive QL** であって SQL ではないということになっています。しかしどう見ても雰囲気が SQL ですし、みんな「だいたい SQL」と思って使っていますので、本書では特に両者を区別せずに話します。

■ 柔軟性に優れる分散並列処理基盤 MapReduce

Hive は Hadoop 最初期からある **MapReduce** という処理基盤をベースに構築されています。

MapReduce はもともと Google が発表した処理アーキテクチャで、map と reduce という 2 種類の処理を組み合わせてあらゆる処理を表現します。map 処理は select 文で言うところの select 節と where 節、reduce 処理は group by 節と集約関数に当たると思っておけばおおむね問題ありません。実際 Hive は select 文をそのように map 処理と reduce 処理に変換して動きます。

素の MapReduce を使う場合は、Java や C のような汎用プログラミング言語で map 処理と reduce 処理を書く必要があります。逆に言うと、Java や C で処理を書くことができるので、画像や複雑な文字列の処理などは SQL より圧倒的に楽です。

Hadoop がリリースされた当初は「MapReduce が SQL にとって代わる」と威勢のいいことを言っていた人たちもいたのですが、残念ながら MapReduce は逆に SQL によって息の根を止められてしまいました。結局のところ、ビジネス的に必要だったものは「ビッグデータ専用の柔軟な処理基盤」ではなく、既存の様々な資産を生かせる SQL だったからです。

なお、Hive も Hadoop バージョン 2 の **YARN** と **Tez** というフレームワークをベースとした作り替えが行われているので、しばらくすると MapReduce ベースではなくなるでしょう。新しい Hive は現在よりかなり高速化することが期待されます。

■ 次世代の処理エンジン SQL on Hadoop

Hive は SQL が使えたことによって人気を博しましたが、しかし MapReduce

ベースだったことによる速度の遅さが徐々に問題視されるようになりました。特に人がその場でクエリーを考えて投げるような探索的分析の場面においての応答速度は、大きな課題でした。

そこで新たに雨後の筍のごとく次々登場したのが **Cloudera Impala**、**Presto**、**Apache Spark** (Spark SQL)、**Apache Drill** などの新しいシステムです。これらはまったく異なるアーキテクチャを採用することで Hive よりも処理を大幅に高速化することを狙っています。これらのプロダクトは SQL との互換性を強く意識していることもあり、最近はまとめて **SQL on Hadoop** と呼ぶこともあるようです。

MapReduce ベースの Hive は実行速度が遅すぎるので、SQL on Hadoop のいずれかが主流になるでしょう。しかし SQL on Hadoop はいずれも活発に開発中で、しかも発展の初期段階にあるため、どれが生き残るかははっきりしません。どれも似ているのに微妙に違いすぎて選ぶのが難しい点がもしかすると最大の短所かもしれません。

幸い、SQL on Hadoop はどれも Hadoop のデータ管理基盤を共有しています。具体的には HDFS に代表される分散ファイルシステムの層です。つまり、クエリーは捨てなければならない可能性がありますが、データは使いまわしが効きます。アドホッククエリーについてはあきらめて自分が慣れれば済むので、何を使っても問題はないでしょう。DWH 層やアプリケーション層を作成するためのバッチ SQL は何を使っても賭けになるので、現時点では Hive に寄せるのがベターと考えます。

■ Hadoop を乗りこなす戦略

Hadoop まわりは大変動きが激しく、具体的な情報は書いた瞬間に古くなるので書籍では非常に扱いにくい話題です。したがって本書では具体的な機能の比較をするのではなく、Hadoop とつきあう戦略について話したいと思います。

Hadoop をうまく乗りこなしていく戦略は、次の 3 パターンに大別できます。

1. Hadoopを自分たちで修正できるくらいのチームを用意して自前運用し、先端技術に追従する
2. Hadoopのインフラと運用を提供しているサービスを使う（AWSのElastic MapReduceなど）
3. Hadoopを基盤としたデータベースサービスを使う（Treasure Dataなど）

まず、Hadoopをすべて自前で運用する戦略は正直お勧めできません。かなり技術力のあるチームが要求されますし、大規模システムでないとコストが見合いません。逆に言えば、その条件を満たしており、企業のコアコンピータンスとなるシステムを構築するなら、やる価値があります。

自前運用に比べると、AWSの**Amazon Elastic MapReduce**のようなHadoopサービスはだいぶ気軽に導入できます。Hadoopの最もつらい部分である運用をベンダー任せにできるのは非常にコストメリットがあります。さらに、サービスにもよりますが、サービスの提供するHadoopシステムに自分でPrestoを導入する、などの実験的なシステム構築も可能なので、拡張性を担保することもできます。エンジニアが構築に深く関わるのであればよい選択肢でしょう。

そして最後に、「Hadoopを使いたいのではなく、最小限の手間でクエリーを投げて分析したいのだ」ということであれば、完全にHadoopを隠蔽してクエリーを投げられるサービスがお勧めです。**Treasure Data**などがこのタイプのサービスを提供しています。マーケティングの部署などが自力で分析システムを構築するような場合は、こちらのタイプがよいかもしれません。

■ 分散並列データベースにおける高速化技術

この節の最後に、分散並列データベースにおいて特に意識すべき高速化の技術についてごくごく簡単に述べておきます。

並列RDBMS、Hadoop、BigQueryのいずれもコンピューターを複数使うことによって大規模データの処理を可能にしていますが、それだけでは十分とは言えません。テーブルがたとえ100億行あろうと1兆行あろうと、現実のほとんどのクエリーはそのうちの一部にしかアクセスしないクエリーなので、そもそもすべ

てのデータにアクセスしないで済むような仕組みがないとまともな速度が出ないのです。

そのための主要な仕組みが論理パーティションとカラムナーストレージです。論理パーティションについては第 10 章でも話したので、カラムナーストレージについて説明しましょう。

カラムナーストレージ（columner storage）は、テーブルのうち必要なカラムだけをアクセスする仕組みです。別の言いかたをすると、論理パーティションがテーブルを「横に」割って保存する仕組みであるのに対して、カラムナーストレージはテーブルを「縦に」割って保存することができます。この 2 つの機能をテーブルに適用することで、テーブルのうち必要な行の必要なカラムだけをディスクから読み込めば済むようになります。基本的にこの 2 つはすべての巨大なテーブル（1 億行以上）に適用すべきです。

現在、カラムナーストレージと論理パーティションはほぼすべての並列 RDBMS、Hadoop、BigQuery で採用されています。したがってここでは技術的な優劣は付きません。

分散並列データベースのもう 1 つの高速化の仕組みは**分散キー**（distribution key）です。これはいまのところ並列 RDBMS にしか実装されていない機能で、各行をどのようにコンピューターへ分散させるかをコントロールできます。

カラムナーストレージと論理パーティションは一言で言うとディスクアクセスを減らす仕組みですが、分散キーはネットワーク転送を減らすための仕組みです。一般に、分散システムの最大のボトルネック（速度を制約する場所）はコンピューターどうしを接続するネットワークなので、ネットワーク転送を削減できる分散キーは分散システムにとって強力な高速化の手段です。SQL 中心アーキテクチャでは特に DWH 層やアプリケーション層で効果を発揮します。

12.3 JSONやXMLのロードに潜む問題

　本章の最初の節では、JSONやXMLのロードという問題の裏には2つの欲求、すなわち真の課題が潜んでいるという話をしました。次の2つです。

1. 自動的なスキーマ進化
2. 複合レコードの処理

　これらの2つの課題はたいていごっちゃにされて議論されており、ビッグデータまわりの話を無駄に複雑にしています。しかし本来これらは別の話であり、動機も対策も異なるので別々に議論するべきなのです。
　この節では、まず2つの問題について内容と解決策を説明し、その後でこれらの問題が混乱した経緯について話すことにします。

■ 1つめの課題：自動的なスキーマ進化

　スキーマ進化（schema evolution）というのは、テーブルの構造を新しいバージョンに変えることです。例えばアプリケーションで新しいデータを追加したいからカラムを追加するとか、このカラムはもう必要ないから捨てる、ということはよくあります。そのような変更はSQLでは **alter table文**（alter table statement）という文で実行できますが、それを自分で打つまでもなく勝手に変わってほしいという欲求が「自動的なスキーマ進化」です。
　現代の分析システムにとって自動的なスキーマ進化が求められているのはなぜでしょうか。システムの進化スピードが圧倒的に速くなり、しかも停止が許されなくなったからです。実はビッグデータとはあまり関係がありません。
　かつては、アプリケーションの開発者がカラムを増やしたいと思ってからデータベース管理者にリクエストを出し、必要ならサービスを止めてカラムを追加し

てアプリケーションを更新する……という手順が許されていました。

ですが、もはやそんな牧歌的な時代ではありません。ウェブアプリケーションなどでは、1日10回デプロイ（リリース）することも珍しくありません。それなのにそのたびにサービスを止めてカラムを追加して……などと悠長なことをやっていられるわけがありません。スキーマ進化を自動的に、停止時間抜きで実施することが必須の要件になったのです。

つまり、スキーマ進化が必要とされるようになったのは、ビッグデータは関係なく、開発プロセスが問題なのです。

■ 解決策1：動的スキーマ

自動的なスキーマ進化を実現する方法の1つは動的スキーマ機能です。HadoopとBigQueryがこの機能をサポートしています。またRDBMSでは後に述べる「JSONサポート」によって動的スキーマを実装している場合があります。

動的スキーマ（dynamic schema）とは、テーブルの定義（カラム）をあらかじめ決めておくのではなく、データにあるカラムがそのままテーブルのカラムとなる仕組みです。つまりテーブル単位でカラムが決まるのではなく、行単位でカラムが決まるのです。

これは仕組みを述べると理解しやすいので、Hadoopの（比較的古い）仕組みをベースに説明しましょう。

HadoopではすべてのデータをHDFSに格納します。HDFSはようするにファイルシステム（ファイルを格納するシステム）なので、例えばCSVやJSONのようなテキストファイルをそのままHDFSに保存することができます。そしてMapReduceやそれに類するシステムがこれらのファイルを読み込むときにカラムを判定して変形し、テーブルのように見せかけることで、あたかもHiveからはテーブルのように扱うことができるという仕組みです。

例えば次のようなJSONで表現されるデータがHDFSに入ってきたとします。

```
{
    "request_time": "2015-05-03 23:37:02",
    "request_method": "GET",
    "request_path": "/search",
    "customer_id": 298762,
    "search_hit": 152
}
```

このJSONデータにはrequest_time、request_method、request_path、customer_id、search_hitという5つの属性があるので、その5つがそのままテーブルのカラムとして定義してあるかのようにselect文を書くことができます。この行にあるカラムが他の行にはなくてもよいし、その逆にこの行にないカラムが他の行にあっても構いません。select文は、アクセスするすべての行のカラムを合わせたカラムがあるかのように動きます。

この機能を使えば、スキーマ進化は非常に簡単です。単に、送るデータを新しい形式にすればよいのです。元のデータは元のカラムで、新しいデータは新しいカラムでアクセスすることができます。

■ 動的スキーマとJSON

Hadoopの最初の仕組みを考えると、なるほどそれじゃあ動的スキーマを実現するにはJSONをそのまま扱えるようにしないといけないんだな……という気になるかもしれませんが、実はそうではありません。動的スキーマを実現するためにJSONファイルそのものをずっと持っておく必要性はないのです。カラムの決まっていない行も扱えるような専用形式を作って、それに格納すればよいだけです。

JSONファイルのようなテキストの解析というのはそれなりにリソースを食う処理ですから、データベース専用の形式に変換しておいたほうがselect文の処理は明らかに高速になります。したがって、繰り返しアクセスすることがわかっているなら、JSONファイルよりも効率の良い専用形式に変換しておいたほうがよいのです。そして実際、最近のHadoopはそのような仕組みを実装しています。

JSONやXML形式は動的スキーマをサポートするデータを伝搬するためには

適していますが、テーブルデータを保存する形式として必ずしも優れているとは言えません。そしてデータベースにとって必要なのは保存する形式のほうです。

■ 解決策2：JSONサポート

　PostgreSQLのように、JSONを特別に型としてサポートすることで動的スキーマと同じような機能を実装しているRDBMSもあります。このようなRDBMSのJSON関連機能をざっくり「JSONサポート」と呼んでおきましょう。

　PostgreSQLの場合はまだJSONの中身にアクセスするために特別な記法を使う必要がありますが、RDBMSによってはJSONサポートをさらに拡大し、JSONに入っている属性をそのまま普通のカラムとして扱えるようにしていることもあります。これはもはや動的スキーマ機能そのものと言ってもよいでしょう。例えばTeradataのTeradata JSON機能はこのタイプです。

　ただ、個人的にRDBMSのJSONサポートには失望を感じます。さきほど述べたように、RDBMSに必要なものは動的スキーマをサポートしたデータ格納形式であって、JSON自体ではありません。JSONという具体的な形式に依存するのは機能の寿命を縮める行為にしか見えません。

■ スキーマ進化はどうあるべきか

　話を戻しましょう。動的スキーマを使っても、これまでに蓄積したデータの形式が勝手に変わるわけではありません。したがって、分析者がクエリーを書くときに新旧両方のバージョンを意識して書く必要があります。分析者にとっては面倒な話です。

　一方で、動的スキーマ機能があると、データを書き込む側（普通は基幹システムの開発者）はとても楽です。事前にテーブルを定義する必要もなく、形式が変わろうとなんだろうととりあえずJSONなど何らかの形式でデータをつっこんでおけば終わりだからです。

　こうして見ると、動的スキーマはスキーマ進化の問題をアプリケーション側から分析側に移転するための機能と考えることもできます。分析者側からすれば基

幹システムが勝手にデータ形式を変えたくせに変換したりテーブル定義変えたりするのが面倒だからと何でも入る箱を作って汚いデータをぶちこんできやがる……と、いうことになるわけです。

　分析側の都合だけを考えるならば、データ形式が変わったならちゃんと変換してもらって、過去から現在まで統一的に扱えるほうが確実に便利です。しかし基幹システム側の都合だけを考えるならば、とりあえず何でも受け入れてくれるデータベースのほうが便利です。

　このどちらの視点を優先すべきかは、そのデータの分析をどのくらい本気で、頻繁に行うかに依存します。

　もしあるデータが非常に重要で分析する価値が高く、分析によって会社の業績に影響がある……というほど重要ならば、基幹システム側の責任において一貫したデータを提供すべきです。

　しかしそうではなく、とりあえず保存はするし分析できる状態にしておきたいけれども、本気で分析するかどうかはわからない、というくらいならば、書き込み側の事情を優先すればよいでしょう。分析者としても、面倒だろうがなんだろうがデータがないよりはマシです。

■ 2つめの課題：複合レコードの処理

　2つめの課題は複合レコードの処理です。**複合レコード**（compound record）という用語は適当なものがなかったのでわたしが勝手に決めました。複合レコードとは、行の中に値としてまた行が入っていたり、行の中にまた複数の値が入っていたりする行のことを指します（**図12.2**）。

12.3 JSONやXMLのロードに潜む問題

1フィールドにレコードを含む

request_id	request_time	parameters		
AA051-21595-09356	2015-05-18 09:10:04	view_seconds	scroll_ratio	click_button
		36	0.7	discount_campaign

1フィールドに複数のレコード（テーブル）を含む

request_id	request_time	search_keywords
AA051-21595-09356	2015-05-18 09:10:04	word 大根 あんかけ 挽肉

図12.2　複合レコード

　第9章で話した配列を含む行も複合レコードのようなものと考えてよいでしょう。実を言えばリレーショナルデータベースにおいて配列はどちらかと言えば邪道なのですが、配列があるといくつか便利な操作ができるので、本書では使いどころを絞って紹介しました。

　複合レコードはJSON形式やXML形式を使うとうまく表現できます。だから複合レコードを扱うという話題はJSONやXMLをロードする話と同じ問題にされがちなのですが、本質的には別の話です。なぜならJSONやXMLは複合レコードの入れ物、もしくは表現方法であって、複合レコードというデータそのものではないからです。

■ なぜ複合レコードがビッグデータ特有の課題なのか

　分析システムにおいて複合レコード機能がほしくなる最大の理由は、元データを持つ基幹システムに複合レコードがあるからでしょう。分析システムはとりあえずデータを持ってくるところから始まりますから、元のデータをそのまま受け入れられるのは大きな利点です。特に最近はKVSシステムが複合レコードをサポートしているため、複雑なデータが発生しやすくなりました。

　とはいえ、実際のところ、複雑なデータ構造を持つデータをRDBMSに入れたいという要求は実はずっと昔から存在していました。そういったデータを

RDBMSに入れたいときはどうしていたかと言うと、RDBMSが扱いやすい形式に変換するプログラムをCやJavaやPerlで書いていたのです。例えばExcelファイルをCSVに変換して、複雑な構造がある場合は複数のファイルに正規化して分割し、横持ちは縦持ちになおします。つまりETLのTで解決していたわけです。

しかしデータが大きすぎると、もはやふつうのプログラムではデータサイズ的に処理しきれなくなります。ではどうしたらよいでしょうか。これはもうワンパターンで、コンピューターを複数台使って分散並列処理するしかありません。

しかし、並列処理が可能なシステムはそれほど多くありません。また、並列システムはその場で手軽に作れるほど簡単でもありません。となると、既存の並列システムを使えたらいいな……という話になるわけです。つまり、ロードしようとしている「この」並列データベースを使って前処理もできたらいいじゃないか、ということですね。

かくして、ビッグデータ以前にはETLの問題だった複合レコードは、ビッグデータ時代になって突如としてデータベースの課題になったというわけです。

分析システムとしては、複合レコードはとりあえず受け入れて、正規化の処理が書ければこと足ります。複合レコードは正規化されていないので、分析の軸（ひらたく言うとgroup byのキー）に柔軟性がなく、SQLの力を発揮しづらいため、分析システムにとって複合レコードはむしろ障害でしかありません。

分析システムにおいては、複合レコードはあくまで前処理をデータベース内で実行するための仕掛けだと考えるべきでしょう。つまりSQL中心アーキテクチャにおけるソースデータ層のみに存在すべきです。

12.4 非構造化データと機械学習

ビッグデータの章の最後は、非構造化データの話題を扱います。

非構造化データとは、単純なルールに従って解析できず、曖昧性のあるデータのことを指します。日本語のような自然言語で書かれた文章、画像、音声、そしてこれらの組み合わせである動画などが非構造化データです。これらのデータはそもそもコンピューターでは扱いが困難です。解釈が少しずつ進歩してはいますが、いまだに完全に理解することはできていません。

■ 非構造化データはなぜ扱いが難しいか

非構造化データの解釈が難しいのは、単純なルールでパターンを表現できないからです。と言ってもよくわからないと思うので、その逆を考えてみましょう。つまり、単純なルールで解析できるデータとは何でしょうか。

例えばSQLやC、Javaのようなプログラミング言語がそうです。プログラミング言語はコンピューターで解釈可能なように都合のいい簡単なルールが設定されているので、コンピューターでも解析できます。例えばselect文の場合、文の最初には必ず「select」か「with」のような決まった単語を書かねばならず、節ごとに先頭の単語が決まっており、節を書ける順番も決まっています。さらに使える文字も厳格に決められていますし、文の末尾にはセミコロンがあるし、字の文とデータとしての文字列も分けられています。

そこへ行くと日本語で書かれた文字列はどうでしょうか。そもそも単語の区切りもはっきりしませんし、必ずしも句読点で文章が切れるとは限らず、1つの意味を表すために異常な数のバリエーションがあり、1つの単語でも漢字で書かれる場合もあればひらがなのときもカタカナのときもあり、意味すらも複数持つ場合があり、主語も目的語も省略されるかもしれず、文節の順番も入れ換わることがあります。挙句のはてには、1つの同じ文章でも文脈によって違う意味になり

ます。

　つまり、非構造化データは、解析するために想定しなければならないルールが異常に多いわけです。

■ 機械学習によるパターン認識

　人間の使う言語くらいにルールが多いと、人が手でルールをプログラミングする方法は一気に非現実的になってしまいます。なにかしら方向を転換せざるをえません。

　現在、非構造化データの解析の主流は**機械学習**（machine learning）です。なお機械学習は特定の1つの手法の名前ではなく、学問の分野を指します。機械学習を機能させるためには学習のためのデータが大量に必要で、そのあたりがビッグデータと関連して語られる理由です。

　機械学習の中でも特に最近話題になっている手法が**深層学習**（deep learning）です。深層学習は人間の脳の構造を模倣した**ニューラルネットワーク**（neural network）と呼ばれる手法の発展形で、GoogleがYoutubeの動画から猫を認識させたとか、AppleがSiriでの音声認識に使っている、といった応用例が有名です。

　このような話をすると、この分野に詳しくない人は「もう自分で考えるコンピューターが作れる！」と思ってしまうかもしれませんが、残念ながら現在の最新技術でもそこまでは行っていません。現在のところ機械学習が達成できているのは、人間で言うと認知に当たる部分です。区別、識別と言ってもよいかもしれません。例えば画像に写っているのが猫か否かを区分したり、画像から猫っぽい部分を抽出したりすることができます。しかしその猫認識システムが猫について自分で説明し始めたり、犬派と論戦を始めることは（まだ）ありません。

　ちなみに、深層学習は確かに高い精度で画像などを認識することができるのですが、「なぜ」認識できるのかは実はよくわかっていません。つまり、結果が出たときに「なぜ」その結果が出たのかは説明できません。どのくらいデータを与えたら何を認識できるようになるかもよくわかりません。また機械学習において精度100%はまずありえないので、失敗が許されないタスクにも使えません（人

間でも猫か犬かよくわからないときはありますよね？）。

■ SQL 中心アーキテクチャと機械学習を組み合わせる

SQL 中心アーキテクチャで機械学習はできるのでしょうか。

できるかできないかで言えば、できます。例えば Hadoop には **Hivemall** というライブラリがあり、Hive のクエリーから機械学習の学習関数を直接呼ぶことができます。また PostgreSQL と Greenplum で使える **MADlib** というライブラリを使うと、やはり SQL から機械学習を実施することができます。

しかし、この手のライブラリを自力で実装するのはかなり手間なので、自分の使いたいデータベースに使いたい機械学習のライブラリがあるかどうかが運命の分かれ道となります。既存のライブラリがあるなら、テキストの処理をデータベース内でやるのは悪くありません。

しかしもし機械学習のライブラリがないのであれば、この部分に関してだけは別のシステムと組み合わせるしかないでしょう。最近は AWS でも Azure でも機械学習のための専用サービスが用意されているので、このようなサービスと組み合わせるのも一案です。

また、画像、音声、動画の処理については、SQL を使うのはあきらめたほうがよいでしょう。**BLOB**（binary large object）としてデータを持たせて機械学習の関数で処理するということは論理的には可能ですが、効率がよくありません。Hadoop の MapReduce もしくは機械学習専用サービスを使って学習と認識を行い、解析した後の結果だけを分析データベースに取り込むのがベストです。

12.5 この章のまとめ

　この章ではビッグデータの定義である3つのVについて、それぞれのVでビッグデータの問題とされていることを説明し、またその問題をどう解決するかを話しました。

　Volumeの問題については基本的に分散並列データベースを使うしか方法はなく、また分散並列データベースによって対処可能であるという話をしました。具体的にはHadoop、BigQuery、並列RDBMSのような選択肢があります。

　Velocityの問題についてはやはり分散並列データベースが答えになるものの、ほとんどの企業にとってはクラウドサービスを使うほうが対応しやすいでしょう。

　そしてVarietyの問題については、問題をさらに細かく分割して、スキーマ進化、複合レコード、非構造化データについて考えるべきだと話しました。自動的なスキーマ進化には動的スキーマやRDBMSのJSONサポートで、複合レコードにはSQL自体の拡張や新しい関数で、非構造化データの分析には機械学習によって、対応することができます。

　SQL中心アーキテクチャにとっては、機械学習はサポートが難しい場合があるものの、それ以外の問題は分散並列データベースをもってすればほぼ対応が可能です。

　これまでは、並列RDBMSはVarietyに示されるような柔軟性に欠け、Hadoopは実行速度と応答速度が足りないというのが総論だったのですが、並列RDBMSはJSONサポートによって柔軟さを身に付けつつあり、HadoopはSQL on Hadoopによって速度を身に付けつつあります。おそらく、両者は近い将来に限りなく接近し、ほぼ見分けが付かなくなるでしょう。そして最後に現れた最強の刺客BigQueryがいったいどのくらい広まるのか、分散並列データベースの分野からはまだまだ目が離せません。

　ですが、1つのことだけは断言できます。どのデータベースが覇権を取っても、わたしたちはそのデータベースをSQLで操作しているでしょう。

第13章

SQLバッチの技法

この章ではSQLでバッチを作成するための仕組みと、典型的な処理パターンについて説明します。

13.1 SQLバッチをどのように動かすか

　第2部ではSQL中心アーキテクチャについてと、そのビッグデータ対応について話してきました。SQL中心アーキテクチャではほとんどの処理をRDBMSやHadoopで行うため、モノとしては基本的にSQLの使えるデータベースがあれば済みます。

　しかし、それでは、強力な並列RDBMSなりHadoopなりを用意したら分析システムはできあがりでしょうか。あとは手でSQLを実行していけば済むのでしょうか？

　もちろん違います。まず、基幹システムからデータを持ってくる必要があります。SQL中心アーキテクチャではETLよりもELTを推奨しているのでデータ移動の処理はだいぶ単純化されますが、しかし、現実的な規模の分析をしようと思えばそれなりの数のテーブルを持ってくる必要があるでしょう。しかも元となるソースデータ（基幹システムのデータ）が日々更新されるわけですから、移動も一度限りではなく、定期的に実行したくなります。

　また、DWHやデータマートを構築しようと思うと、データ加工のためにかなりの数のSQLを実行する必要があります。しかも、ソースデータの更新内容を反映させるためにはDWHやデータマートも定期的に更新する必要があります。

　このような、データの移動や加工などの処理を手作業でやっていたのではとてもではありませんが追い付きません。このような処理は、自動化してバッチ処理で定期実行すべきなのです。そのためには、大量のSQLをスケジュールと依存関係に従って動作させる仕組みが必要です。

　この節では、分析システムを構築するためのSQLバッチシステムの全体構成について話しましょう。

■ バッチジョブとジョブフロー

　DWH やデータマートを構築する処理は非常に巨大になるので、全体を 1 つのプログラムにするよりは、より小さい処理の組み合わせで構築したほうが得策です。そのような小さい処理 1 つ 1 つをバッチの**ジョブ**（job）と呼びます。また、ジョブの依存関係（A が終わったら B を動かす、のような関係）を示した図を**ジョブフロー図**（job flow chart）と言います。**図 13.1** は小さいですが実際にありそうなジョブフローの例です。

```
customers          customers         customers
全行エクスポート →  全行ロード    →  差分抽出・蓄積
                                                  → 年齢層別・県別
                                                     受注金額日次サマリー作成
orders             orders            orders
差分エクスポート →  差分ロード    →  差分蓄積
```

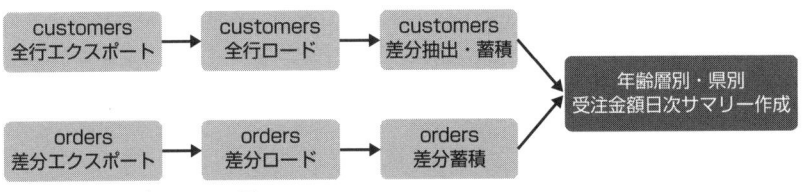

図 13.1　小さいデータフロー図

　小さい分析システムならば 100 ジョブ程度で済みますが、大企業の DWH 構築バッチとなると 10000 ジョブを超えることもあります。中規模の分析システムでも 2000 ジョブくらいは覚悟したほうがよいでしょう。

■ どのくらいジョブを分けるべきか

　ジョブの分けかたは恣意的なので、1 つの insert select 文が 1 つのジョブでも構いませんし、ほとんどすべての処理を含む巨大なジョブを作ることもできます。

　ですがわたしのお勧めは、1 ジョブをできるだけ小さくすることです。特に、ジョブの途中からやり直したくなるケースがないように構成すべきです。

　例えば他のデータベースからテーブルの全行をエクスポートして、分析データベースにロードする処理を作るとしましょう。エクスポートとロードを 1 つのジョブにしてしまうと、ロードが失敗した場合にエクスポートからやり直しになってしまいます。

このような状況はできれば避けたほうがよいので、エクスポートとロードでジョブを分けておくのが無難です。オプションなどでロードだけを実行できるようにジョブを作っておいてもよいのですが、そのぶん運用が複雑化するので、せめて頻出パターンだけにとどめたほうがよいでしょう。

■ ジョブをどう作るか

さて、SQLを実行するジョブは具体的にどのような仕組みで作ればよいでしょうか。SQLのジョブを書くさいには、伝統的にはシェルスクリプトがよく使われてきました。シェルスクリプトのヒアドキュメントという機能を使ってシェルスクリプトにSQLを埋め込み、そのSQLをpsqlコマンドなどに渡して実行させるわけです。

この方法は、シェルの変数をそのまま使えるため、SQLの一部に変数を使えるという点が地味ながら効果的です。非常に原始的な例を**リスト13.1**に示します。

リスト13.1　SQLを実行するシェルスクリプト

```
#!/bin/sh

psql -h "$DWH_HOST" -p "$DWH_PORT" -U "$DWH_customer" <<SQL
insert into customers
select *
from customers_wk
where updated_time between >= timestamp '$DWH_DATA_DATE 00:00:00'
;
SQL
```

とはいえ、この原始的な方式だとさすがにいろいろ面倒なので、実際には変数展開や複数データベースのユーザーやパスワード管理のできるフレームワークを使ったほうがよいでしょう。後述するジョブフローエンジンがそのような機能を備えている場合もあります。また、わたしがオープンソースソフトウェアとして公開している**Bricolage**[注1]もそのような機能を備えたバッチジョブフレームワークです。

注1　Bricolage：https://github.com/aamine/bricolage

■ ジョブフローを実行するためのソフトウェア

ジョブフローを実行するための仕組みも自分で作るよりは既製の専用ソフトウェアを使うほうが楽です。

以前から大中企業で使われているソフトウェアだと、**ジョブ管理システム**（job management system）と呼ばれるソフトウェアがこれに当たります。日立の **JP1/AJS**、BSP の **A-AUTO**、NRI の**千手**、富士通の **Systemwalker**、NTT データの **Hinemos** あたりが代表格です。海外では IBM の **Tivoli Workload Scheduler** や hp の **OpenView** の名前をよく聞きます。これらのソフトウェアはいずれもジョブフローの開発・実行の両方を視覚的に（GUI で）行うことができます。

最近はウェブ系の企業でも巨大バッチを扱うことが増えてきたのか、ウェブ企業からもジョブフローを実行する新しいツールがリリースされています。目的はジョブ管理システムと同じですが、ワークフローエンジンと呼ぶことのほうが多いようです。こちらのほうは全体的に機能が少ない、よく言えばシンプルな仕組みです。

Oozie はよく Hadoop と一緒に使われているワークフローエンジンですが、Hadoop のシステムの一部を利用するので、単独で使うのは困難です。もっと小さいものだと **Rundeck**、Luigi、それに AirBnB の **Airflow** あたりが挙げられるでしょう。

■ 開発・運用しやすいバッチを作るには

バッチの開発と運用を簡単にするためには、まずジョブを大きくしすぎないことです。原則として1ジョブ1 SQL 文を保ち、ジョブフローを図にしたときに依存関係の矢印が混線していないことが理想です。

実際に起きたことをわかりやすくするという点では**ログ**（log）の重要性はどれだけ強調してもしきれません。基本的にバッチは誰も見ていないところで動きますから、あとから何が起こったのか理解するにはデータとログだけが頼りです。ジョブフローの進行過程や実行した SQL、その結果などをジョブ管理システム

やフレームワークが勝手に記録してくれるのがベストです。フレームワークがどんなログを取るのかは最初に必ず調べましょう。

　また、障害が起きたときに対応しやすくするためには、バッチジョブの処理を**冪等**（idempotence）にしておくと効果的です。冪等な処理とは、入力が同じならば何度実行しても結果が同じになる処理のことです。ジョブが冪等であれば、例えば入力データが壊れていたとわかったときも、ジョブフローを最初から実行しなおせば修復できるので扱いが楽です。この冪等な処理については後で具体的に処理パターンを説明します。

Column　　　　　　　　　あれっ？ ストアドプロシージャは！？

　一般的にSQLでバッチというとストアドプロシージャが付きものです。**ストアドプロシージャ**（stored procedure）とは、複数のselect文の実行や条件分岐やループのようなロジックをひとまとめにしてRDBMS側に保存したものです。関数のように呼び出すことで、決まった処理を実行できます。

　本書ではストアドプロシージャは意図的に使いませんでした。Hadoopや並列RDBMSではサポートしていない場合があること、実行時に入力・出力テーブルを差し替えるのが難しいなど柔軟性に欠けること、select文よりもはるかにデータベースによる差が激しい、コードのバージョン管理がしにくい、などの点がネックです。

　ちなみに、ストアドプロシージャを解禁すると嬉々としてカーソルを使い始める人がいますが、カーソルを使った処理は並列化されないため、並列データベースのバッチでは絶対に使ってはいけません（BIツールからの参照時は別です）。

13.2 SQL バッチの処理パターン

バッチの全体構成について話したので、続いては各ジョブでどのような SQL を使ってデータを更新するかを話しましょう。

■ 基本パターンは insert select 文

SQL でデータを作っていくために最もよく使う文は insert select 文です。次のように、「insert into テーブル名」の次に通常どおりに select 文を書くことで、その select 文の結果がテーブルに書き込まれます。

```
insert into daily_sales
select
    sales_date
    , sum(sales_amount)
from
    sales
group by
    sales_date
;
```

本書では、元データを持つテーブル、つまり from 節に記述するテーブルのことを**ソーステーブル** (source tables)、データを更新する先のテーブルのことを**ターゲットテーブル** (target table) と呼びます。

ほぼすべての SQL ジョブにおいて、ソーステーブルは 1 つ以上で、ターゲットテーブルは 1 つです (ロードとエクスポートは除く)。ターゲットテーブルが 2 つ以上という場合もなくはないのですが、そういうレアケースは無視したほうがジョブフローを単純化できます。

■ ジョブフローとデータフロー

各ジョブのソーステーブルとターゲットテーブルをつなぎ合わせていくと、図13.2のようにテーブル間のデータの流れを書くことができます。このようなデータの依存関係を表した図をジョブフロー図に対して**データフロー図**（data flow chart）と言います。

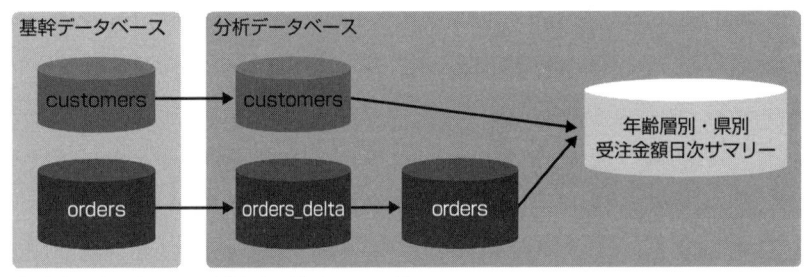

図13.2 ジョブフローに対応するデータフロー図

実際には、データフローを先に決めてからジョブフローを書いたほうが楽です。何のデータがあればこのデータが作れるかは、カラムを見るとたいていすぐわかるからです。ジョブ数が3より多くなるときは、コピー用紙の裏でもいいので最初にデータフロー図を書きましょう。

■ ワークテーブルとサマリーテーブル

ところで、このデータフロー図でのorders_deltaテーブルなどは基本的にそれだけでは役に立たない、処理の中間データを置いておくためだけのテーブルです。このようなテーブルを俗に**ワークテーブル**（work table）や**中間テーブル**（intermediate table）と呼びます。

最初のうちはこのようなテーブルを作ってよいのか不安になることもあるのですが、恐れることはありません。ワークテーブルを作ったほうが処理が簡単になるときはどんどん作りましょう。ただし、テーブル名や置く場所（スキーマ）に規則を持たせて、ワークテーブルであることがすぐわかるようにしておくほうが管理が楽です。

また、ターゲットテーブルの中でも特に集計結果を格納するテーブルが**サマリーテーブル**（summary table）です。サマリーテーブルは用途に応じてDWH層に置いてもアプリケーション層に置いても構いません。

■ データ更新の2つの方式

SQLのバッチでinsert select文を使ってデータを更新していく方式はざっくり言って2つに分けられます。**差分更新**と**全行洗い替え**です。

差分更新は新しく分析データベースに入ってきたデータだけをターゲットテーブルに追加する方式です。そのときにデータを加工する場合も、しない場合もあります。差分更新は基本的には冪等ではありませんが、工夫すると冪等にできます。

一方の全行洗い替えは、新しく来たデータも含めて、テーブルの全行を作りなおす方式です。この方式はどうやっても冪等にしかならないので扱いやすく、便利です。また洗い替えをするのと同時にテーブル定義の変更もやってしまえるという点も優れています。ロジックとデータベースのリソースが許すなら、できるだけ洗い替えにしてしまったほうが楽です。

また、洗い替えの方式には具体的な方法が複数あります。更新先テーブルを削除・作成してから新しいデータをinsertする方法（drop-create型）と、新しいテーブルを作ってinsertしてから更新先テーブルと入れ換える方法（create-swap型）が代表的です。

> **Column** **upsertはないの！？**
>
> **upsert**とは、行がなければinsertして、存在していればupdateするという処理の通称です。OLTPではマスターテーブルを更新するときによく使われますが、分析データベースでは使えるデータベースが限られますし、使用頻度もそれほど多くないので紹介しません。

■ 差分更新の SQL

差分更新は次のような単純な insert select 文で実施できます。

```
insert into orders
select * from orders_delta
;
```

全データを処理するよりも差分データだけを処理するほうが高速なので、差分更新は非常に行数の多いテーブルを更新するときに有効です。

ただし、上記のように単純に insert するだけだと、そのジョブは冪等ではなくなってしまいます。上記の SQL を 2 回続けて実行したら orders_delta テーブルのデータが 2 回入ってしまいますから、自明ですね。

■ 差分更新を冪等にする

この処理を冪等にするには、追加されるはずのデータを先に消しておく必要があります。例えば元テーブルの orders_delta テーブルには 2015 年 5 月 5 日のデータがすべて入っていて、それを orders テーブルに追加しようとしているなら、次のように 5 月 5 日のデータを削除する delete 文を追加しておくことで冪等にできます。

```
delete from orders
where order_date = date '2015-05-05'
;

insert into orders
select * from orders_delta
;
```

delete 文は第 1 部では説明しませんでしたが、where 節に一致した行をテーブルから削除する SQL 文です。5 月 5 日のデータをあらかじめ更新先テーブルから消すようにすれば、もしこのジョブが以前に実行されていたとしてもそのとき追加したデータが最初の delete 文で削除されるので、何回実行しても結果が変

わりませんね。

また、ジョブを最初に実行するときには5月5日のデータは更新先のテーブルには入っていないはずですから、delete文は1行も消さずに正常終了します。

■ SQLにパラメーターを持たせる

「2015年5月5日」のような具体的な日付は毎日変わるので、毎日自動的に変わらないと困ります。そのような日付は、**表13.1** のようにバッチのパラメーターを格納するテーブルを作ってそこに入れておくと簡単に再利用できます。

表13.1　各ソースデータの日付を記録しておくテーブル

data_id	data_date
orders	2015-05-05

このテーブルを利用すると、さきほどのdelete文は次のように書けます（スカラーサブクエリーを使っています）。

```
delete from orders
where order_date =
    (select data_date from source_data_dates where data_id = 'orders')
;
```

そしてsource_data_datesテーブルはバッチの開始時に更新しておくわけです。

ただ、このテーブルにパラメーターを格納する方法は比較的高度なSQLが必要になるので、実行できないデータベースもあるはずです。そのような場合は、バッチフレームワークの機能で日付を変数として埋め込むのがよいでしょう。

■ 全行洗い替えのSQL（drop-create）

続いては全行洗い替えの方式を見ていきましょう。まず、更新先テーブルを作りなおしてからinsertを行う全行洗い替えの方式を説明します。名前がないと

面倒なので「drop-create 型の洗い替え」と呼んでおきましょう。drop-create 型の洗い替えには次のような SQL を使います。

```
drop table daily_sales;

create table daily_sales (……);

insert into daily_sales select … (略) …;
```

drop-create 型の洗い替えは、いつでも元データから結果を再現できるサマリーテーブルや、計算の中間結果を格納するワークテーブルに最適です。

その一方で、最後の insert 文が完了するまではデータが存在しなくなってしまうので、絶対に失いたくないデータに関しては使えないパターンです。そのようなテーブルには次に紹介する create-swap 型の洗い替えのほうが適切でしょう。

■ 全行洗い替えの SQL (create-swap)

続いて、新しいテーブルを作って insert し、更新先テーブルと差し替える洗い替えの方式について説明します。こちらは create-swap 型の洗い替えと呼んでおきましょう。create-swap 型の洗い替えには次のような SQL を使います。

```
-- 一時テーブルを作成
create table daily_sales_NEW (……);

-- データを作る
insert into daily_sales_NEW select … (略) …;

-- 新旧テーブルを入れ換える
-- テーブルの名前を変更するSQLはデータベースによって違うので注意
alter table daily_sales rename to daily_sales_OLD;
alter table daily_sales_NEW rename to daily_sales;

-- 入れ換えが成功したら旧テーブルを消す。次のバッチまで保存してもいい
drop table daily_sales_OLD;
```

create-swap型の洗い替えの利点は、insert文が完了するまで旧テーブルを保持しているので、データが完全になくなる心配がないことです。つまり、新旧テーブルのどちらかは必ず残るということです。

一方で、この方式ではデータを二重に持つことになるので、ディスク容量を少し食います。しかし処理が終われば一重に戻るわけですから、異常に巨大なテーブルを除いては気にするほどのことではありません。

■ データ更新をアトミックにする

ここまでの話は、バッチ中はテーブルが参照されないという大前提で話しています。しかしもし、24時間参照される可能性があるテーブルをバッチで更新したい場合……言い換えると処理をアトミックにしたい場合はどうすればよいでしょうか。

差分更新のほうは、おそらく何もしなくても問題ありません。24時間参照しつつバッチもするということは、分析中にデータが増減するのは前提として折り込まなければならないということです。したがって、分析者がちゃんとデータの時刻などを条件に入れて分析していれば済みます。

洗い替えのほうはそうはいきません。drop-create型にせよcreate-swap型にせよ、テーブルがなくなる瞬間があるため、その瞬間にテーブルにアクセスされるとエラーになってしまいます。

しかし、create-swap型の場合はデータベースによっては変更をアトミックにできる場合もあります。例えばPostgreSQLとRedshiftでは、alter table文を次のようにトランザクション内で実行すればテーブルの入れ換えがアトミックになり、いつアクセスされてもエラーになりません。

```
create table daily_sales_NEW (……);

insert into daily_sales_NEW select … (略) …;

begin transaction;    -- ここが重要!
alter table daily_sales rename to daily_sales_OLD;
alter table daily_sales_NEW rename to daily_sales;
commit;
```

> **Column** ビューを使ってアトミックなテーブル入れ換え
>
> 　ビューの定義変更がアトミックにできるデータベースならば、「select *」を実行するだけのビューを間にはさむことでテーブル入れ換えをアトミックにできる場合もあります。その場合は、ビューの定義を「select * from xxx_OLD」から「select * from xxx_NEW」に変えることでテーブル入れ換えを実現します。

13.3 SQL ジョブのテスト

ジョブを作ったら処理の検証、つまりテストが必要です。OLTP システムで SQL だけを単体でテストする機会はあまりないと思いますが、SQL だけで処理をする SQL 中心アーキテクチャではそうもいきません。最後に、SQL のテストについて述べていきます。

■ テストの方針

SQL バッチのテストは、ジョブ単位でやるのがよいでしょう。典型的な insert select 文によるデータ更新ジョブの場合、ソーステーブルとターゲットテーブルのデータさえ固定してやれば、何度ジョブを実行しても結果は同じになるはずです。つまり、ターゲットテーブルが同じように更新されるはずです。

したがって、次のような手順でほとんどあらゆるジョブがテストできるはずです。

1. ソーステーブルを作る
2. ソーステーブルにテストデータを投入する
3. ジョブを実行する
4. 正解データを入れるテーブル（ターゲットテーブルと同じ定義）を作る
5. 正解データを投入する
6. ターゲットテーブルと正解データを突き合わせる

■ テーブル名は変数にする

このような処理をするうえでは、ソーステーブル名やターゲットテーブル名を動的に置き換えられると大変便利です。テストは複数人が同時に実行することがあるので、正解データを保存する一時テーブルなどは他人と重複しない名前を付

けたいですし、開発やテストのときは本番とは違うスキーマにデータを置きたいでしょう。

したがって、insert select文とテーブル定義（create table文）のテーブル名はすべてフレームワークの機能を使って変数化しておくべきです。例えばさきほど述べたような、シェルスクリプトを使った手抜きフレームワークならば、テーブル名のところを変数にして次のように書いておきます。

```
create table $dest_table
( sales_date date
, shop_id integer
, sales_amount integer
);
```

そのうえでジョブフレームワークやテストの仕組みで実際のテーブル名を埋め込むわけです。

■ except 演算子によるデータの突き合わせ

2つのテーブルのデータがまったく同じかどうか確認するには、次のようにexcept演算子で差をとるのが手軽です。

```
select from ターゲットテーブル except select from 正解データテーブル;
select from 正解データテーブル except select from ターゲットテーブル;
```

except演算子はunion all演算子と同じように、select文の結果（リレーション）どうしを演算するための演算子です。X except Yの結果は、XからYに含まれる行をすべて除いたリレーションです。つまり、X except YとY except Xの結果がどちらも0行ならば、XとYは同じと言えます。

この比較を1文でやるなら、次のように結果をunion allした合計の行数を数えます。この文の結果が0行なら2つのテーブルのデータはまったく同じです。

```
select count(*) from (
    (select from ターゲットテーブル except select from 正解データ)
    union all
    (select from 正解データ except select from ターゲットテーブル)
);
```

■ どのようなデータでテストすべきか

テストデータはどのような方針で作るべきでしょうか。例えば「すべてのコードを1回は通過する」C0カバレージを達成するためには、次のような条件に従ってテストデータを作る必要があります。

- case 式の各条件についてマッチする行としない行を作る
- ジョインされる行とされない行を作る
- where 節と having 節の条件についてマッチする行としない行を作る
- group by 節で生成されるグループを 2 つ以上にする
- 集約関数が集約する行を 2 行以上にする

実際にはここまで完璧にやらずとも、特に複雑な条件のところに絞ってやってもよいでしょう。例えばカラムをそのまま利用しただけの group by 節は自明なので省略し、複雑な where 句については入念にテストするなどの方法があります。なお、一般にジョインは非常に失敗しやすいので、慎重にテストすべきです。

13.4 この章のまとめ

　本章ではSQLでバッチを構築するときの基本的な概念、システム構成、処理パターン、それからテストについて、たいへん大雑把に話しました。

　このあたりは業務システムではよく使われてきた手法なのですが、ウェブやオープンソースの世界からは縁遠いことあって、インターネット上にはほとんど情報がありません。フレームワークの類もちょうど現在再開発が行われている途中です。もうしばらくすればインフラが整ってくるでしょうが、いまのところは既存のツールの組み合わせでやりくりするしかなさそうです。

第14章

本書を読み終えた後に

これが最後の章となります。この章では、本書で話し足りなかった分野、あまり語れなかった分野について、より深い知識を得るための情報を提供したいと思います。

14.1 データの分析と活用

　本書はあくまで分析の技術に焦点を合わせているため、分析をビジネスに活用するための手順や統計については話しませんでした。ここで書籍だけでも紹介しておきたいと思います。概論と初心者向けの本に絞ってあります。

■ 経営視点からのデータ活用

- Thomas H.Davenport, Jeanne G. Harris, Robert Morison『分析力を駆使する企業』日経BP社、2011
  分析に必要な5つの要素「DELTA」を中心として、企業が分析に強くなるための指針を示しています。経営的な視点から書かれてはいますが、経営者でもマネージャーでもないメンバーが自社にデータ分析を根付かせる戦略についても記述されており、すべての立場の人にお勧めできます。
- Thomas H.Davenport『データ・アナリティクス3.0』日経BP社、2014
  上の本の著者でもあるダベンポート先生のデータ活用シリーズ、ビッグデータ編です。ダベンポートは基本的に経営者向けに話をするので、ビッグデータのサイズに関する面はわりとどうでもよくて、非構造化データから価値を得るのが重要だ、という立場です。これはこれで納得できます。

■ 分析と統計

- 中西達夫、畠慎一郎『武器としてのデータ分析力』日本実業出版社、2014
  分析のパターンを「探索型」「目的型」の2つに絞り、さらに7つの分析手法だけを使って求める差異とその原因を探るという、非常にわかりやすく効果もありそうなストーリーを示してくれます。

- 網野知博『ビッグデータ活用入門』日本能率協会マネジメントセンター、2013

    タイトルにはビッグデータとありますが、ビッグデータの話はしていません。ビジネス的に価値のある分析をしようという話をしています。本題の価値ある分析についての話はよく整理されているのでお勧めできます。

- 高橋信『マンガでわかる統計学』オーム社、2004

    しょせんマンガだし……と思いきや、統計学の基礎をちゃんと説明してくれる正統派の良書です。イチから統計を学びたいかたにお勧めします。

- 横内大介、青木義充『現場ですぐ使える時系列データ分析』技術評論社、2014

    本書ではほとんど説明していない時系列データの分析に特化した書籍です。数式もそれほど多くなく、具体的な例とともに説明されているので理解しやすいです。

■ 機械学習

- Willi Richert, Luis Pedro Coelho『実践 機械学習システム』オライリージャパン、2014

    プログラミング言語 Python を用いて、実際にステップバイステップでクラス分類やリコメンドの手法を学ぶことのできる良書です。

- 徳永拓之『日本語入力を支える技術』技術評論社、2012

    なぜ機械学習なのに日本語入力……と思われるでしょうが、日本語入力（IME）は単語の検出やよりよい漢字変換のために機械学習を使っているので、大いに関係があるのです。説明もわかりやすく、楽しく読めるのでお勧めです。

- Christopher M. Bishop『パターン認識と機械学習』上・下巻、丸善出版、2012

    通称 PRML。機械学習を本気でやるにはこれを読まないと話にならないらしいので紹介しますが、正直に言うとわたしはまだ全然読めていません。紹介だけしておきます。

14.2 SQL とデータベース

　SQL についての基本的な部分は本書で説明したので、発展的なテクニックや設計に関する書籍を紹介します。

■ SQL

- Andrew Cumming, Gordon Russell『SQL HACKS』オライリージャパン、2007
  大量の SQL テクニック集が掲載されています。ああー、これは思い付かない……という技も多く参考になります。ほとんどのレシピは代表的な RDBMS (PostgreSQL、MySQL、Oracle、SQL Server) のすべてで動作するように書かれているので、自分が使っている RDBMS で動かないということも少ないでしょう。

- 奥野幹也『理論から学ぶデータベース実践入門』技術評論社、2015
  本書のような「とりあえず SQL 書くぞ！」というスタンスとは趣の違う、「理論ガッツリやりますよ系」の書籍です。RDBMS の基礎理論であるリレーショナルモデル理論について、SQL とリレーショナルモデル理論は何が違うのか、どう違ってどう使い分けるべきかということを教えてくれます。非標準 SQL や履歴テーブルに対する判断など本書とは意見の異なる点もありますが、そこは視点の違いでしょう。SQL にある程度慣れたらお勧めします。

■ データモデリング

- 真野正『実践的データモデリング入門』翔泳社、2003
  データモデリングとはそもそも何をすることだっけ、というところから、具体的なモデリングの例、「やってはいけない」ダメな例まで示されており 1 冊でモデリング初心者を脱出できます。

- 羽生章洋『楽々ERDレッスン』翔泳社、2006

  データベース論理設計の本……と見せかけて、これはデータ中心アプローチの本ですね。データ中心アプローチというのは、データを手掛かりとしてビジネスの業務フロー自体を改善する方法論のことを指します。具体的な手法からビジネスまでの構造まで一気通貫に語られているところがすばらしいです。

■ PostgreSQL

- **勝俣智成、佐伯昌樹、原田登志『内部構造から学ぶPostgreSQL設計・運用計画の鉄則』技術評論社、2014**

  本書ではPostgreSQLのSQLについては説明したものの、運用やパフォーマンスチューニングに関しては話せませんでした。この本はその話せなかった部分に特化した内容ですので、PostgreSQLをディープに使っていこうとするときには大いに役に立つでしょう。

■ 並列データベース

並列RDBMSに関する情報はウェブにも書籍にもほとんどありません。

Hadoopについても本は一瞬で古くなるうえ、運用方面の書籍が多いので活用については書籍ではあまり入手できません。Hadoopに関してはウェブで情報を得るのが一番でしょう。

- **青木峰郎 他『データベース徹底攻略』技術評論社、2014**

  筆者がRedshiftについて寄稿しています。基本機能からパフォーマンスチューニングまで一通り書いてあるので、参考にしてください。いま思うと、このページ数でDWHについてまで言及するのは無理すぎました。

14.3 DWH

　本書では、ぜひDWHを作りましょうというよりは、DWHの特性は探索的分析のためのデータベースにとっても便利かもしれないので、使える概念なら使いましょうという位置付けでお話ししました。

　正直に言うと、読者の所属する企業の内情が一律ではないので、本書におけるDWHの位置付けについてはたいへん悩みました。しかし探索的分析を優先すべきケースに対してDWHの構築をお勧めするのは意味がなさすぎるので、何をやるにしても絶対に必要であろう部分（ソースデータをそのまま転送して加工）とオプショナルな部分（共通部分と個別データマート）をそれぞれ層という形で表現することによって1つの話にまとめました。

　DWHは古い概念ではありますが、いまだ価値を失っていない優れた考えかたです。いま働いている会社に必要なのはこれだ！　ともし思われるのであれば、ぜひトライしてみてください（うまくいけばそのうち巨大プロジェクトになるでしょうが……）。

■ 書籍紹介

　今回本書を書いていて心の底から思ったのですが、DWHについてまともなことを書いている本は異常に少ないです。Inmonの本はどれも読みにくくてあまりお勧めしたくないのですが、他の中途半端な本を読むよりはマシなので、やむをえずお勧めします。幸い、古くなるような内容でもありません。

- **W.H.Inmon『データウェアハウス 構築編』オーム社、1997**
  DWHの父、InmonによるDWH構築の解説書です。やたらと文章がまわりくどいところと、具体的な話が皆無なところと、図がまるで意味のないところは不満ですが、慣れれば読めます。DWHについて真面目に考えたい人に

はお勧めです。このシリーズには「運用編」と「活用編」もありますが、構築編だけで十分だと思います。

- W.H.Inmon, Claudia Imhoff, Ryan Sousa『コーポレート・インフォメーション・ファクトリー』海文堂、1999
  DWHを提唱したInmonが、その後にDWHを中心とした情報系全体の構成について定義した概念が **CIF**（corporate information factory）です。DWH、データマート、ODSなどを含めた全体像について話しています。

- W.H.Inmon, Derek Strauss, Genia Neushloss "DW2.0" Morgan Kaufmann, 2008
  この節だけでわたしはInmonの本を何冊紹介すればよいのでしょうか。今度はData Warehouse 2.0だそうで、全体的にDWHのアーキテクチャがリファインされているほか、非構造化データのDWHへの統合についても話しています。

- W.H.Inmon, Daniel Linstedt "Data Architecture: A Primer for the Data Scientist" Morgan Kaufmann, 2014
  データサイエンティストなんたらと題名に入っていますが中身はいつもと同じ話です。DWHの新しいデータモデルである **Data Vault** についてほとんど唯一まともに書いてあります。Data Vaultはデータの追跡が容易という利点がありますが、面倒すぎという疑念が否めません。

- Ralph Kimball, Margy Ross "The Data Warehouse Toolkit" Third Edition, John Wiley & Sons, Inc., 2013
  データマートの祖Kimballによるデータマート構築の解説書です。英語ですが大変読みやすい英語で書かれているので、下手な日本語の解説を読むよりこれを読んだほうがよいと思います。

14.4 リアルタイム分析

　本書は話の内容を DWH とアドホックな分析に振ったため、リアルタイム処理の話題はほとんどしませんでした。しかし現在、基幹系と情報系がより区別しにくくなるとともに、情報系も徐々にリアルタイムな話に首をつっこまざるをえなくなっています。本節ではリアルタイム処理についてもポインターだけ置いておきます。

■ ストリームデータ処理

　本書では Kinesis をストリーム転送のためのツールと紹介しましたが、正確に言うと、Kinesis は転送のためだけのツールではありません。転送の途中にデータの加工処理を行うこともできるのです。

　そのような、次々流れ込んでくるデータを逐次処理してまた流す、というスタイルの処理を**ストリームデータ処理**（stream data processing）と呼びます。かつては **CEP**（complex event processing）とも呼ばれていましたが、最近は「ストリームデータ処理」のほうが市民権を得ています。

　ストリームデータ処理を活用すると、より遅延の少ない、データ反映がリアルタイムに近いシステムを作ることができます。しかしその反面で、データの参照範囲が制限される、データの処理工程が複雑化するなどのマイナス面もあるので、単にバッチを捨ててストリーム処理にすれば済むわけではありません。

　どちらかと言えば、メインの処理はバッチでやっておくが、リアルタイムでほしい情報だけはストリームデータ処理でやる、というように、バッチ処理とストリーム処理を併用するアーキテクチャがよくとられます。

　DWH の前に追加でリアルタイム処理を行うシステムは伝統的に存在しており、**オペレーショナルデータストア**（ODS, operational data store）と呼ばれています。最近だと**ラムダアーキテクチャ**（lambda architecture）という新しいス

タイルのバッチ・ストリーム併用型アーキテクチャが提案されています。

■ ワークロード管理

　データベースで行われるのがアドホックな分析だけなら負荷の問題はそれほど深く考える必要はありません。多人数がクエリーを投げているわけでもありませんし、分析クエリーが多少遅れたところでは問題になりませんから、重いクエリーを投げるときは一声かけておけばいいだけです。

　しかし、データマートが構築され、分析アプリケーションがデータベースにクエリーを投げるようになったり、データ更新頻度を上げるために日中にバッチが走るようになったりと複雑なシステム構成になってくると、負荷の制御が問題になってきます。

　例えば、バッチは遅くてもいいから全体の10%くらいのリソース（マシンパワー）を使って処理を継続して一定時間で処理を終えるようにする、このアプリケーションのクエリーは時間制約が厳しいからリソースを大量に与えて早め早めに終わらせる……といった制御をしたくなってくるわけです。このような、データベースのリソースを制御する機能を**ワークロード管理**（workload management）と言います。

　最も初歩的なワークロード管理機能はクエリーに優先順位を付ける機能です。優先順位の高いクエリーは「比較的」多くのリソースを割り当てられるというタイプと、優先順位の高いクエリーがすべてのリソースを奪うタイプのいずれかでしょう。それ以上にきめ細かいワークロード管理ができるデータベースはほとんどありません。

　つまり基本的には、厳しい時間制約のあるクエリーを分析データベースに直接流すのは得策ではありません。バッチの結果をOLTP用データベースに入れておいたり、ストリーム処理との合わせ技（ラムダアーキテクチャ）でカバーするなど、時間制約の厳しい部分のみを別システムで担保すべきだと思います。

14.5 10年戦えるデータ分析 〜あとがきに代えて〜

　本書はこれで終わりとなります。最後に、あとがきと言い訳を兼ねて、本書がどうして「こういう」構成になったのかをお話ししたいと思います。

　「こういう」構成というのはようするに、やたらめったらいろいろなものを混ぜてみた構成、ということです。エンジニアとプランナーの両方を対象読者にするというのは「まえがき」からずっと話してきたところですが、それだけではありません。第1部ではSQLの話を入門からやりつつも第2部では企業全体の分析システムについて考えてみたり、小さいところではOLTPと分析（基幹系と情報系）でSQLの使いかたが違うという話もしました。さらに第2部では、Hadoopを中心としたウェブ系の企業に多いアドホックな分析システムから、伝統的な大企業で構築されてきたDWHまで、およそ分析に関係しそうなシステムを全部並べつつ1つのコンセプトの上でまとめてみるという暴挙にも出ました。

　本書がこのような、ある意味混乱した構成になったのは、事実として分析を取り巻く状況が大混乱しているからに他なりません。他の企業の話を聞くと、同じようなデータベースを使っていて、同じようなことを目指しているようには見えるのだが、どうも何かが違う、話が通じない……。現在の分析界隈はそんな状況ではないかとわたしは思っています。

　そのような混乱、モヤモヤをどうにか落ち着けたくて書いたのがこの本です。そして混乱を収束させるための手段としてとったのが、「対立する要素をさらにもりこむ」こと、すなわちエンジニアとプランナーを両方相手にするという戦略です。そうすることによって選択可能な手段が厳選され、結果として「すべてをSQLでやる」という本書最大の柱を確立できました。

　さて、以上が本書のまとめです。ここまで読んできていかがだったでしょうか。本書が分析にまつわる様々な混乱を落ち着けることができたかどうか、その判断は読者に委ねたいと思います。本書がみなさんにとっていくばくかでも役立ってくれるなら嬉しい限りです。

付録

PostgreSQLの
インストール

　この付録ではWindowsとMac OS Xへの PostgreSQLのインストール方法を説明します。 PostgreSQLの最新バージョンは原稿執筆時点で バージョン9.4.1です。バージョン9系ならば基本 的に同じようにインストールできるはずなので、ご 自分がインストールするときの最新バージョンを 使ってください。

付録　PostgreSQL のインストール

Windows へのインストール

Windows 用のインストーラーパッケージは次の URL のページ（**図1**）からダウンロードできます。Windows は XP 以降のみサポートされています。

- http://www.postgresql.org/download/windows/

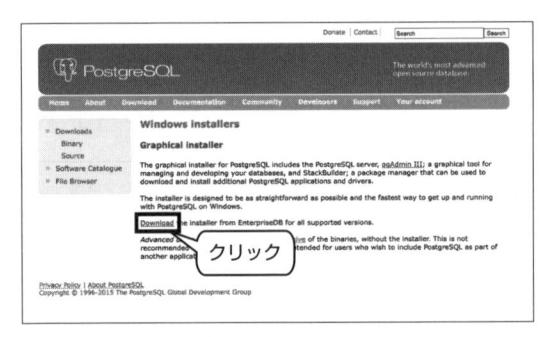

図1　Windows 向けダウンロードページ

"Graphical Installer" セクションの "download" というリンクをたどると、EnterpriseDB のダウンロードページに飛びます（**図2**）。

図2　EnterpriseDB のダウンロードページ

自分の使っている Windows が 32 ビット版ならば「Win x86-32」、64 ビット版ならば「Win x86-64」をクリックしてダウンロードします。わからない場合は次の「Windows が 32 ビット版か 64 ビット版か調べる」の項（p.329）を参照してください。

いずれかのボタンをクリックすると図3のような画面に遷移し、自動的にダウンロードが始まります。始まらない場合は「please click here」の here をクリックすればダウンロードが始まります。

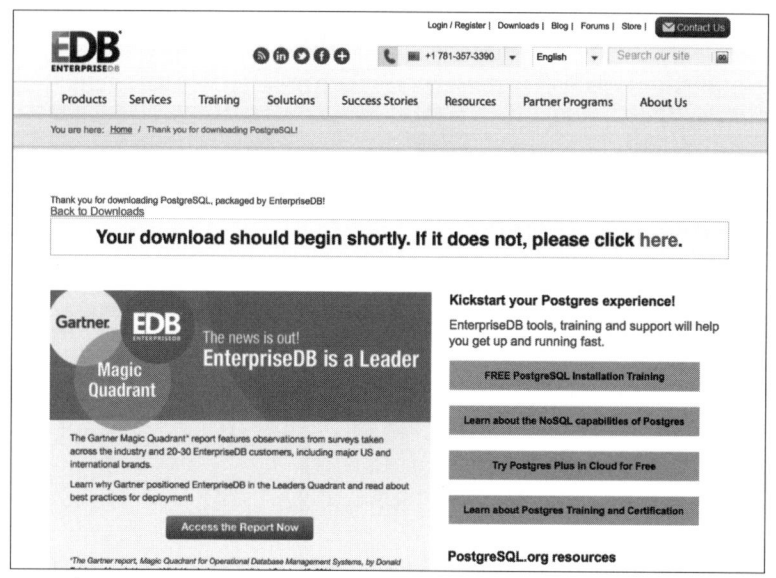

図3　ダウンロード開始画面

ダウンロードが始まると、ウェブブラウザーの下部に図4のような確認が表示されるので、「実行(R)」ボタンをクリックして実行してください。

図4　ダウンロードと実行の確認

すると今度は図5のような確認ダイアログが表示されるので、「はい」をクリックしてください。

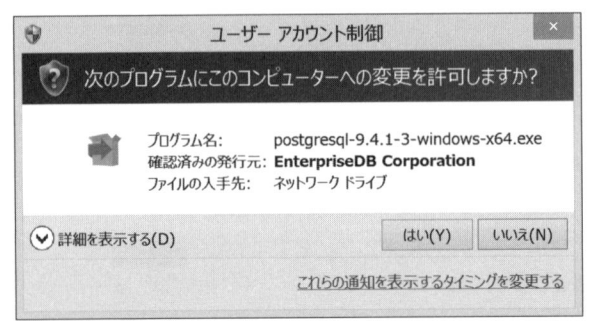

図5　実行許可の確認

インストーラーが実行されて、図6のような画面が表示されます。[Next >]ボタンをクリックしてください。

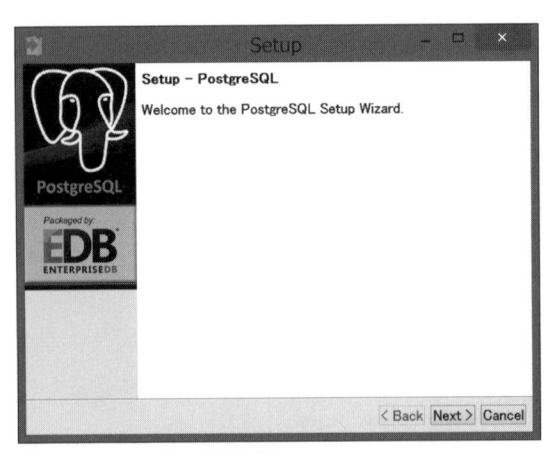

図6　インストーラーの画面 (1)

続いて図7のようにインストール先を聞いてきます。何も変えずに [Next >]ボタンをクリックしてください。

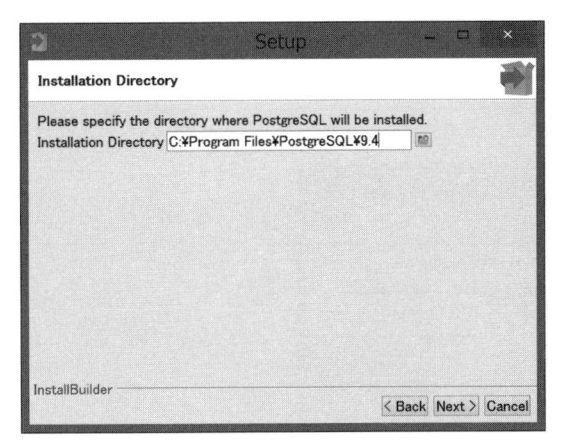

図7 インストーラーの画面 (2) インストール先選択

今度は図8のようにデータの配置先（テーブルなどのデータが置かれる場所）を聞いてきます。何も変えずに [Next >] ボタンをクリックしてください。

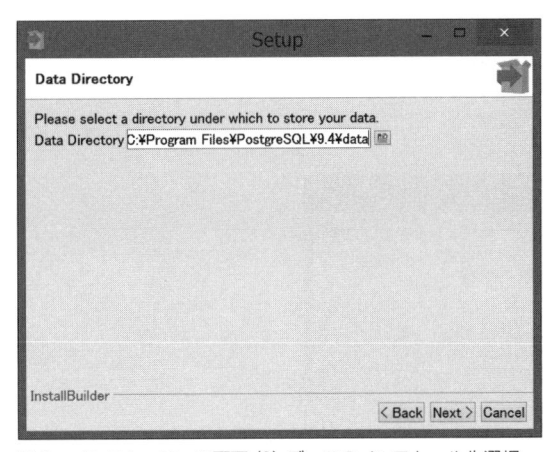

図8 インストーラーの画面 (3) データのインストール先選択

図9のように、これからインストールする PostgreSQL のスーパーユーザー（postgres ユーザー）のパスワードを聞かれます。ここは重要です。自分にしかわからないパスワードを2回入力してください。後でサーバーへの接続時に使うので覚えておきましょう。

また、PostgreSQL のインストーラーは Windows にも postgres ユーザーを作成するのですが、そのパスワードも同じになります。

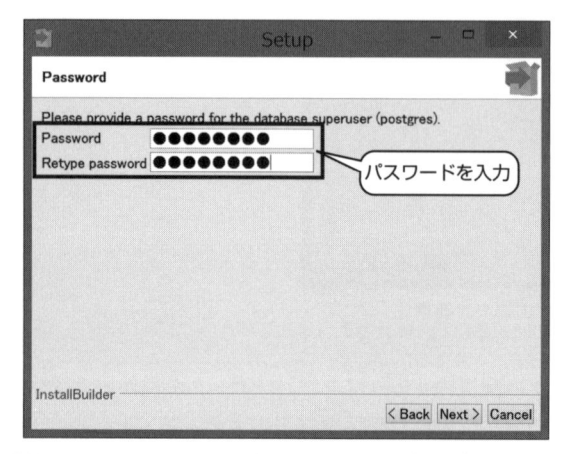

図 9　インストーラーの画面 (4) postgres ユーザーのパスワード入力

今度は**図 10** のように、PostgreSQL サーバーが使用するポート番号を聞いてきます。今度も変えずに [Next >] ボタンをクリックしてください。

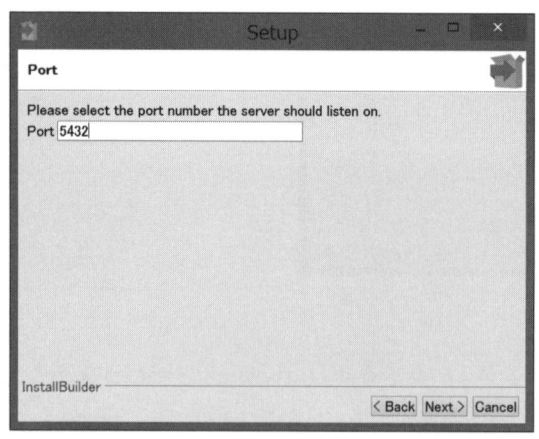

図 10　インストーラーの画面 (5) 使用するポート番号の選択

続いて**図 11** のような画面になります。ここでは locale というものを設定する必要があります。最初は「[Default Locale]」になっているので、「C」に変えてください。

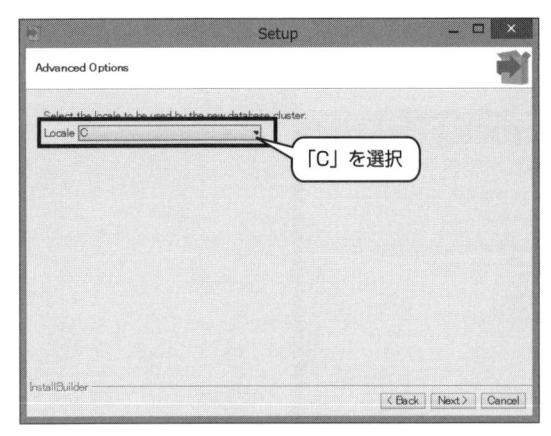

図 11　インストーラーの画面 (6) ロケールの設定

これでインストールの準備が整いました。**図 12** の画面で [Next >] ボタンをクリックすると実際のインストールが始まります。インストールは数分かかるので待っていてください。

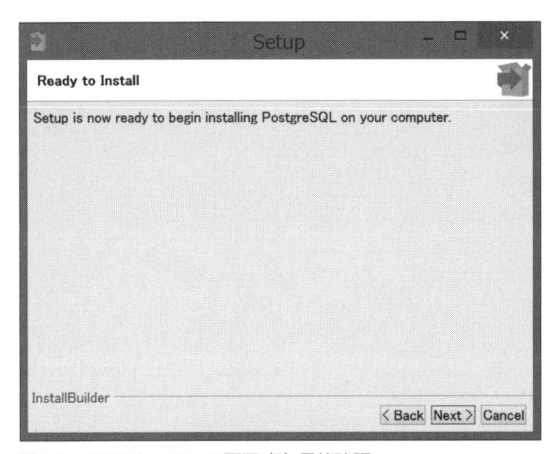

図 12　インストーラーの画面 (7) 最終確認

インストールが完了すると図13のような画面に変わります。最初は「Stack Builderを起動するか？」というところにチェックが入っていて、続いてPostgreSQLの追加コンポーネントをインストールすることができるのですが、本書の範囲では必要ありません。チェックを外して［Finish］ボタンをクリックし、終了しましょう。

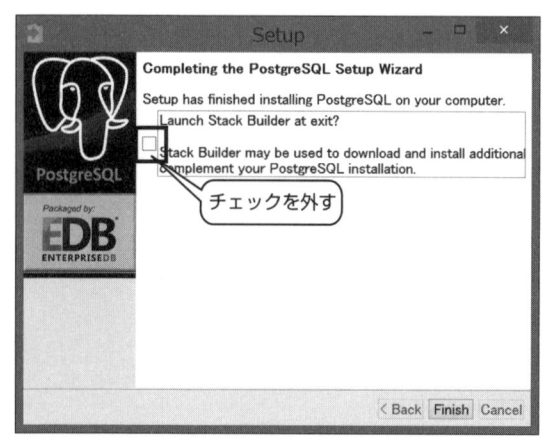

図13 インストーラーの画面 (8) インストール完了

インストールが完了すると、PostgreSQLサーバーはすでにバックグラウンドで自動的に起動しており、すぐに接続することができます。また、Windowsを再起動した場合も自動的に起動するので、自分で何かする必要はありません。

■ Windows が 32 ビット版か 64 ビット版か調べる

デスクトップで Windows キーを押しながら X キーを押して、表示されたメニューから［コントロールパネル］を選びます（Windows 7 の場合は［スタート］メニューから［コントロールパネル］をクリックしてください）。すると**図 14** のような画面が開きます。

図 14　コントロールパネル

この中から［システム］をクリックしてください（Windows 7 の場合は［システムとセキュリティ］→［システム］をクリックしてください）。すると**図 15** のような画面が開きます。

図 15　システム

この画面の「システム」セクションの「システムの種類」を見てください。「32 ビット オペレーティング システム」と書いてあったら 32 ビット版、「64 ビット オペレーティング システム」と書いてあったら 64 ビット版です。

付録　PostgreSQL のインストール

Mac OS X へのインストール

Mac OS X のインストーラーパッケージは次の URL のページ（図 16）からダウンロードできます。サポートしている Mac OS X は 10.5 (Leopard) 以上です。

- http://www.postgresql.org/download/macosx/

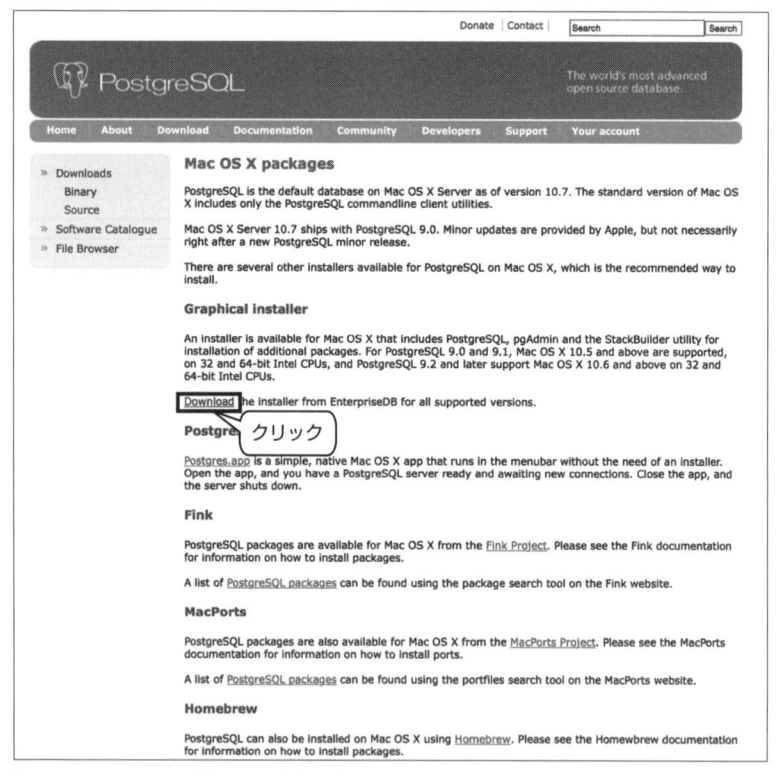

図 16　Mac OS X 用ダウンロードページ

"Graphical Installer" セクションの "download" のリンクをクリックすると EnterpriseDB のダウンロードページに飛びます（図 17）。

図 17　EnterpriseDB のダウンロードページ

　この中から一番新しいバージョンの「Mac OS X」のボタンをクリックしてください。すると図 18 のような画面に遷移し、自動的にダウンロードが始まります。始まらない場合は「please click here」の here をクリックすればダウンロードが始まります。

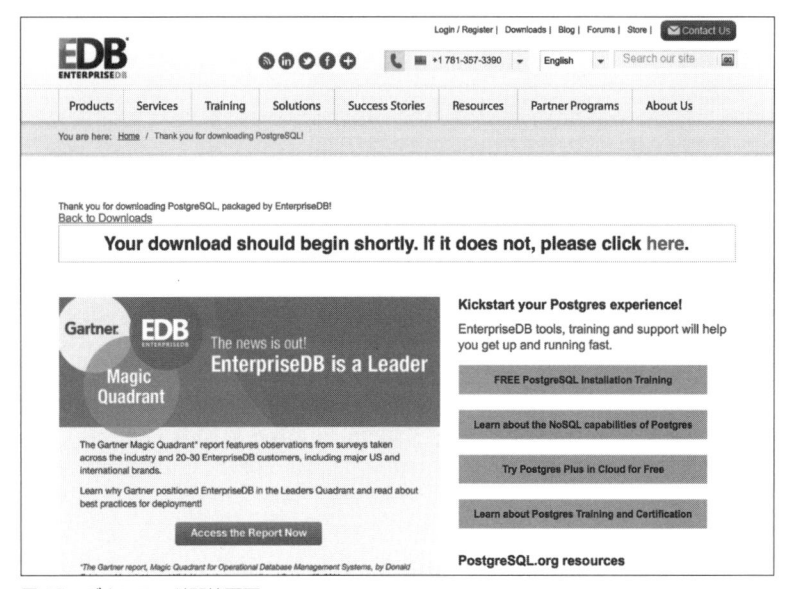

図 18　ダウンロード開始画面

ダウンロードが完了したら、「ダウンロード」フォルダから「postgresql-9.4.1-3-osx.dmg」(バージョン番号部分は変化します)のような名前のファイルを探してダブルクリックし実行してください。図 19 のように、本当に実行してよいか確認のダイアログが出るので、[開く]をクリックしてください。

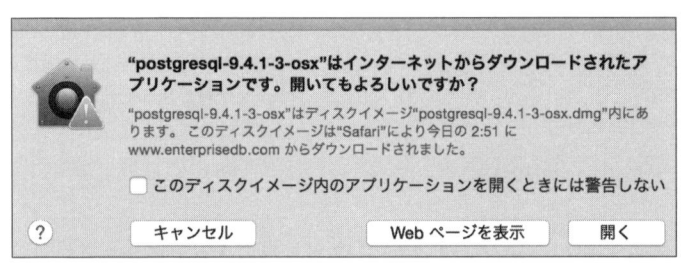

図 19 実行の確認ダイアログ

すると今度はシステムを変更してよいか確認するダイアログ(図 20)が表示されるので、自分の Mac OS X ユーザーのパスワードを入力し[OK]をクリックします。

図 20 システム変更の確認ダイアログ

これでインストーラーが実行されて、図 21 のような画面が表示されます。[Next>]ボタンをクリックしてください。

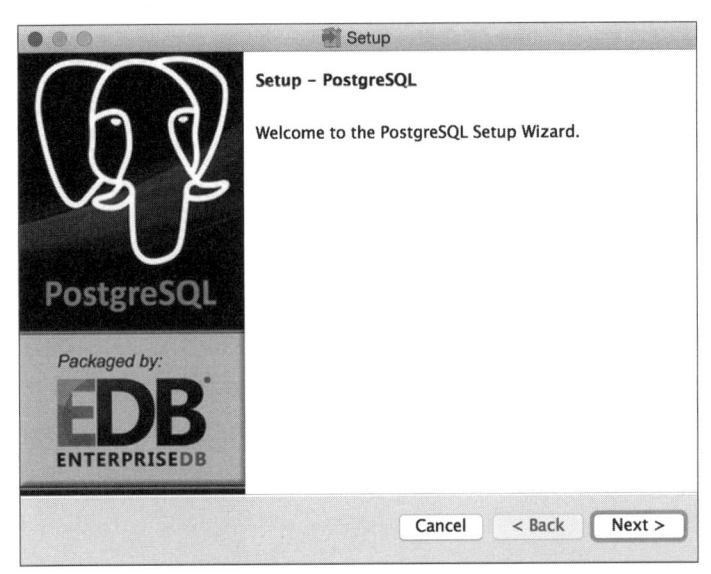

図 21　インストーラーの画面 (1)

続いて**図 22** のようにインストール先を聞いてきます。何も変えずに [Next>] ボタンをクリックしてください。

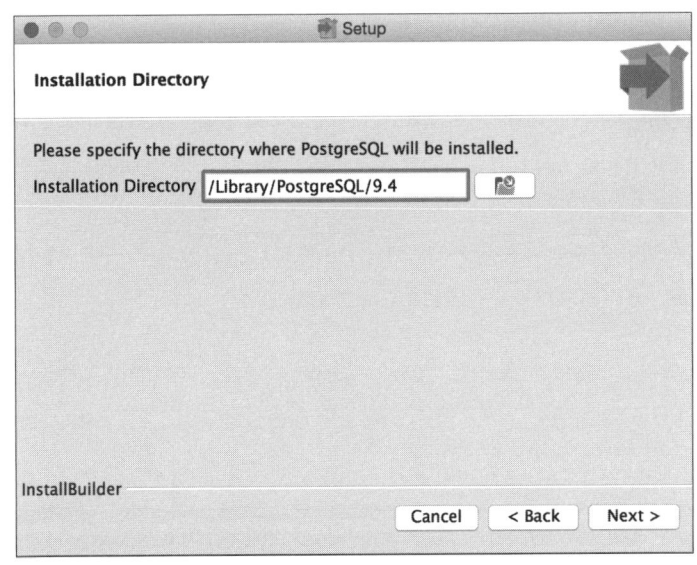

図 22　インストーラーの画面 (2) インストール先選択

今度は図 23 のようにデータの配置先（テーブルなどのデータが置かれる場所）を聞いてきます。練習用の PostgreSQL ならこのままで問題ないので、何も変えずに ［Next>］ ボタンをクリックしてください。

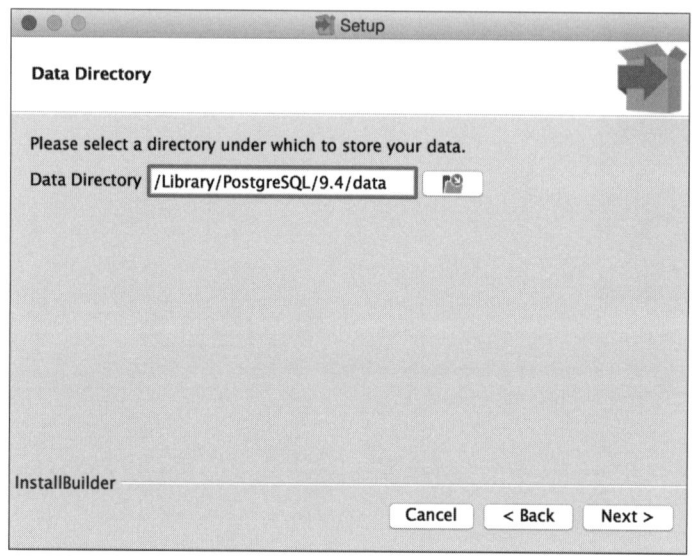

図 23　インストーラーの画面 (3) データのインストール先選択

図 24 のように、これからインストールする PostgreSQL のスーパーユーザー（postgres ユーザー）のパスワードを聞かれます。ここは重要です。自分にしかわからないパスワードを 2 回入力してください。後でサーバーへの接続時に使うので覚えておきましょう。

また、PostgreSQL のインストーラーは Mac OS X にも postgres ユーザーを作成するのですが、そのパスワードも同じになります。

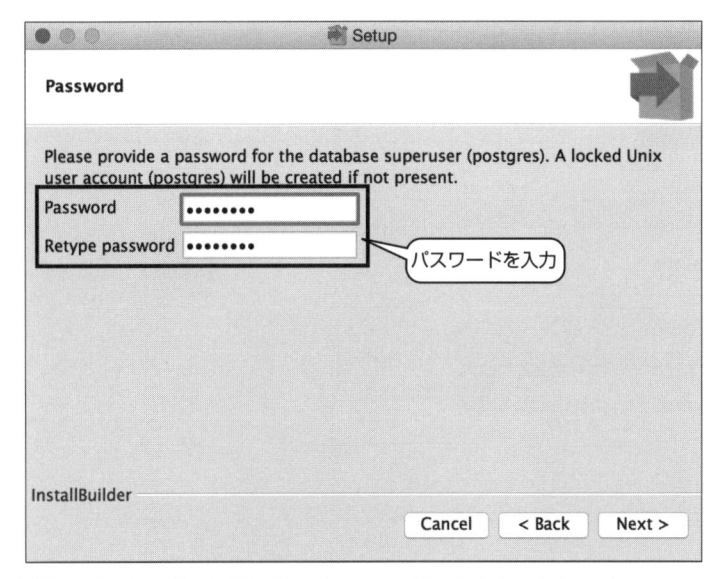

図24　インストーラーの画面 (4) postgres ユーザーのパスワード入力

今度は図25のように、PostgreSQLサーバーが使用するポート番号を聞いてきます。今度も変えずに [Next>] ボタンをクリックしてください。

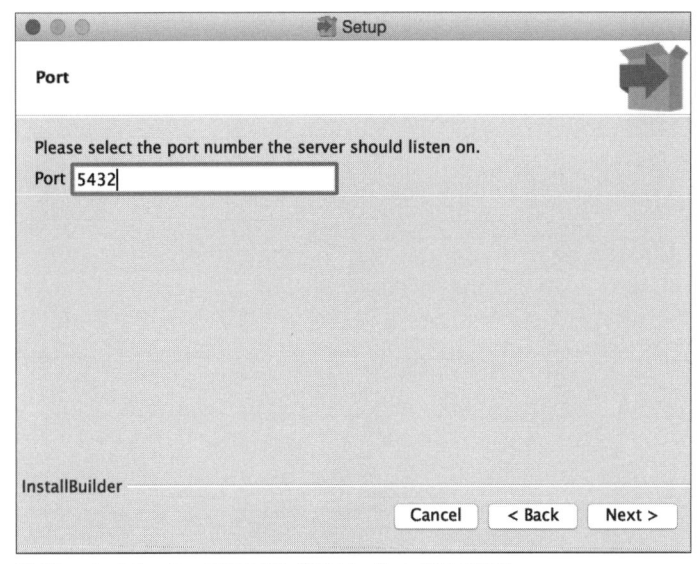

図25　インストーラーの画面 (5) 使用するポート番号の選択

続いて**図 26** のような画面になります。ここでは locale というものを設定する必要があります。最初は「[Default Locale]」になっているので、「C」に変えてください。

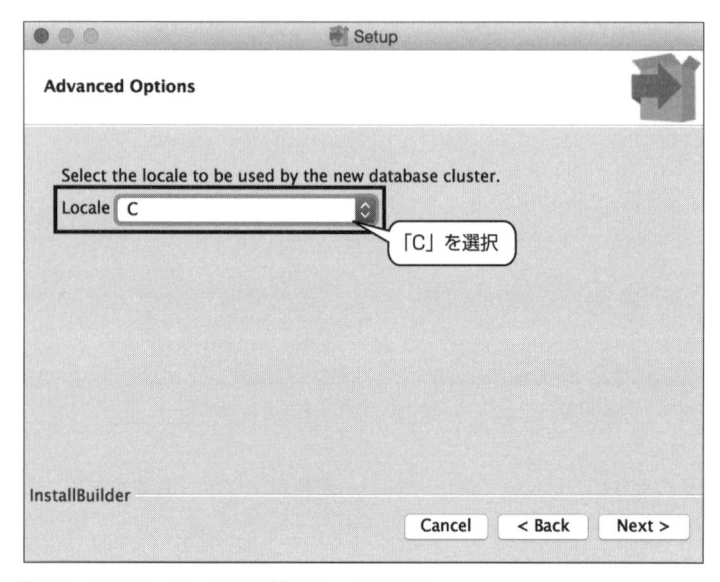

図 26　インストーラーの画面 (6) ロケールの設定

これでインストールの準備が整いました。**図 27** の画面で [Next>] ボタンをクリックすると実際のインストールが始まります。インストールは数分かかるので待っていてください。

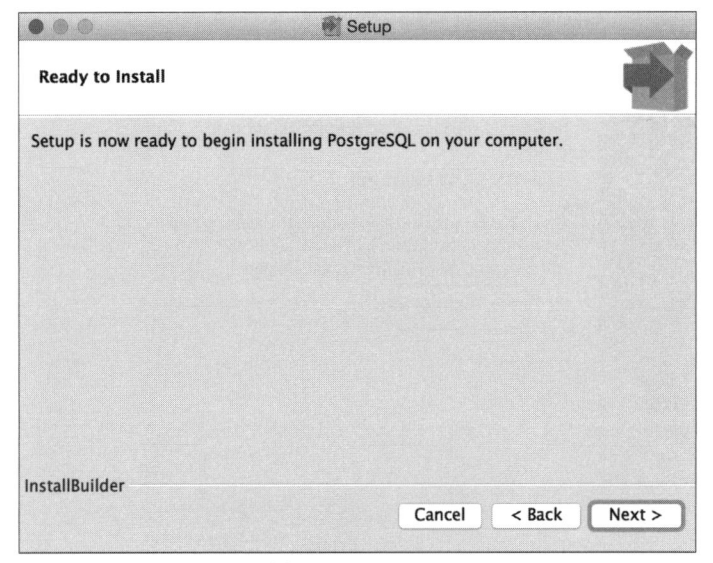

図27 インストーラーの画面 (7) 最終確認

インストールが完了すると図28のような画面に変わります。最初は「Stack Builderを起動するか？」という質問にチェックが入っていて、続いてPostgreSQLの追加コンポーネントをインストールすることができるのですが、本書の範囲では必要ありません。チェックを外して［Finish］ボタンをクリックし、終了しましょう。

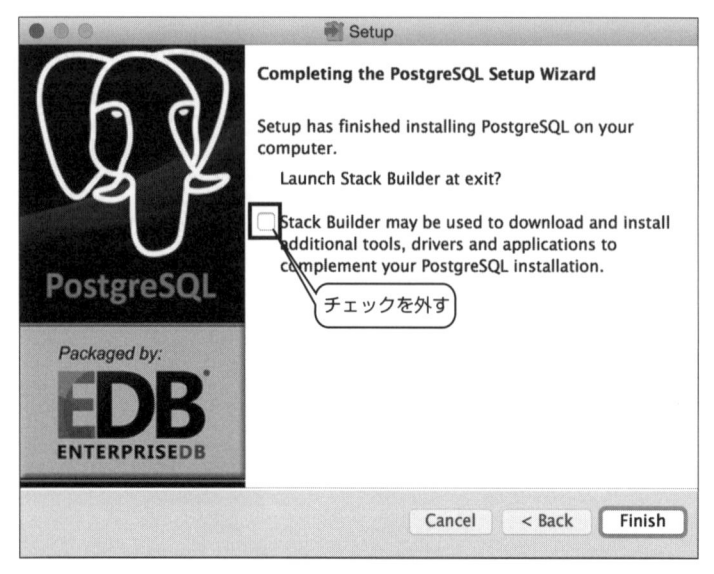

図 28　インストーラーの画面 (8) インストール完了

　インストールが完了すると、PostgreSQL サーバーはすでにバックグラウンドで自動的に起動しており、すぐに接続することができます。また、Mac を再起動した場合も自動的に起動するので、PostgreSQL サーバーを自分で起動する必要はありません。

INDEX 索引

■数字
3つのV 268

■A
A-AUTO 297
Airflow 297
alter table 文 282
Amazon Elastic MapReduce 280
Amazon Kinesis 262
analyze 文 234
Apache Drill 279
Apache Spark 279
as 句 103
AWS 271

■B
BI 251
BigQuery 276
BI ツール 253
BLOB 291
Bricolage 295

■C
CEP 318
Cloudera Impala 279
coalesce 関数 141
copy 文 131
count ウィンドウ関数 69
create table as 文 133
create table 文 128
cross join 句 147

■D
DB リンク 264
DMP 251
drop table 文 129
DSS 251
DWH 246

■E
ELT 262
ER 図 113
ETL 259
explain 文 234

■F
Fluentd 262

■G
GCP 271
group by 節 72

■H
Hadoop 6, 277
HDFS 277
Hinemos 297
Hive 277
Hive QL 278
Hivemall 291

■I
insert 文 129
interval 型 98
in 演算子 55

■J
JP1/AJS 297

■K
KVS 275

■L
lag ウィンドウ関数 220
like 演算子 55
limit 節 48
LogStash 262
Luigi 297

339

索引

■M
MADlib 291
MapReduce 278
Microsoft Azure 271
mode 関数 69

■N
NoSQL データベース 275
null 68

■O
OLAP 14
OLTP 11
Oozie 297
OpenView 297
order by 節 59
outer join 句 138

■P
percent_rank 関数 69
Presto 279

■R
Rundeck 297

■S
select 文 45
shared nothing 13
SQL 5
SQL on Hadoop 279
SQL 中心アーキテクチャ 240
Systemwalker 297

■T
Tez 278
Tivoli Workload Scheduler 297
Treasure Data 280

■U
union all 演算子 81
upsert 301

■Y
YARN 278

■あ
アソシエーション分析 149
アドホッククエリー 276

■い
移動平均 188
インデックス 58, 233
インデント 62

■う
ウィンドウ関数 168
ウィンドウフレーム 181

■え
演算子 51
エンドユーザーコンピューティング ... 101

■お
オペレーショナルデータストア 318
オンプレミス 271

■か
外部キー 111
外部結合 138
加重移動平均 190
仮想データマート 254
型のキャスト 88
カラム 26
カラムナーストレージ 281
関数 66

■き
機械学習 290
協定世界時 98

■く
クエリー 45
行 26
クライアント 22
クラウド 271
クロス集計 78

■け
検索パス 50

索引

■こ
降順 60
コーディングスタイル 47
コマンドライン 25
コンバージョン率 219

■さ
サーバー 22
サーバー・クライアント方式 22
最頻値 69
サブクエリー 160
サブジェクト 246
差分更新 301
差分転送 261
サマリーデータ 256
サマリーテーブル 242, 301
参照テーブル 123
サンドボックス 252

■し
時系列データ 188
支持度 156
指数移動平均 190
実行計画 234
集約関数 66
ジョイン 114
詳細データ 256
昇順 60
ジョブ 295
ジョブ管理システム 297
ジョブフロー図 295
深層学習 290
信頼度 156

■す
スカラー関数 92
スカラーサブクエリー 166
スカラー値 167
スキーマ 29
スキーマ進化 272, 282
スタースキーマ 255
ストアドプロシージャ 298
ストリームデータ処理 318
ストリーム転送 262

■せ
正規化 110
正規表現 225
整数除算 88
セッショナイズ 219
セッション 218
セルフジョイン 145
全行洗い替え 301
千手 297

■そ
ソーステーブル 299
ソートする 59

■た
ターゲットテーブル 299
第 3 正規形 256
縦持ちテーブル 194
単純移動平均 190
端末エミュレーター 25

■ち
中央値 69
中間テーブル 300

■て
定義 27, 129
ディメンショナルモデル 255
ディメンションテーブル 255
データ型 27
データフロー図 300
データベース 30
データマート 242, 253
データマートコンソリデーション 257
テーブル 26
テーブル関数 201
テキストエディター 62
デシル分析 184

■と
統計 234
動的スキーマ 283
ドライバー 23
トランザクションテーブル 123

341

■に
ニューラルネットワーク 290

■は
パーティション 233
配列 204
バスケット分析 149
バッチ処理 14
バルクエクスポート 260
バルクロード 261

■ひ
引数 67
非構造化データ 272
ビッグデータ 268
ピボット 194
ピボットテーブル 80
ビュー 185

■ふ
ファクトテーブル 255
複合レコード 272, 286
プライマリーキー 111
フルパス 131
分散キー 281
分散並列処理 269

■へ
並列リレーショナルデータベース管理システム ... 7
冪等 298

■ほ
本番環境 23

■ま
マスターテーブル 123

■め
メタデータ 244

■も
メタ文字 225

文字列 91

■ゆ
ユーザー定義関数 216
ユニークユーザー 71

■よ
横持ちテーブル 194
呼び出す 66
予約語 46

■ら
ラムダアーキテクチャ 318

■り
リテラル 87
リフト値 156
リレーショナルデータベース管理システム 5
リレーショナルモデル 113
リレーション 162
リレーションシップ 113
履歴テーブル 176

■れ
レコード 26
列 26

■ろ
ロー 26
ロードする 132
ログ 297
論理パーティション 233

■わ
ワークテーブル 300
ワークロード管理 319

■ **著者紹介**

青木峰郎（あおき みねろう）

　前職より大規模データウェアハウス構築の業務に関わり、並列RDBMSに目覚める。現職のクックパッドではビッグデータ分析システム「たべみる」のアーキテクチャ設計から開発までを担当。

　著書に『ふつうのLinuxプログラミング』『ふつうのHaskellプログラミング』（SBクリエイティブ）『Rubyソースコード完全解説』（インプレス）などがある。

> **本書のサポートページ**
>
> http://isbn.sbcr.jp/76272/
>
> 本書をお読みいただいたご感想・ご意見を上記URLからお寄せください。本書に関するサポート情報やお問い合わせ受付フォームも掲載しておりますので、あわせてご利用ください。
>
> ただし、本書の記載内容とは直接関係のない一般的なご質問、本書の記載内容以上の詳細なご質問、お客様固有の環境に起因する問題についてのご質問、書籍内にすでに回答が記載されているご質問、具体的な内容を特定できないご質問など、そのご質問への対応が、他のお客様ならびに関係各位の権益を減損しかねないと判断される場合には、ご対応をお断りせざるをえないこともあります。またご質問の内容によっては、回答に数日ないしそれ以上の期間を要する場合もありますので、なにとぞご了承ください。

10年戦えるデータ分析入門
SQLを武器にデータ活用時代を生き抜く

2015年7月10日　初版第1刷発行
2018年1月30日　初版第4刷発行

著　者　　青木峰郎
発行者　　小川淳
発行所　　SBクリエイティブ株式会社
　　　　　〒106-0032　東京都港区六本木2-4-5
　　　　　http://www.sbcr.jp/
印　刷　　株式会社シナノ

装　丁　　新井大輔
組版・編集　武藤健志(トップスタジオ)
企画・編集　杉山聡

※本書の出版にあたっては正確な記述に努めましたが、記載内容、運用結果などについて一切保証するものではありません。
※乱丁本、落丁本はお取替えいたします。小社営業部(03-5549-1201)までご連絡ください。
※定価はカバーに記載されております。

Printed in Japan　　　　　　　　　　　　　　ISBN978-4-7973-7627-2